世界遺産学への誘い

位田隆一・真鍋晶子・青柳周一 編

おうみ学術出版会

まえがき

「彦根城を世界遺産に！」これが本書のライトモチーフである。奇しくも今年は世界遺産条約成立50周年、そしてわが国の世界遺産条約加盟30周年という記念すべき年にあたる。

本書の出版は、2018年に彦根商工会議所小出英樹会頭から、彦根城世界遺産登録を後押しするため、会議所の寄附による世界遺産についての講義開講の依頼を受け、2019年度から経済学部に寄附講義「世界遺産学」を立ち上げたことに端を発する。世界遺産登録が実現するには、その地域の住民の理解と熱意が必要であり、この依頼は、まさに彦根城の麓に在る地域の知の拠点としての滋賀大学が役割を担うにふさわしい。初(2019)年度の開講の後、コロナによる１年間のブランクを経た2021年度には、編者である位田、真鍋、青柳の３名が知恵を絞って企画・運営にあたり、講義は、松浦晃一郎ユネスコ第８代事務局長や佐藤禎一元ユネスコ日本政府代表部特命全権大使、青柳正規元文化庁長官、河野俊行イコモス会長(当時)等、それぞれのテーマの第一人者を招いて行うことができた。本書は、この2021年度の講義を文字起こししたものを各講師が加筆修正したものである。わが国最高の講師陣の講義を、滋賀大学のみに留めることなく、彦根市民は言うに及ばず、広くわが国の人々に、世界遺産について知っていただく手がかりとするべく願って、出版に至った。

滋賀大学で「世界遺産学」の講義を実施するにあたり考慮したの

は、世界遺産登録支援の在り方である。アカデミアとして、地域貢献は重要であるが、同時にそれは知的貢献でなければならない。国立大学としての滋賀大学には滋賀県以外の出身学生が大半を占めており、出身地にすでに世界遺産があったり、これから登録に乗り出そうとする地域もあるに違いない。また、世界遺産はひとり彦根城のみのものではなく、まさに世界の遺産である。そのように考えてくれば、滋賀大学の世界遺産学は、「彦根城世界遺産登録」への直接の応援活動ではなくとも、彦根城の傍でこの講義を受けた受講生たちが、「世界遺産」そのものの基本的な考え方とそれぞれの世界遺産が持つ価値を十分に理解し、それぞれの出身地やこれから暮らすであろう地域にある世界遺産や文化財を誇りに思い、保護し、その地域や社会の発展に関わっていく、その縁（よすが）となるようなものであるべきであろう。そのような礎があってこそ、「彦根城を世界遺産に！」の力強い後押しになるはずである。

「世界遺産」は、単に歴史的な価値を持つ「モノ」ではなく、われわれ人類が世代を超えて受け継いでいく歴史そのものであり、現在の世代であるわれわれが過去の世代の叡智と努力で築き上げ守ってきたものを将来の世代に受け継ぐ、プロパティ（財産）ではなくヘリテージ（遺産）である。それは、人間が、自然が、地球が、長い年月をかけて築き上げてきた文化（広義）の継承を意味するもので、自然や人間の営みを代表し、その価値を最も高く表すものが選ばれる。それは人類の遺産であるがゆえにoutstanding universal value（顕著に普遍的な価値）を表し、そこにauthenticity（真実性）が求められる。その遺産が保護され、受け継がれて行くためには、そこに暮らす人たちの意欲が欠かせない。それゆえ住民の意識の高まりや保護体制が必要となる。

世界遺産は、普遍的なものではあるが、同時に多様性をも包含している。世界遺産条約が議論され始めた当初は欧州を中心としたいわゆる「石の文化」が中心であったが、その後の議論の展開で、アジアに代表される「木の文化」も対象となり、続いて自然が、加えて伝統の芸能や風俗が無形の遺産として、さらには世界の記憶も含まれるようになった。それぞれがさまざまに個性を持ちつつ、人類の遺産として保護する、これこそが universal（普遍性）である。

世界遺産に登録することの意味は何なのか。それは、わが国の、わが町の歴史を世界に認めてもらうことであり、そこに住む人々の誇りと喜びであり、同時にその遺産を保護し継承していくことの重要性を意識することでもある。世界遺産登録の「功罪」が語られることがある。世界遺産は、単なる「観光」の対象ではない。見る、感じることを通じて、人間や自然が作り上げてきたものに感動し、人間や自然の偉大な力を思い起こさせ、自分も人類の遺産の一部分を担う、次世代に継承するという意識と責任を生み出すものである。「世界遺産を観光する」とは、長い歴史の中で生み出されたもの、作り上げられたものを共有し共感する行為であろう。確かに、単に世界遺産を「観る」だけであれば、時間が経てば関心が薄れるかもしれない。しかし、訪れた世界遺産の保護や保全にそそぐ住民の努力は決して消えることはない。そこに人が集まることがその遺産の価値の共有を拡大し、歴史を、人類を、長い時間を、共感できる人を増やすことにつながる。そして、将来の新しい世界遺産を生み出す縁(えにし)ともなろう。

2019年にノートルダム寺院そして首里城の二つの世界遺産が相次いで火災に見舞われたことは、記憶に新しい。消失（焼失）した遺産への想い、失われしものの価値、重み、そしてもはや元には戻せないことへの残念さと後悔。これら二つの世界遺産はいずれも、現代の技術で遺産を復元させる努力が続いている。そのことは、単に遺産自体の復元にとどまらず、技術の継承と進歩をも包含している。わが国の神社等における式年遷宮や姫路城にみられる解体修理は、昔の技術を再興しさらに前進させる役目も担ってきた。遺産は現代につながり、さらに未来に広がるのである。

以上、この寄附講義の実施を決めた学長（当時）としての想いを述べて、まえがきとする。

併せて、この出版は、ご多忙の中を加筆修正・校正の労をいとわれなかった講師の先生方のご協力なくしては実現しなかった。ここに衷心より厚く御礼申し上げる。加えて、講義の実施に万全を尽くされた事務職員の皆さんをはじめ、ご支援いただいた教職員の皆さん、そして何よりも、コロナ禍の中を毎回熱心に聴講された受講生の皆さんにも、心より感謝したい。

願わくは、本書が彦根城の世界遺産登録の強力な知的支援とならんことを。

2022年７月17日

国立大学法人滋賀大学第13代学長

位　田　隆　一

目　次

著者の肩書については目次には本書発行時の所属などを明記し、本文中の肩書については、講義当時のものを記載した。

世界遺産学への誘い(いざな)い

世界文化遺産の現状について

文化庁文化遺産国際協力室長
山田　泰造

文化庁で、世界遺産などユネスコ関係の文化遺産の担当をしています。

今日は、文化庁の世界遺産を担当する立場から「世界文化遺産の現状について」ということでお話をします。世界遺産は、文化遺産と自然遺産があり、自然遺産は環境省が担当しており、文化庁としては、世界文化遺産を担当しています。まず、私の完全な独断ですが、私は世界遺産の行政上の特徴から話を進めます。

世界遺産の特徴

世界遺産の知名度（ブランド力）は高く、とりわけ東アジアにおいて、世界遺産は有名で、世界遺産に行きたがる、見たがるという現実があります。世界遺産は、われわれが広報にまったく力を入れなくても、皆さんは知っているし、新しく世界遺産登録が決まると、各紙新聞の１面に載るというブランド力があります。

あと、同じようにお客さんを引っ張ってくることもできます。このことから、各地域が「おらが村に世界遺産」をということで、登録に向けて熱心に取り組んでいるのです。

さらに、文化財の意義、つまり大事さやストーリーを再発見できるということがあります。しかも、文化財だけでなくて、世界遺産の特徴としては、バッファゾーンも自治体の方で守ろうとしてくれるということで、大変行政的にはありがたい制度だなと思います。

あと、悪いことというわけではありませんが、世界遺産条約として決められているので、いろんな国がいろんなことを言います。だから、われわれの外交関係にも、この世界遺産をどうするかということが影響するし、外交関係から世界遺産が影響されるということもあります。これは「文化財保護法」のように、国内で完結している制度とは少し違う状況です。

また、ユネスコとか諸外国の意向によって、事後的に状況が変化するということがあります。世界遺産条約ができた直後に記載した遺産は、そんなにうるさいことを言われていなかったのに、後からルールが付け足されて、これもやれ、あれもやれとなる場合があります。いろんな関係者の意見を聞いていると、「世界遺産というのは、登録記載されたときがスタートのマラソンであり、しかも終わりがない」みたいに言われますが、そのマラソンのルールが途中で変更になっていくというのが特徴的かなと思っています。

先ほど、少し触れましたけれどもバッファゾーンというのは、本体の周りにバッファという地域を必ず設け、そこも壊さないように守ってもらわなくてはいけないというのが特徴的です。

世界遺産条約とは

エジプトに「アブシンベル宮殿」というものがあります。ピラミッドやスフィンクスの次ぐらいに有名な、エジプトの古代歴史遺産で、ラムセス２世がやたら並んでいる神殿です。それが、アスワン・ハイダムという公共工事で、湖の底に沈みそうになってしまったとき、各国が、アブシンベル宮殿を守ろうという意識が高まり、そのときは、そのアブシンベル宮殿を切って、細かいブロックに分けて丘の上に上げて守ったのです。ところが、このままでは無理がある、これはエジプトだけの宝だけではなく、世界の宝であり、こうした世界の宝が各国にもある。これをみんなで世界の宝として守っていかなくてはということで、「世界遺産条約」が1972年にできたのです。

そこから、ヨーロッパを中心に広がり、日本はだいたい20年ぐらい遅れて参加しました。資料１の下の表を見てもらうと分かりますけれども、登録数が多いのはヨーロッパです。最初は１年間に10件とか登録する国があったりして、ヨーロッパには「結構似ているではないか」という教会だったり、建

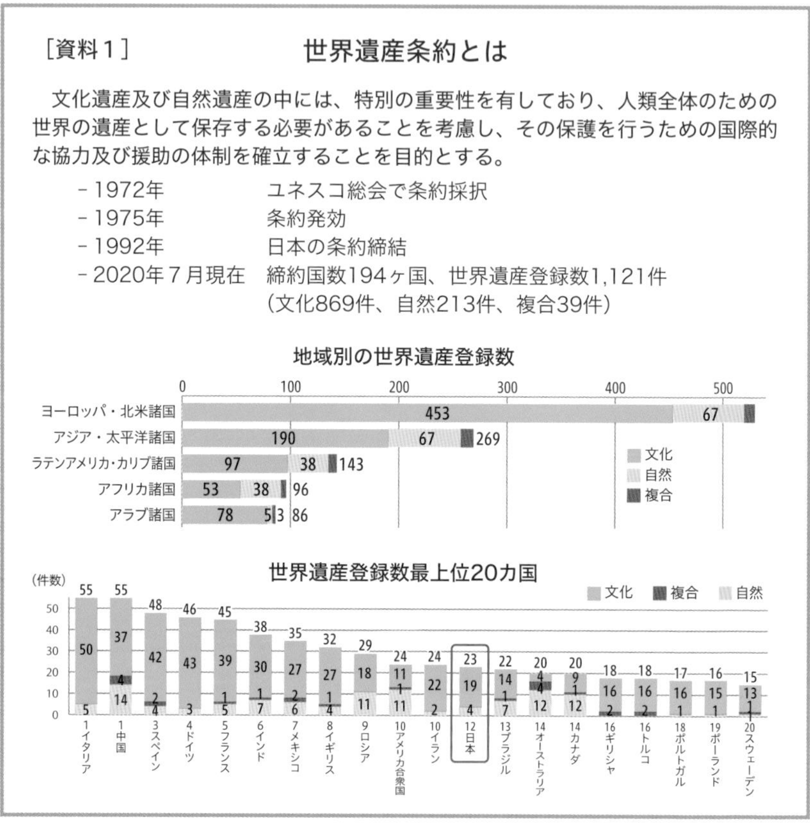

物だったり、お城だったりが、個別に世界遺産に登録されるという時期がありました。

彼らは石の文化なので、すごく古いものもかなり残っています。土の中から、石がそのまま、昔のまま出てきて、町の中心にまだありますみたいなことが普通です。日本や多くのアジアのように木の文化と比べて、残りやすいという事情もありまして、石の文化遺産が世界遺産として追加されていったのです。日本は木の文化なので、すごく古いものはなかなか残らないという事情もあり、世界遺産委員会でも、石のようにきちんと残っているものこそが正しいものでしょうというようなレールがなんとなく敷かれてしまって、なかなかアジア諸国は登録数を伸ばせないでいますが、中国はすごく頑張っていますし、日本も現在は12位ですが、文化遺産に限れば10位ぐらいの順位ではないかと思っています。

世界遺産登録一覧表への記載に必要なこと

世界遺産登録基準というものが資料２の下の箱の中に入っています。基本的には、少なくともⅰからⅴまでのどれかを満たすことが必要で、ほかに二つ目もあってもいいよということで、vi番目のものは、基本的には二つ目以降で使ってくださいねといわれています。これを簡単にしたものが、上の「１．価値の証明」というところです。「顕著な普遍的価値」。「OUV」というもので、世界的にすごいというものでないと駄目です。わが町のこれは日本三景に選ばれていますとかでは、ここでは認められません。

あとは、オリジナルの状態を維持していること。昔、ここにこんなものがあったらしいではだめで、オリジナルの状態を維持しているということですが、これがまた難しい問題です。例えば伊勢神宮は、20年ごとに遷宮といって建物を１回壊して、隣に同じものをつくるということをずっと繰り返しています。日本には、こうした文化財が多いので、今後これらの真実性の概念を広げていく必要があると考えています。

最後に完全性、全体が残っているということです。これは、価値を表すものの全体が残っている。もちろん遺跡とかが、まるまるパーフェクトに100％残っているということは、逆にないので、その価値を証明するために必要な部分は残っていると言えないといけません。その三つが必ず聞かれることです。

加えて、先ほども少し言いましたけれども、構成資産、そのコアの部分です。姫路城だったら姫路城そのものを、ちゃんと保護していますと。日本の場合は「文化財保護法」で保護していること、更に、緩衝地帯、バッファゾーンといいますけれども、周りの地域も設定をして、そこも環境を守らないといけない。姫路城の隣に、めちゃめちゃでかいビルが建ったり、観覧車があっ

［資料２］　世界遺産一覧表への記載に必要なこと

1．価値の証明

⑴ 顕著な普遍的価値（Outstanding Universal Value）
国家間の境界を超越し、人類全体にとって現代及び将来世代に共通した重要性をもつような、傑出した文化的な意義及び / 又は自然的な価値

⑵ 真実性（Authenticity）
オリジナルの状態を維持していること

⑶ 完全性（Integrity）
価値を表すものの全体が残っていること

2．保全措置

⑴ 構成資産保護
⑵ 緩衝地帯（Buffer Zone）の設定

登録基準（文化遺産の場合）

（i）人類の創造的才能を表す傑作である。
（ii）ある期間、あるいは世界のある文化圏において、建築物、技術、記念碑、都市計画、景観設計の発展における人類の価値の重要な交流を示していること。
（iii）現存する、あるいはすでに消滅した文化的伝統や文明に関する独特な、あるいは稀な証拠を示していること。
（iv）人類の歴史の重要な段階を物語る建築様式、あるいは建築的または技術的な集合体または景観に関する優れた見本であること。
（v）ある文化（または複数の文化）を特徴づけるような人類の伝統的集落や土地・海洋利用、あるいは人類と環境の相互作用を示す優れた例であること。特に抗しきれない歴史の流れによってその存続が危うくなっている。
（vi）顕著で普遍的な価値をもつ出来事、生きた伝統、思想、信仰、芸術的作品、あるいは文学的作品と直接または明白な関連があること（ただし、この基準は他の基準とあわせて用いられることが望ましい）。

たり、風力発電施設があったりとかすると、雰囲気が台無しです。だから、姫路城だけでなくて、周りの地域もバッファゾーンとして守ろうということを決めています。

［資料３］　世界遺産一覧表への審査プロセス

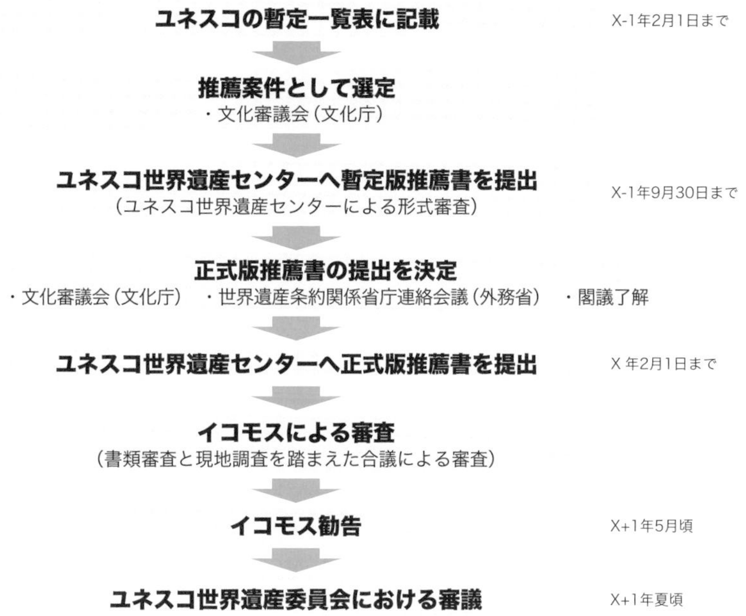

ユネスコの暫定一覧表に記載　X-1年2月1日まで

推薦案件として選定
・文化審議会（文化庁）

ユネスコ世界遺産センターへ暫定版推薦書を提出　X-1年9月30日まで
（ユネスコ世界遺産センターによる形式審査）

正式版推薦書の提出を決定
・文化審議会（文化庁）　・世界遺産条約関係省庁連絡会議（外務省）　・閣議了解

ユネスコ世界遺産センターへ正式版推薦書を提出　X 年2月1日まで

イコモスによる審査
（書類審査と現地調査を踏まえた合議による審査）

イコモス勧告　X+1年5月頃

ユネスコ世界遺産委員会における審議　X+1年夏頃

※世界遺産委員会における審査は、ユネスコの定めにより、令和２年（2020）より各国、文化遺産・自然遺産あわせて年１件。

世界遺産一覧表への審査プロセス

まずは、ユネスコの暫定一覧表に記載します。これは、日本が国の中だけでつくっているもので、ユネスコに、一応、提出はしますが、べつに外国とかユネスコから文句を言われたりするものではありません。われわれが今後、世界遺産にしたいものをプールしておく場所として、暫定一覧表というものを各国はつくっています。彦根城も、この中に入っています。

それから、推薦案件を文化審議会というところで議論をし、最終的には２月ごろに、世界遺産センターに提出をします。これは、昔よりだんだん厳し

［資料４］

我が国の世界遺産
（文化遺産19件、自然遺産４件）

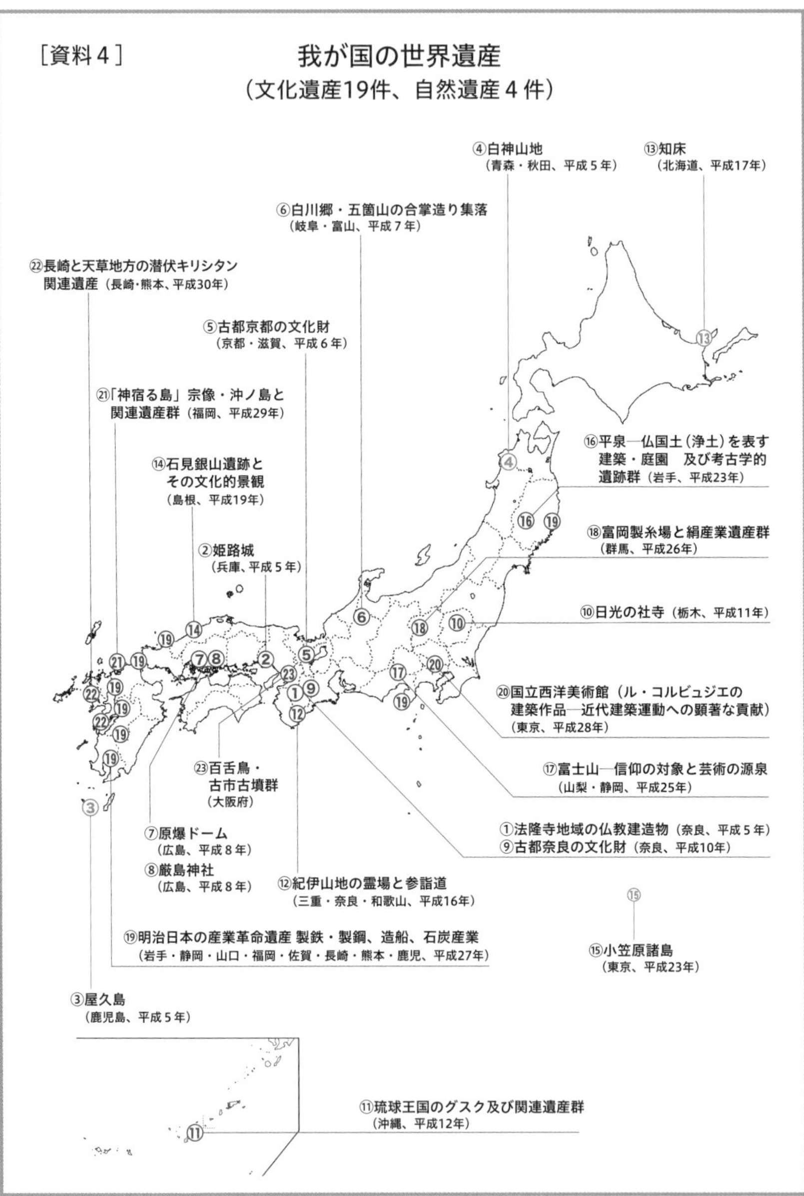

くなってきて、いまは自然遺産・文化遺産合わせて年に１回だけ、１個だけというルールになっています。それを出しますと、イコモスという非政府機関の専門家がいろいろ視察をして、見て回り、「ここ、どうなっているの」みたいな質問を受けたり、お答えしたりということをイコモス審査としてやります。そこでイコモスが勧告というものを出します。「ここは素晴らしい。世界遺産一覧表へ記載すべきだよ」という勧告、「ここはちょっとまだ情報が足りないね。やり直し」みたいな勧告や、「もう全然駄目だね。もう二度と申請してこないで」という、不記載の勧告というふうに、採否についてイコモスから、だいたい５月とかに出されます。

それを受けて、ユネスコの世界遺産委員会で、正式に委員国の了承をもって記載されるのです。基本的には、イコモスの評価が尊重されますけれども、たまにひっくり返ります。石見銀山のときに「これはちょっと情報が足りないね。もう一回やり直し」と言われたのですが、「いや、違う。情報はここで十分あるのです、こういうことなんです」と、関係国に説明をして回って、最終的にそのまま登録されたということもありました。

世界遺産からの抹消

いろんなところに世界遺産は広がって分布していますが、抹消されることもあります。いままでに世界で２件しかありません。その一つがオマーンの自然遺産でアラビアオリックスというシカを保護しているところです。ここでは､油田の方が大事だなということで､保護区をオマーンが狭くしてしまったので、世界遺産委員会が登録を抹消しました。そして、ドイツのドレスデン・エルベ渓谷では、エルベ川を渡す、でかい近代的な橋が、住民の生活にどうしても必要だという話がもちあがり、世界遺産か住民の生活かという議論がおこり、住民投票の結果、橋を作って人々の生活の利便性を重視したので、世界遺産委員会から危機遺産リストに入れられ、結局、世界遺産登録が抹消されました。

この、抹消というのも難しいところがあって、こういうことをしないと関係国が記載だけして、ちゃんと文化遺産を守らないようになってしまうのではないかという考えがある一方で、「世界遺産条約」、世界遺産は、そもそも世界の宝をみんなで守ろうよということじゃないのかと。守ることを諦めてしまっていいのかと。両方の議論があります。だから、抹消の前に危機遺産リストみたいなものに入れられます。例えばウィーンのように、市街地のバッファゾーンにでかいビルができて、危機遺産に入れられたというような事例も増えてきています。ユネスコ、イコモスが変わってきますので、今後の動向も見ておかないといけないと思っています。

我が国における世界文化遺産の今後の在り方

文化庁で2020年３月末に出したばかりの文化審議会の答申では、世界遺産になる意義をもう一度、ここで考えてみようと、世界遺産記載への意義をまず整理しました。

まずは、いまある文化財をちゃんと守り、次の世代につなごうという【保存】があげられます。次にはその【価値】、ストーリーに着目する。例えば、長崎の教会群は、教会として美しいだけでなく、そこにいたキリシタンたちの大変な苦労があったというようなことに脚光を浴びせ、その価値、ストーリーにも着目することが大事だというのが二つ目。三つ目の大事さは、それを使える。世界遺産としても【活用】していこうということです。もちろん遺産の中に入ったり、見たりすると同時に、それを地域が守っていくということで、世界遺産を含めたコミュニティーの構築、強化とができるのではないか、お客さんも来てくれてwin-winだよね、という三つの意義があると言っています。

そのためにどうしたらいいかということを自治体や国の方向として「持続的な保存・活用の在り方」として地方自治体と国の具体的な方策を提示しました。（巻末資料：「我が国における世界文化遺産の今後の在り方　第一次答申　概要22 ～ 23頁」）

今回の答申で一番注目をされたのは、文化審議会が暫定一覧表の見直しをしようということを言ったところです。これまで暫定一覧表を追加しては推薦をするということを繰り返していました。一番最近、追加したのは12、13

年ぐらい前で、その後かなり推薦が進んでいます。逆に、暫定一覧表は少なくなってきており、議論してもらった結果、いい文化遺産があれば追加しましょうという結論に至りました。以前は公募したのですが、最近シリアルが多く、姫路城、法隆寺みたいな単体でなくて、いま推薦している縄文のように、17の遺跡を組み合わせ、この17個で一つの価値ですといって、推薦することがほとんどです。各自治体から推薦をされても、それはシリアルについて判断ができないので、学術的に文化審議会で判断しましょうということになるのです。

国際的にも価値が高く、持続可能な保存・活用が見込まれるもので、さらに「地域とのかかわりが深い資産で、現代という新たな時代も視野にいれつつ、自然との共生や災害に対する対応、無形の文化遺産との結びつきなどの観点から高く評価できる文化遺産なども、新たな候補となる」としています。

暫定一覧表について

いま残っている暫定は文化遺産としては、①古都鎌倉の寺院・神社ほか（神奈川県）、②彦根城（滋賀県）、③飛鳥・藤原の宮都とその関連資産群（奈良県）、④北海道・北東北を中心とした縄文遺跡群（北海道・青森県・岩手県・秋田県）、⑤金を中心とする佐渡鉱山の遺産群（新潟県）、⑥平泉―仏国土（浄土）を表す建築・庭園及び考古学的遺跡群―（拡張）（岩手県）の６件ですが、縄文遺跡は2020年１月に推薦されています。

鎌倉の場合は、イコモスから厳しいことを言われています。京都と奈良と何が違う？と聞かれ「鎌倉は武家文化なので、全然違います」と答えたものの、残っているものは全部神社とか寺ではないかという話になって、困った立場に置かれたらしいのです。鎌倉のような国内では大変評価が高い文化財、文化遺産であっても、イコモスから見ると「それが何で世界的にすごいと言えるのだ」と反論され、鎌倉側もいまは世界遺産の登録を目指そうという活動はやめているようにも聞いております。

彦根城は、かなり以前から暫定一覧表に入っていて、正式に推薦を目指しているとお聞きしております。ライバルというと変ですけれども、この同じ時期に推薦登録を目指している飛鳥・藤原宮跡や、キトラ古墳だとか、高松塚古墳とか、そういうのも含めて登録したいというお話をいただいています。この彦根と飛鳥・藤原が直近のライバルなのかなと思います。

縄文はまだ登録されていませんが、５月中にもイコモスの勧告を受けるであろうということで、北海道・北東北を中心とした縄文遺跡群を、いま暫定リストからはずしています。

次の有力候補は、佐渡島の金山のようで、文化審議会は縄文対佐渡のときに答申を出して、縄文を先に推薦するが、次は佐渡かな、というような文化審議会のコメントがあります。

平泉はもともと結構広く登録したかったのですが、イコモスからの指摘で幾つかを取り下げましたが、いずれまた広いかたちで追加登録をしたいというご意向があり、いま準備をされているようです。

自然遺産は、奄美大島、徳之島、沖縄島北部及び西表島（沖縄県）がありましたが、2019年２月にすでに推薦がされ、縄文と同じように今年判断がなされる予定になっています。

直近10年ちょっと前ぐらいに、各自治体へ、世界遺産になるべきものがありますか、と公募した時に出てきたものがあります。

文化審議会でこれはもう世界遺産の暫定リストにすぐ入れたらいいねというもの９件が暫定リストに挙げられています。すでに登録された富士山や長崎の教会などです。そして、暫定まではちょっと足りないもの13件をカテゴリーⅠとしましたが、さらにその中から、ストーリーはいいが、もう少し準備が必要だというものを、カテゴリーⅠaに、調査が必要だ、ストーリーをもう少し固めたいものをⅠbとし、まだまだ道は遠いというものがカテゴリーⅡという、三つの分類で候補を分けました。

これは10年以上前なので、カテゴリーⅡの方でもかなり調査を進め、準備を進めていらっしゃるところがある一方で、このカテゴリーⅠaの中でももう諦めたと言っているところもありますので、状況は変わっていると思います。10年前はこういうかたちで文化審議会は検討したのでした。

今回、文化庁はアンケートを採ろうかなと思っていますが、公募はしませんが、何らかのいいものがあれば、またこの暫定一覧表への追加をしていくのかなと思っております。

世界遺産一覧表標記記載後の仮題

最近の課題としては、世界遺産としての保護・管理体制として、シリアルノミネーションにおける整備や運用が問題になっています。登録された世界遺産が、いろいろな自治体にまたがっているものが多くて、関係者がいろいろいて調整が難しかったり、所有者の利害とのバランスだったり、海外の専門家との意見の相違というものもあります。

例えば一番最近に登録された、百舌鳥・古市の古墳群を専門家が見に来た時に、「ここはいま山になって木が生え、林になっているが、もちろん遺構は保護しながら、もともとの古墳時代の見せ方にしたい」と言ったところ、「変にいじらないでこのままにした方がいいよ」と言われました。一方で、「しっかりと文化財が保護されているのであれば、その上に土を盛って、さらに復元するとかして、きれいに見せれば当時のことが分かる」という海外の専門家もいるのです。これは難しいところですが、こうした課題があります。

先ほど真鍋先生から首里城の話がありましたが、火災や自然災害への対応も大事になってきますし、世界的に見れば戦争で壊れてしまうことはいまでも起こっています。日本でもいたずら系も含めて、文化財の破損というのは天災以外でも起こっています。

一番近代的な課題は開発です。われわれはHIA（Heritage Impact Assessment）と呼んでいますが、道路の整備など開発をするときには、遺産の見た目だとか、遺産自体の保護には何の影響もなく、むしろ良くなるということが言えるかどうか、国内できちんと検討し、よその人に評価をしてもらってから開発してほしいということです。ただ、この評価は誰が費用を負担するか、何で影響があるかどうかを決めるのがその判断はかなり難しく、かなり手探り状態です。ユネスコの世界遺産センターのいうことは当然正論なので、今後どう対処していくのかが、わが国、自治体も含めて、大変重要なのかなと思います。

特に近代的、現代的な問題としては、風力発電のように、あのでかいプロペラが風の強いところで回っているのは目立ちます。東京タワークラスの大きさの風力発電施設やギラギラしたソーラーパネルが並んでいるなど、昔の時代になかった施設ができてきたのは現代的な問題となってきました。こうしたユネスコの趣旨に添うような環境に配慮した発電施設ですら、世界遺産関係者は排除した方がいいということを言う場合があることもそうです。

本当は、世界遺産は構成資産という、本体と周りのバッファゾーンだけを守っていればいいはずなのに、バッファゾーンの外のでかい建物だとか、風力発電施設についても、このHIAをしろと求めてきたりすることがあって、どこまでするのというのがあるのも事実です。

例えば富士山みたいに、構成資産が広範囲の場合、バッファゾーンも超広域ですが、そこの周りをバッファゾーンの外であっても守らなければいけないとか言われてしまうと、富士山は東京からだって見えるので、渋谷のビルも駄目ですねという話になるんですかとなってしまいます。

どこまで何をしなければいけないかというのは、線引きも大変難しいし、これからわれわれもいろいろな事例を積み重ねて、ユネスコとかイコモスともコミュニケーションを取りながら、適切なラインを探っていかなければいけないなという課題を持っています。

あとはこの答申でも結構強調したのですが、地域コミュニティーが大変大事です。地域一体になって、世界遺産を守って使ってということをどうしていくのかと。これは地域によっていろいろな在り方があるので、一言では言えないのですが、それぞれの地域ごとにうまくやっていかなければいけない。でも、地域によっては高齢化とか過疎化が進んでしまって、担い手がいないみたいな問題もあります。

世界遺産への訪問者管理

世界遺産になったことで来る人も結構いますけれども、それが遺産を傷つけないかということもそうだし、逆にせっかく来てくれた人にちゃんと遺産を見せているのかと。海外からも来るのに、解説が日本語だけというのもよ

白川郷、岩見銀山の訪問者数の推移

（万人）　白川郷・五箇山の合掌造り集落

登録

※白川村と五箇山の入込観光客数の合計（1月～12月集計）
※1993～1997は白川村のみの数値（五箇山が欠損）のため参考値

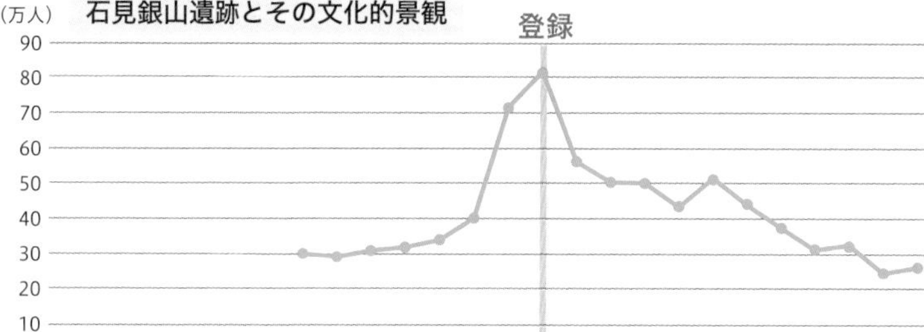

※石見銀山資料館、龍源寺間歩、旧河島家、熊谷家住宅、世界遺産センターの訪問者の合計。
2001年以前は自治体からの報告データなし。

くないということで、来訪者の管理をどうしようかというのも課題になっています。

文化庁では、各地公共団体から毎年報告される数値などを基に、記録ができる範囲の訪問者数をグラフ化しています。これらを見ると、法隆寺、姫路、京都、奈良のように、もともとメジャーなところは、世界遺産になったかどうかというのは、それほど大きな影響ではなくて、だんだん伸びている傾向にあり、それほど世界遺産の影響はありません。

白川郷は世界遺産で有名になったと言われることはありますが、その他のところについては、世界遺産になったから増えたというよりも、もともとの

日光山輪王寺に整備された多国語解説板（文化庁提供）

ネームバリューとか、魅力で増えているだけという感じが中心です。

反対に、例えば岩見銀山が世界遺産登録によって一気に観光客の方が増えて、やがて減少していくというようなことが、最近よく見られます。世界遺産になったので行くが、リピートしないで、１回行って終わりみたいな感じになってしまうことが多いので、地元での対策が必要と言っています。

「世界遺産に登録されたから行こう」というタイプの人たちの中には、結構ミーハーな方が多いというか、話題になっているからと行って、「何か小難しくてよく分からなかった」「大して面白くなかった」とSNSに上げまくってしまうような人がいたりとか、一気に想定外の人数が来るので、周りは交通渋滞だし、駐車場はない。地域の人たちにとっても世界遺産になってよかったと思ったら、観光客がいっぱい来て、ごみも捨てていくし、渋滞も多いし、世界遺産なんて全然いいものじゃないわと言って、世界遺産から気持ちが離れてしまう方も結構いらっしゃるということで、来訪者の対応というのは大変大事だなと思っております。

▶訪問者への対策

そういった対策をしている例も幾つかご紹介したいと思います。例えば、白川郷のパークアンドライドということで、まちなかまで車が入っていたのをやめて、外側に駐車場を設けて、そこからバスか何かで誘導しましょうというかたちを計画しました。これで、混雑も解消するし、見やすくもするという対応です。富士山もそういった対応をしているということがあります。

あとは、さっき挙げた課題のお話で言うと、いろいろな関係者が関わるという例もあります。紀伊参詣道は、和歌山などいろいろな県にまたがっていて、広いので、ボランティアを地域の方だけでは担えないというので、他地域のボランティアの方、関心のある方によって、その遺産を守っています。

石見銀山も最初すごい渋滞がひどくて、パークアンドライド的なものを導入したり、古民家を買い取って、まち自体の魅力を上げてＩターン、Ｕターンが増えました。

あとは、長崎の潜伏キリシタンの教会も、地域の高齢者の方に語り部的な役割をしてもらって、お互いに楽しめるし、理解し合えるみたいなことをしているところもあります。

世界遺産の魅力を国内外にどう知らしめるかという情報発信については、姫路城では、修理中は遺産そのものが見られないので、普通ならつまらない時期になってしまうのですが、かえって見学が間近でできますよという期間にしたことで、普通は修理期間中の訪問者は、すごく減るのですが、結構修理の現場が面白いらしいよということになって、見に来てくれた方も多かったと聞いています。

外国語の対応については、結構いろいろなところでやっています。世界遺産の場所へ行っても誰も外国語が話せないというような状況で、看板も日本語だけというようなことを改めようと、多言語のVRなんかを使って、実際には元の通りには戻せない部分もVR・ARとかを使えば、元はこんなのだったということが紹介できるようなことも取り組み、いろいろな方に働き掛けているという情報発信の仕方もあります。

遺産影響評価は、さっき申し上げたHIAです。開発のときにどうするのというときも、宗像市では、登録時の勧告を踏まえ、中津宮の所在する大島の御嶽山展望台の老朽化に伴う改修工事（事業者：宗像市）に際して遺産影響評価を実施し、評価対象となるデザイン案の検討においても、構成資産や主要な視点場に与える影響を考慮しつつ景観デザイン会議・県・宗像市で合意

［資料５］　**令和元年度登録**

「百舌鳥（もず）・古市（ふるいち）古墳群」について

名　　称：「百舌鳥・古市古墳群」

構成資産：45資産49基の古墳
百舌鳥エリア（大阪府堺市）：23基（仁徳天皇陵古墳　ほか）
古市エリア（大阪府羽曳野市・藤井寺市）：26基（応神天皇陵古墳　ほか）

概要：
本資産は、古墳時代の最盛期である４世紀後半～５世紀後半に築造された複数の古墳よりなる。世界最大級の墳墓から墳長20メートル台のものまで顕著な規模差を有し、前方後円墳をはじめとする多様な形状の墳墓が集中して造営された古墳群であり、日本列島における古墳時代の文化の傑出した物証である。

暫定一覧表記載年：平成22（2010）年

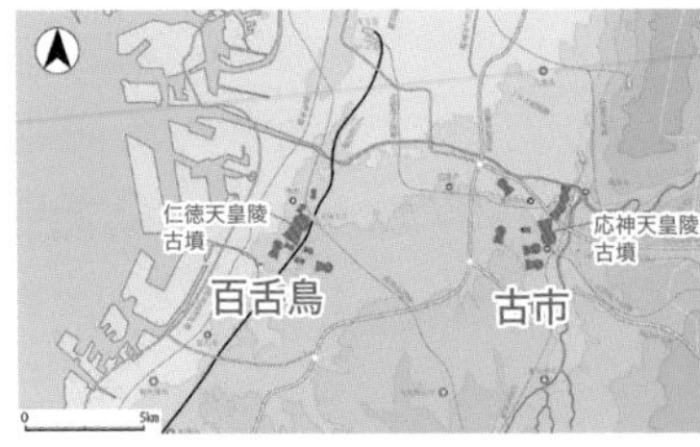

構成資産の位置

百舌鳥エリア

古市エリア

形成しています。

影響評価書は世界遺産推進会議事務局（県・両市）がイコモスガイダンスに準拠した評価項目等に則して作成（実施主体）し、専門家会議が評価し、結果、遺産価値に配慮した事業と評価されるとともに、本事例も踏まえ、平成30年度より遺産影響評価マニュアルの作成に着手しています。

一方、富士山の場合、山梨県の富士宮市は「景観と開発に関する条例」をつくって、こういう方法で規制を掛けていきましょうという取り組みをしてくださっています。

百舌鳥（もず）・古市（ふるいち）古墳群

百舌鳥・古市、これが直近の登録です。4、5世紀につくられた古墳です。仁徳天皇陵は、学説的にはいろいろな説があり、仁徳天皇陵ではないらしいという説が結構強いみたいですが、世界最大級といわれています。

端から端までの長さが世界最大らしいんです。底面積とか体積でいうと、他の海外の遺跡に負けてしまうらしいですが、最大級の遺跡を含めて、こういったかなり日本独特のものは大事に残されているものとして推薦をし、登録をされたものです。

私は去年行ってきました。普通、横から見るとでかい林、山、丘があります、という感じです。「教科書に載せているような鍵穴型のやつを見たいのですが」と、見学で来られた方によく言われるらしいのですが、それは飛行機に乗るなど上空からでないと見えませんという話で、困っていらっしゃいます。

いま計画をしているのは、例えば、この両古墳の間の、ちょっとくぼんだあたりに、普通は木で見えないようなところから、気球をひも付きで上に飛ばして、気球から古墳を見ていただくというのがあるのではないかと検討されています。でも、そこは環境を変えるので、HIAが必要だ、みたいな話をいま堺市で検討されています。トルコのカッパドキアみたいに気球を飛ばしているようなところも他にもありますので、それはやはり来た以上はよく見ていただくことは大事だなと思っているので、今後もそういった取り組みを注視していきたいと思っています。

北海道・北東北の縄文遺跡群

私は先週、今週、すべての縄文遺跡を６日間かけて回ってきました。いま推薦中で、2021年の夏に登録かどうかが決まるという北海道・北東北の縄文遺跡群です。

何がすごいのかということですが、縄文遺跡というのは、日本のありとあらゆるところにあるのですが、全て同じ時代だから推薦しましょうというとストーリーがぼやける。ただ、同じ時代というだけになってしまうので、あ

［資料６］　**令和元年度推薦**

「北海道・北東北の縄文遺跡群」

名　　称：「北海道・北東北の縄文遺跡群」

構成資産：

北海道：入江貝塚、大船遺跡、垣ノ島遺跡、キウス周堤墓群、北黄金貝塚、高砂貝塚

青森県：大平山元遺跡、大森勝山遺跡、亀ヶ岡石器時代遺跡、小牧野遺跡、是川石器時代遺跡、三内丸山遺跡、田小屋野貝塚、二ツ森貝塚

岩手県：御所野遺跡

秋田県：伊勢堂岱遺跡、大湯環状列石

概要：

東北アジアの多様な地理的・自然的環境において、採集・漁労・狩猟を基盤に１万年以上前から定住が開始、発展、成熟し、長期間継続した先史文化の生活や祭祀・儀礼のあり方を示す17の考古学的遺跡からなる資産。

暫定一覧表記載年：平成21（2009）年

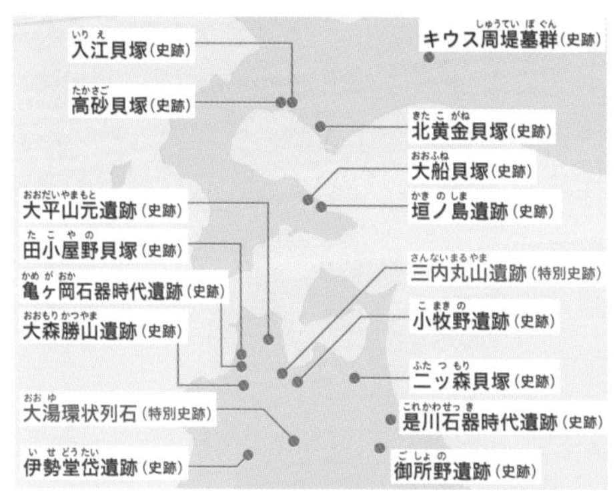

北黄金貝塚

三内丸山遺跡

大湯環状列石

御所野遺跡

る程度の共通性があって、しかも長い期間続いた地域を推薦しようということになり、この北海道・北東北を推薦いたしました。

一番古いのは、大平山元です。ここでは１万3000年とか１万5000年前の世界最古級の土器の一つといわれるものが見つかっていて、そこから縄文遺跡がスタートし、九州の方では弥生文化になった時代にまで、たぶん結構縄文人はいい暮らしをしていたので、べつに弥生文化を受け入れて米を無理して導入しなくても暮らしていけるという感じで、北海道・北東北はコメの生産が遅れたのかなと私は思います。長い期間続いたというところが特徴です。

あとは、文化というのは定住が一つの発展形です。人々は世界各地でもともと狩猟していました。いろいろなところに動物を追い掛けて狩りをしていた人が、あるときから定住をはじめます。それは通常、農耕とセットなのです。畑をつくります。川の氾濫で土が豊かになりました。そこで作物をつくりましょう。ムギをつくりましょう。では、つくるためには、そこに住みましょうという感じで、農耕と定住がセットであるのがだいたい多いパターンです。

ここでは農耕をしていないのに、シカを狩ったり、サケ、マスを捕ったり、あるいはクリの実を採ったりして、狩猟と採取で定住をしていたのです。

あんなに重くて分厚い土器をころころ移転しているはずがないし、竪穴式住居を掘っているので、定住は間違いないとされています。火を使った跡もあり、これはなかなか世界的に見ると珍しいことなので、ぜひ世界の宝として登録してくれないかということで、イコモスの専門調査員も去年に来ましたし、パネルも終わりましたけれども、いまイコモスの勧告を待っているだけという状況になっています。

（2021年４月16日講義）

［参考資料］

我が国における世界文化遺産の今後の在り方 第一次答申　概要

1．世界遺産一覧表記載の意義

①遺産の将来世代への継承【保存】

- 文化遺産保護のための多様な関係者が参画する包括的体制が構築される
- 周囲の環境の保全が世界遺産を中心とした豊かな地域の形成につながる
- 国際的な議論を踏まえた保護の取組が我が国の文化遺産保護の参照事例となる

②世界的な観点からの価値の発見・深化・発信【価値】

- 推薦に向けた取組の中で新たな価値が発見される
- 記載後の調査継続により価値が深化する
- 価値や保護の取組を世界に発信することにより文化の多様性増進に寄与する

③世界文化遺産を活かしたまちづくりによる持続可能な社会の実現【活用】

- 地域的のみならず世界的に普遍の価値を有する世界文化遺産の保護に向けて、地域コミュニティが一体となり取組むことで地域アイデンティティが醸成される
- 来訪者戦略により持続的で望ましい来訪の在り方を実現できる
- 新たな雇用の創出や交流・定住人口の獲得等により地域社会の課題解決に資する

2．持続的な保存・活用の在り方

世界遺産一覧表記載後も、地方自治体が中心となって地域コミュニティとともに持続的な保存・活用を進める必要であるとの観点から、地方自治体及び国による具体的な方策を提示する

【地方自治体】

- 部局・自治体の垣根を越えた体制及び予算の構築・維持・発展
- 周囲の環境の積極的な意味づけと保全・形成の在り方の追求
- 地域コミュニティの参画促進と適切な来訪者管理等を通じた魅力的なまちづくり

【国】

- サイトマネージャーの育成等、

地域コミュニティや地方自治体の取組支援
・事例や最新情報を共有する機会の設定
・各遺産の情報について SNS 等を通じた発信
・他省庁との連携

3. 世界遺産一覧表における文化遺産の充実

● 第一次答申を踏まえ、暫定一覧表の見直しについて以下のような観点から検討する
・国際的にも価値が高い資産
・持続可能な保存・活用が見込まれる資産
・地域とのかかわりが深い資産で、現代という新たな時代も視野に入れつつ、自然との共生や災害に対する対応、無形の文化遺産との結びつきなどの観点から高く評価できる文化遺産なども、新たな候補となりうる

● 暫定一覧表改定にあたり、学術的価値に基づき検討する必要性や自治体を越えた資産の存在に鑑み、公募は行わない

● 国際的な価値の高さや地方自治体における持続的な体制の有無等を総合的に勘案し、文化審議会が暫定一覧表に追加する案件を検討

● 暫定一覧表に記載された資産は、国の支援の下、自治体が主体的に推薦書を準備

● 自治体に意思確認の上、一定期間活動していない暫定一覧表記載資産の削除も検討。

ユネスコの世界無形文化遺産条約

ユネスコ第８代事務局長
松浦晃一郎

2019年、私は滋賀大学で、世界遺産全般について総論的なことをお話しさせていただきました。今回も、世界遺産に関してそうそうたる方々が総論から各論、いろいろお話しになりますが、位田学長からいま、ご紹介いただいたように、本日は無形文化遺産をお話しすることの依頼を受けて、非常にうれしく思っています。

私は1999年から10年間、ユネスコという国際機関のトップを務めました。ユネスコは、教育、文化、自然科学、社会科学、コミュニケーションという五つの分野を担当していますが、日本においては文化を担当する国際機関として知られています。

位田学長は、私がユネスコに参る前から、生命倫理委員会の委員長として中核の役割を果たしておられて、本当によくやっていただきました。いまから考えても、ユネスコという国際機関が大げさに言えば国際社会の中でも最先端だった生命倫理という一連の原則を決めることができたのは、非常にいい思い出になり、本当に位田学長のおかげだと思って感謝しています。

本日は無形文化遺産についてお話をさせていただきます。無形文化遺産とは、ご承知のように日本でいうと「文楽・能楽・歌舞伎」が無形文化遺産であり、国際的にも同様のものがあります。

私は、外務省時代が長いのですが、フランス大使を務めていた1998年秋に、ユネスコの事務局長選挙に立候補いたしました。この時の選挙では、私を含めて11人が手を挙げました。その中の何人かは、国際的に非常に名前の知られている方がおられて、日本政府が私の名前を国際的に売り込むために、

1998年の11月から12月にかけて京都で開催される世界遺産委員会の議長を「松浦、やってくれ」と申し出てきたのです。ちょうど世界遺産を勉強するのにいい機会と思ってお引き受けしました。外務省時代は世界遺産に携わっていなかったので、細かいことは知りませんでしたが、世界各国のいろんな文化遺産を見るのは好きでしたから、いろいろ見ていたことが土台になったと思っています。

世界遺産委員会の会議自体は10日ほどですが、議長の役割は「世界遺産条約」の運営に常時携わり１年間が任期です。1999年11月15日にユネスコの事務局長に就任する前日まで、ほぼ１年間、「世界遺産条約」の運営に携わっていました。その間、世界遺産条約のプラスとマイナス面、特にプラス面を非常によく理解できました。他方マイナス面では無形文化遺産が対象となっていないので、ユネスコ事務局長になってから無形文化遺産条約を作ることにずいぶん力を注いできました。本日は無形文化遺産を中心に話をすすめます。

無形文化遺産条約の歴史

「世界遺産条約」は1972年にユネスコの総会で採択されましたが、これを推奨したユネスコのルネ・マウ事務局長は、最初、文化遺産だけを対象にしていたのでした。そして、主として西欧の学者を集めて世界遺産の対象を検討した結果、世界遺産条約では、文化遺産の中でも歴史的な建造物、歴史的な記念碑、歴史的な遺跡を対象にしました。これらをまとめ、今日は歴史的な建造物と申し上げます。このような歴史的な建造物は別の言葉で、不動産の文化遺産と云えます。

「世界遺産条約」には、その後にアメリカからの要請で、自然遺産も入っており、現在1100余の世界遺産が登録されています。そのうちの８割が文化遺産で２割が自然遺産です。条約加盟国数は2016年４月現在で193カ国、その後、１カ国入って、今は194カ国になっています。

私が世界遺産委員会の議長として世界遺産の運営にしっかり携わるようなってよかったと思うことは、世界遺産そのものを西欧中心からよりグロー

[資料１]　　無形文化遺産条約の歴史

国際連合教育科学文化機関（UNESCO）の憲章は、1945年国連総会で採択され、翌46年に設立された。本部は、パリ。現在加盟国は194カ国である。UNESCOは、「世界遺産」、「世界無形文化遺産」、という２つの人類の文化遺産保全プログラムを運営している。
「世界遺産条約」は正式には「世界の文化遺産及び自然遺産の保護に関する条約」といい、1972年のUNESCO総会で採択され、1975年に発効した。2019年７月現在、193か国が加盟している。同条約は文化遺産（不動産）を中核とするが自然遺産も対象にしている。

他方、無形文化遺産条約は2003年ユネスコ総会で採択され、2005年発効した。同条約は人から人に伝えられる伝統芸能等の保全を目的とするものであり、直ちに世界的に人気を博し、ユネスコ世界文化遺産２大プログラムの１つに育っている。

バルなものに一層なるように推進することができたことです。世界遺産というのは西欧の専門家や国々が中心になってつくったものですから、西欧の不動産の文化遺産が世界遺産の圧倒的な比重をしめています。このことについては、ユネスコの事務局のみならず、西欧の専門家も世界遺産をもっとグローバルなものにする必要があると1990年代に入ってから考えるようになってきていました。それに呼応するかのように、日本は1992年に「世界遺産条約」に参加することを決めましたが、このころから、西欧以外の世界遺産がどんどん誕生するようになってきています。

しかし、ここで私はぜひ「しかし」を強調したいのは、世界遺産条約には大きな欠陥があるということを感じたからなのです。

現在無形文化遺産に登録されている日本の能楽・文楽・歌舞伎は、日本の「文化財保護法」で守られております。これらを日本では文化財という言葉を使いますが、ユネスコでは文化遺産、英語で「cultural heritage」という言葉を使います。無形文化遺産は条約の対象になっていなかったのです。世界遺産条約の対象の文化遺産は不動産文化遺産として定義づけているのですが、やはり「無形文化遺産を対象にした新しい条約をユネスコはつくる必要がある」と、強く感じたのです。

日本をはじめ、韓国、中国、インドというアジアでは、文化遺産について、有形と無形と２本立てになっています。さらにサハラ以南のアフリカにおける文化遺産の中核は無形文化遺産です。具体的には伝統的な踊りであり、伝統的な儀式です。不動産の文化遺産も、ないことはないのですが、これらは植民地時代のものであるか、あるいはそれをさかのぼった固有のものがわずかにみられるだけで、非常に限られています。ところが無形文化遺産の対象になるような伝統的な踊り等々は、もうふんだんにあります。

ですから、伝統的な踊りや儀式などを対象にした新しい条約が必要であることを、私はユネスコの事務局長として提唱し始めました。

新しい条約の制定へ

こうした私の働きに、真っ先に先頭に立って反対したのが西欧の国々です。西欧の国々は、「人類の文化遺産は、不動産の文化遺産が中核で、無形文化遺産はそれに付随する限りにおいて意味があるけれども、それを単独に取り上げて条約の対象にすることには賛成できない」と強く主張しました。

しかし、私が事務局長になる前に、無形文化遺産について傑作宣言をつくるということが決まっていました。西欧の国々も渋々賛成し、ユネスコ総会で決まったのです。ところが、それを選出する体制はできていかなったので、私がしっかりした体制をつくったのです。

西欧の国々は、無形文化遺産に関しては、傑作宣言をつくれば、それで十分なので、条約は要らないというのが彼らの主張でした。それに対して、アジアの国々やアフリカの国々が、私のイニシアチブに大賛成してくれました。他方、それ以外の東欧、中南米、それからアラブは意見が分かれていました。少なくとも最初の段階では分かれていました。しかし、だんだん賛成の国が増え、反対の国が減ってきました。それでも西欧の国の一部は最後まで反対しました。

西欧の国自体もラテン系の国、具体的にはスペイン、フランス、イタリアは賛成に回ったのですが、ゲルマン系の国やイギリス等は、残念ながら最後まで反対をしました。数の上では賛成の国がどんどん増えてきたのは、私にとって非常に心強かったものです。その賛成している国は、それぞれの国においても無形文化遺産が重要な柱になっていたのです。たとえば、アジアやアフリカがそうですが、そうでない国も、その意義がだんだん分かってきました。

西欧の国の一部が最後まで反対したのは、公には言いませんが、無形文化遺産というのは、それぞれの国の先住民、さらには少数民族のものが中核になります。むしろ西欧の国々は、そういう先住民や少数民族を取り込んで国の統一を図ってきているので、少数民族や先住民の無形文化遺産を条約の対象にして焦点を当てると、国の統一が阻害されると思ったのです。彼らは、表面だってこういう主張はしていません。これは、私の分析ですが、そういう気持ちが明らかにありました。

最後まで反対して、いまだに条約に参加していないイギリスにおける、ウェールズやスコットランド地方では決して少数民族ではなく、そこの中枢の住民が無形文化遺産を大切にしています。しかし中央政府のレベルになると、英国という国家を統一していくためには、ウェールズやスコットランドの無形文化遺産が対象になって焦点を浴びることは賛成しないのです。繰り返しますが、このことは公言していませんが、そういう側面がありました。アジアではオーストラリアとニュージーランドが最後まで反対しました。これはもう、皆さんもすぐにお気付きになると思いますが、やはり先住民の関係です。先ほどの西欧の国でイギリスの例を申し上げましたが、オーストラリアの場合は、もちろんアボリジニとの関係です。先住民の文化に焦点を当てることは国の統一を乱すと、残念ながら少なくとも当時は、そういう考えが残っていたのでした。

しかし、だんだん多数が私の提案への賛成に回るようになり、私の勘で言えば、最初、３分の２の国が賛成、３分の１の国が反対ないし留保だろうと思っていたのですが、だんだん賛成が増え、反対が減りました。反対でも、どちらかというと中立に回るであろうという動きが私も分かりましたので、具体的な条約作成の手順を考えて、提案することにしました。

▶条約制定に向けての手順

ユネスコは閣僚レベルの総会を２年に１回開きます。この総会で私が事務局長に選ばれたのは1999年の秋ですが、その次は2001年の秋です。２年ごとに開催されるので、私が焦点を当てたのは2001年の総会でした。2001年の総会で、無形文化遺産の条約をつくることについて総会から授権されないと正式には動き出せません。もちろん、私がいろいろな提案はできます。それでもユネスコとして正式に動き出すためには、総会の決議が必要です。その総会の決議を2001年の秋にもらうことに目標を定め、キャンペーンを始めました。2001年の秋ですから、私の就任２年後です。まだ相当反対がありました。それでも、私の勘では４分の３、あるいは５分の４が、もう賛成に回ってくれると考えました。

▶素案作りに着手

2001年秋の総会で想定通り私の提案が通りました。これはユネスコの慣例に従っているのですが、この「無形文化遺産条約」の作成に向けて、まず専門家を集めて素案づくりを始めました。状況によっては、政府間の正式な交渉ということも考えられたのですが、専門家を集め、素案作りを始めたのです。その素案ができたら、２年後、すなわち2003年の秋の総会に素案を提出し、次には、正式な政府間交渉を始めるという授権をもらって、それに基づいて条約案をつくり、2005年に総会で決める、というのがユネスコの他の条約の流れから見て、妥当な手順になるので、それを踏まえて取りあえず専門家ベースの素案づくりをするという授権をもらいました。

この時は、圧倒的多数で、４分の３から５分の４くらいが賛成してくれました。ここで重要なのは、アフリカ、アジアの国は当然賛成ですが、東欧、中南米、それからアラブも、その中でだんだん割れて賛成が増えたことです。うれしいのは、西欧の中でもラテン系のフランス、スペイン、イタリアが賛成に回ってくれたことです。最後まで、ゲルマン系の北部の国は反対でした。

いずれにしても、授権を受け、まず専門家のグループをつくりました。アルジェリアは、アラブの一員ですが、最高裁長官をしており、その前に国際司法裁判所の判事をしたこともあるベジャウイさんという方を紹介されました。彼は、政治的な経歴もあって、その後に外務大臣をやるくらいの方なので、法律と、それから政治と両方を良く承知しておられます。このベジャウイさんのお嬢さんがユネスコの文化センターのアルバイト的な仕事をしていることもあって、ベジャウイさんに専門家会合の議長をお願いしたら、快く引き受けてくれました。

さらに「ムッシュ・マツウラ、私に任せてくれ。いい素案をつくる」と胸をたたいてくれました。そして、「私が単独で素案をつくっていいのであれば、もう１週間で素案をつくって、ムッシュ・マツウラにあげる」とまで言ってくれたのでしたが、それではユネスコの中で通らないだろうから、時間をかけて各国の専門家を集めて議論をして、2003年の総会に間に合うようにかなり早い段階で自分の案を書いてくれました。そして「ムッシュ・マツウラ、どう思う？」と見せてくれました。いくつかコメントしましたが本当によく書けていたので感心したものです。皆で議論する前の話です。

専門家を集めての議論では、日本からは、九州大学の国際法が専門の河野俊行先生が参加されることになり、大変うれしく思いました。

ベジャウイさんが素案を作ってくれ、皆で議論して若干手直しをしたいい案ができました。私は、その段階で、まだ政府間交渉する授権を受けていなかったのですが、最初は2005年の採択を目標にしていたものを、もうこれは2003年の総会に最終的な条約を採択にかけたいと思い出しました。しかし、準備はできても総会との関係が微妙です。

総会の下には執行委員会があり、執行委員会は年に２回の会合をします。58カ国のメンバーで構成されています。国連安保理事会と違って常任メンバーはなく、全員選挙で選ばれます。大概の場合、アジアでは日本、中国、インドが常時メンバーです。そこの了解を得て、政府間交渉を始めさせてもらおうとしました。2001年の総会の決議をさらに一歩踏み出したもので、執行委員会でも西欧の一部の国が、最後まで反対をしました。この時、EUのまとめ役としての議長をデンマークがしていました。

これは、2002年の秋のことですが、イスタンブールで文化大臣会議を開いて、その上で執行委員会の了承を取ろうと思いました。中身の問題もありますが、文化大臣会議を開いて、いまの手順を少し早めることについて、ご意見を伺いたかったのです。

政府間交渉を始めて、正式な案を2003年の総会に出したいということをイスタンブールの閣僚会議に提案したところ、真っ先に当時のデンマークの代表が反対をしました。それもEUとして反対というのです。当時、デンマークはEUの議長国だったのでした。

ところが、私にとってうれしかったのは、そのとき、EUの中では小国、ルクセンブルクの文化大臣が手を挙げて、「ムッシュ・マツウラ、いまの発言はEUの一員として納得できない。デンマークは、私どもに全く相談なしに、勝手にやっている」というのです。すぐにギリシヤがこれに賛成しました。

私にとっては本当にうれしかったですね。おそらく3、4カ国で相談して、まさかデンマークがそういうことを言えば相談していないEUの他のメンバーも異論を唱えないだろうと思っていたのでしたが、そこは、デンマークの計算違いだったと思います。

▶政府間協議を経て2003年の総会へ

私の案が文化大臣会議で通って、それから執行委員会の了承を得て、政府間協議の交渉を始めました。それを1年でまとめて、そして2003年の総会に、今度は政府間交渉を経た案として総会にかけました。2003年の秋の総会では圧倒的多数で可決、しかも反対はゼロでした。反対の可能性があると思った国はいくつかありました。そのひとつはドイツでしたが、後でドイツ大使が私に言ってくれました。ちょっとエピソード的なことをいろいろ紹介するので恐縮ですが、「ミスター・マツウラ、ドイツ政府からは反対投票をしろと訓令をもらっている。しかし、全体の流れを見ると、反対をするというのは、政治的にも非常にまずい」と話してくれたのです。それぐらい、全体の雰囲気が「無形文化遺産条約」作成に向けて盛り上がってきたのでした。ドイツの大使は「私の判断で、代表団は、みんな退席する」といい、事実、現場に誰も残らずドイツの代表団の席は空席でした。

この時、8カ国が棄権しました。おそらく本心は反対だったと思うのですが、棄権したのは、先ほどのオーストラリア、ニュージーランドが含まれ、そしてアメリカです。さきほど位田学長がおっしゃいましたが、私の事務局長としての大きな役目は1984年にユネスコを脱退したアメリカをユネスコに戻すことでしたが、アメリカは2003年に戻ってくれました。これまでの協議には参加しなかったものの、実は反対に立っており、さすがに入ったばかりで反対はできずアメリカも棄権いたしました。

棄権したのは、先ほどのオーストラリア、ニュージーランドに加えて、アメリカ、カナダ、イギリス、デンマーク、スイス、ロシアの８ヶ国です。先ほどのような経緯があるデンマークも棄権したのですが、実はデンマークはその後、態度を変えて、この条約を批准しました。デンマークが反対した背景は、支配しているグリーンランドには、北極（カナダの隣）で、そこに先住民がいるからです。私は親しくしていたグリーンランドの大臣にぜひデンマーク政府に、「あなた、頑張って態度を変えさせなさい」と言ったのですが、さすがに賛成できないので、デンマークも棄権しました。しかしその後、国内でやはり、無形文化遺産への雰囲気が盛り上がったものですから、デンマークは条約を批准しています。ドイツも批准しています。いま批准していないのは、アメリカ、カナダ、イギリス、ロシア、オーストラリア、ニュージーランド等です。

世界無形文化遺産の現状

日本は「世界遺産条約」に関しては、1972年に採択され、日本が批准したのは20年後の1992年、125番目です。いまは世界遺産が日本でも大変な評判ですが、以前は、残念ながら、まだ国民の間で世界遺産に対する関心が高まっていませんでした。一方、無形文化遺産条約に関しては、日本は2003年の秋に総会で通ったら、2004年に批准し、批准国としては３番目です。「無形文化遺産条約」の加盟国は、いま180カ国、世界遺産が194カ国です。いずれにしても「世界遺産条約」より、ほぼ30年遅れて成立した「無形文化遺産条約」ですが、これからも少しずつ増えていくと思います。

くどいようですが、前述のような国々は、残念ながら最後まで批准しない

［資料２］　世界無形文化遺産の現状

無形文化遺産条約加盟国は180カ国になり、世界遺産条約の加盟国数にかなり近づいている。2020年の世界遺産委員会は中国で開かれることになっていたが、新型コロナウィルスの感染拡大に伴い、延期された。

他方、無形文化遺産委員会は12月にオンラインで開催された。無形文化遺産条約の元では代表リスト、緊急保護リスト、グッドプラクティス、３つのリストがつくられており、その中核を成すのが代表リストである。オンライン会議の結果、代表リストには29の新規登録があり、世界全体で492に達した。緊急保護リストには３が登録され、全体で67、グッドプラクティスは３追加で全体で25となった。

日本は22件を代表リストに登録しており、そのうち主要なものは能楽、人形浄瑠璃、歌舞伎、雅楽、アイヌ古式舞踊、結城紬、和紙、和食、山・鉾・屋台行事、来訪神、伝統建築工匠の技等である。

2019年時点での代表リストのランキングを見ると、１位は中国、２位は日本、３位は韓国である。世界無形文化遺産の2019年時点の国別ランキングは次の通りである。

順位	国名	合計数	代表リスト	緊急保護リスト	グッドプラクティス
1位	中国	40	32	7	1
2位	日本	21	21	0	0
3位	韓国	20	20	0	0
4位	スペイン	19	16	0	3
5位	トルコ	18	17	1	0
5位	フランス	18	17	1	0
7位	クロアチア	17	15	1	1
8位	モンゴル	15	8	7	0
9位	イラン	14	12	2	0
10位	ベルギー	13	11	0	2
10位	アゼルバイジャン	13	11	2	0
10位	インド	13	13	0	0
10位	ベトナム	13	12	1	0
14位	イタリア	12	12	0	0
14位	ペルー	12	10	1	1
	合計数	549	463	64	22
	加盟国数　178				
	無形遺産保有国　127				

のではないかと思っています。しかしながら、参加国はどんどん増えて、いまはユネスコの文化遺産保全条約の２本柱は、「世界遺産条約」と「無形文化遺産条約」ということになっています。本日、その経緯を詳しく申し上げましたが、私がイニシアチブを取って、いま国際的な評価を受けているのは、何といっても「無形文化遺産条約」であり、「ミスター・マツウラは『無形文化遺産条約の生みの親』である」ということまで言ってくれるので、うれしく思っています。

文化遺産と自然遺産、複合遺産について

2020年の世界遺産委員会は中国で開かれることになっていましたが、こういう状況なので延期になりました。無形文化遺産については12月にオンラインで開催され、日本の「伝統建築工匠の技」が登録されました。これは、いろんな伝統建築の方法、例えば瓦屋根の専門家とかの14のグループが登録されたのでうれしく思っています。この時は全部で29の代表リストに対する新規登録がありました。

世界遺産の場合は、文化遺産と自然遺産と、それから両方の要素を持った複合遺産と３本柱です。無形文化遺産に関しては、代表リストが中核です。

緊急保護リストというのは、いま危機に瀕しているもので、これは、日本はゼロです。一例を申し上げれば、モンゴルの書道があります。日本では漢字と平仮名の書道があり、いずれ代表リストに載ってほしいと思っていますが、中国の書道は既に代表リストに載っています。モンゴルにも、実は書道が伝わっているのですが、ほとんど、もう忘れ去られています。しかしモンゴルとしては、やはり書道をしっかり復活させたいというので、緊急保護リストに登録しています。世界遺産の場合は、危機リストといいますが、無形文化遺産では緊急保護リストです。しかし、狙いは同じで、大げさに言えば、絶滅の危機に瀕しているので、この緊急保護リストに登録することによって、それをしっかり復活させていきたいというのが目的です。

グッドプラクティスというのは、いろんな無形文化遺産の慣習で、ぜひ登録しておきたいというものです。

しかし、日本についていえば、一般的に、代表リストが中核ですから、他のことは取りあえず横に置いてお話をさせていただきます。代表リストは、オンライン会議で日本からの「伝統建築工匠の技」を含め全体で29が登録されました。そのうち、いままで無形文化遺産を登録していない国が三つ、新しく登録されました。いま無形文化遺産の加盟国は180ですが、代表リストに登録している国は、残念ながら、まだ125です。今度、3カ国増えました。ということは、55カ国が、無形文化遺産に批准して加盟国になっていながら、まだ無形文化遺産を持っていない国があるということです。無形文化遺産の代表リスト登録数をみると、1位中国、2位日本、3位は韓国ということになっています。10位は4カ国あり、その13カ国中7カ国がアジアの国々です（［資料2］参照）。イランはユネスコの地域的なグループ分けではアジアグループに入っています。

世界遺産は西欧中心で出発して、だんだんグローバル化が進んできています。ところが、いまのランキングを見ると、1位はイタリアと中国で、日本は12位になっていますが、10位まで見ると、11カ国あります。そのうち5カ国はイタリア、スペイン、ドイツ、フランス、イギリスの西欧の国です。

近年は、中国が、台頭して、イタリアと並んで、現在1位です。これは、そのうち必ず中国はイタリアを追い越すと思います。

従来、世界遺産ではイタリアとスペインが圧倒的な1位、2位でしたがこれは文化遺産が中心です。中国の場合は、文化遺産と自然遺産と、かなりバランスが取れたかたちで、さらには複合遺産と、両方の要素を持っています。中国は当然のことながら国土も広いし歴史も古いので、中国が世界遺産でもナンバー1になるのは、時間の問題です。

人から人へ伝承される無形文化遺産

［資料3］（36〜37頁）は無形文化遺産の保護に関する条約出だしの部分です。はじめに条約の前文がありますが、重要なのは第1条の条約の目的です。これはまさに文化遺産をしっかり保全していくこと、そして国際的な協力を進めるということを述べています。そして、第2条の定義がさらに重要

［資料３］　無形文化遺産の保護に関する条約　（仮訳）

国際連合教育科学文化機関（以下「ユネスコ」という。）の総会は、2003年９月29日から10月17日までパリにおいてその第32回会期として会合し、人権に関する既存の国際文書、特に1948年の世界人権宣言、1966年の経済的、社会的及び文化的権利に関する国際規約及び1966年の市民的及び政治的権利に関する国際規約に言及し、1989年の伝統的文化及び民間伝承の保護に関するユネスコの勧告、2001年の文化の多様性に関するユネスコの世界宣言及び2002年の第３回文化大臣円卓会議で採択されたイスタンブール宣言により強調された、文化の多様性を推進し及び持続可能な開発を保証するものとしての無形文化遺産の重要性を考慮し、無形文化遺産と有形文化遺産及び自然遺産との間の深い相互依存関係を考慮し、地球規模化及び社会の変容の過程は、社会間の新たな対話のための状況を作り出すと同時に、不寛容の現象と同様に、特に無形文化遺産の保護のための資源の不足により、無形文化遺産の衰退、消滅及び破壊の重大な脅威をもたらすことを認識し、人類の無形文化遺産の保護に対する普遍的な意思及び共通の関心を認識し、社会（特に原住民の社会）、集団及び場合により個人が無形文化遺産の創出、保護、維持及び再現に重要な役割を果たすことにより、文化の多様性及び人類の創造性を高めることに役立っていることを認識し、文化遺産を保護するための規範的な文書（特に1972年の世界の文化遺産及び自然遺産の保護に関する条約）の作成におけるユネスコの活動の広範な影響に留意し、さらに、無形文化遺産の保護のための拘束力を有する多数国間の文書はいまだ存在しないことに留意し、文化遺産及び自然遺産に関する既存の国際協定、勧告及び決議が、無形文化遺産に関する新たな規定により、効果的に高められ及び補足される必要があることを考慮し、特に若い世代間において、無形文化遺産及びその保護の重要性に関する意識を一層高めることの必要性を考慮し、国際社会は、この条約の締約国とともに、協力及び相互の援助の精神をもって、無形文化遺産の保護に関して貢献すべきであることを考慮し、無形文化遺産に関するユネスコの事業、特に人類の口承及び無形遺産に関する傑作の宣言を考慮し、人々をより緊密にさせ並びに人々の間の交流及び理解を確保する要素としての無形文化遺産の極めて重要な役割を考慮し、この条約を2003年10月17日に採択する。

I　一般規定

第一条 条約の目的

この条約の目的は、次のとおりとする。

(a) 無形文化遺産を保護すること。

(b) 関係のある社会、集団及び個人の無形文化遺産を尊重することを確保すること。

(c) 無形文化遺産の重要性及び無形文化遺産を相互に評価することを確保することの重要性に関する意識を地域的、国内的及び国際的に高めること。

(d) 国際的な協力及び援助について規定すること。

第二条 定義

この条約の適用上、

1　「無形文化遺産」とは、慣習、描写、表現、知識及び技術並びにそれらに関連する器具、物品、加工品及び文化的空間であって、社会、集団及び場合によっては個人が自己の文化遺産の一部として認めるものをいう。この無形文化遺産は、世代から世代へと伝承され、社会及び集団が自己の環境、自然との相互作用及び歴史に対応して絶えず再現し、かつ、当該社会及び集団に同一性及び継続性の認識を与えることにより、文化の多様性及び人類の創造性に対する尊重を助長するものである。この条約の適用上、無形文化遺産については、既存の人権に関する国際文書並びに社会、集団及び個人間の相互尊重並びに持続可能な開発の要請と両立するものにのみ考慮を払う。

2　1に定義する「無形文化遺産」は、特に、次の分野において明示される。

(a) 口承による伝統及び表現（無形文化遺産の伝達手段としての言語を含む。）

(b) 芸能

(c) 社会的慣習、儀式及び祭礼行事

(d) 自然及び万物に関する知識及び慣習

(e) 伝統工芸技術

で、1を一言でいえば、無形文化遺産は、「人から人へ伝承されるものである」ということです。

2では、定義されたものを(a)から(e)まで5つの具体的な形態を記しています。日本の代表的な能楽、文楽、歌舞伎というのは、この(b)の「芸能」に属します。

私が事務局長になる前に、ユネスコの総会で、無形文化遺産の傑作宣言をつくることが決まっていましたが、傑作宣言は、事務局の体制がしっかりできていなかったものですから、事務局の体制をしっかりつくっていくことに腐心しました。

こうした時、私にとって非常にありがたかったのは、東大文学部を出て、ユネスコに入り、文化芸術関係を担当していた愛川紀子氏が、無形文化遺産の担当課長をやってくれていたことです。しかし、予算もスタッフも十分ではなかったところを、私がしっかりとつけました。その結果、2001年、2003年、2005年と3回にわたって、全部で90の登録が傑作宣言にできました。

日本は2001年に能楽、2003年に文楽、2005年に歌舞伎が登録され、世界無形文化遺産は、世界全体で90の登録数となりました。この条約が発行して条約の運用規制等々をつくって、実際に代表リストができるのは2009年になりますが、前述の日本の三つを含めて、90を全部代表リストに登録いたしました。

中国には、京劇の元祖といわれる崑劇というものがありますが、日本の能楽と同じく2001年に登録されました。ちょうど2021年5月7日には、中国で崑劇が無形文化遺産になって20周年をむかえました。中国では崑劇が登録された結果、これまで、中国国民の関心を集められなくなってきた京劇が、ユネスコ登録のおかげで次第に復活してきたというのです。「このことには大変感謝している、松浦氏のおかげだ」ということで、20周年行事の際には、ぜひ来て、基調演説をしてくれと頼まれたのです。残念ながら、時期が時期なものですから、ビデオメッセージを送ることで済ませた次第です。

中国の崑劇は、無形文化遺産に登録されたことで、中国の中で人気が復活してきたのでした。第2条の2の定義に戻りますと「芸能」のところに当てはまるのです。

2020年には日本の「伝統建築工匠の技」が登録されましたが、これは、５番目にある(e)の「伝統工芸技術」に該当しています。

困ったのは日本の和食を登録するときのことでした。［資料３］をご覧いただくと、(c)の「社会的慣習、儀式および祭礼行事」というのが、かなり広い範囲でカバーしていますが、ここには食文化という要素は明示的には入っていません。

はたして、日本の和食を登録するときどのようにこの(c)を当てはめるか、当時の文化庁から相談を受けました。そして、正確に言えば、和食は、和食として登録したのではなくて、お正月の神様をお迎えして、お正月料理を出すという、そういう社会的な慣習として登録されたのでした。一般には、「和食」が登録されたということでいいのですが、この(c)というのは、なかなか使い道があります。

重要なのは、登録するに当たっては、２条の１とか、あるいは１条に書いてあることを、しっかり実施していく体制が必要であるということです。これは世界遺産も同じですが、登録したら終わりでなくて、登録したものをしっかり保全、さらには活用していくという体制ができなければいけないということが無形文化遺産にも当てはまるのです。

日本の無形文化遺産登録状況

［資料４］(40頁)では、我が国の無形文化遺産状況を一覧表にしています。2008年に傑作宣言に登録したものを代表リストに載せたということで、能楽、文楽、歌舞伎が挙がっています。最初のころは日本も単独で、2009年の雅楽、アイヌ古式舞踊、さらには、2010年の沖縄の伝統的な組踊を出して登録されていました。

その後はだんだんグループ化するようになってきました。世界遺産の場合は、シリアル・ノミネーションという言葉を使いますが、無形文化遺産の場合はグループということとしています。先ほどの伝統建築工匠の技についていえば、14のグループ化をしているのです。2016年以降登録が２年毎になっ

［資料４］　我が国の無形文化遺産登録状況等

★ 重要無形文化財
■ 重要無形民俗文化財
● 文化会審議会決定
◆ 選定保存技術

我が国の無形文化遺産登録（代表一覧表記載）状況等
（現在21件）

2008	能楽★　人形浄瑠璃★　歌舞伎★
2009	雅楽★　小千谷縮・越後上布★【新潟】 奥能登のあえのこと■【石川】　早池峰神楽■【岩手】 秋保の田植踊■【宮城】　チャッキラコ■【神奈川】　大日堂舞楽■【秋田】 題目立■【奈良】　アイヌ古式舞踊■【北海道】
2010	組踊★　結城紬★【茨城・栃木】
2011	壬生の花田植■【広島】　佐陀神能■【鳥取】 【情報照会】◆本美濃紙、秩父祭の屋台行事と神楽、高山祭の屋台、男鹿のナマハゲ
2012	那智の田楽■【和歌山】
2013	和食：日本人の伝統的な食文化●
2014	和紙：日本の手漉和紙技術★【石州半紙、本美濃紙、細川紙】 ※2009年に無形文化財登録された石垣半紙【島根】に国指定重要無形文化財【保持団体認定）である本美濃紙【岐阜】、細川紙【岐阜】、細川紙【埼玉】を追加して拡張登録。
2016	山・鉾・屋台行事■ ※2009年に無形文化遺産に登録された京都祇園祭の山鉾行事【京都】、日立風流物【茨城】に、国指定重要無形民俗文化財である秩父祭の屋台行事と神楽【埼玉】、高山祭の屋台行事など31件を追加し、計33件の行事として拡張登録。
2018	来訪神・仮面・仮装の神々■ ※2009年に無形文化財に登録された甑島のトシドン【鹿児島県】に、重要無形民俗文化財である男鹿のナマハゲ【秋田】、能登のアマメハギ【石川】、宮古島のパーントゥ、遊佐の小正月行事（アマハゲ）【山形】、米川の水かぶり【宮城】、男島のカセドリ【佐賀】、吉浜のスネカ【岩手】、薩摩硫黄島のメンドン【鹿児島】、悪石島のボゼ【鹿児島】を追加して拡張登録。
提案中	伝統建築工匠の技：木造建築物を受け継ぐための伝統技術◆ ※2009年に提案したものの未審査となっていた国の選定保存技術「建造物修理・木工」に「檜皮葺・杮葺」「建造物装飾」等を追加して計14計の選定保存技術を提案。（2018年３月末提案。2019年３月末に再提案予定）

上記のリストは2018年時点のものであり、2020年12月に無形文化遺産委員会がオンラインで開催され、上記一覧表にある伝統建築工匠の技が新たに代表リストに登録され、日本の登録案件は22件となった。

日本は次に「風流踊」を提案しており、これは2022年の無形文化遺産委員会で審議されることになっている。

てくるのは、中国、日本、韓国のようにかなりたくさん登録している国については、まだ登録ができていない国、あるいは、登録していても非常に数の少ない国を優先的に審査の対象にしてもらいたいということで、無形文化遺産委員会で、審査の対象にするのは２年に１回ということになっているからです。

［資料４］は、これは古い資料なので「提案中」と書いてありますが、これが2020年に実現しています。この次は、下に書いてありますように、「風流踊」ということで、これもかなりの数の盆踊り等々ですが、これはもう提案しています。しかし、実際に審査の対象になり、実現するのは2022年になります。

「伝統建築工匠の技」が14のグループで登録したのですが､2016年の「山･鉾･屋台行事」の場合には、京都の祇園祭を中核として、それを含めて33の祭りをまとめています。つまり、日本の各地に2016年に無形文化遺産として登録された山・鉾・屋台行事というのは、日本の各地で33もあるということなのです。私も、いろいろ地方へ行って喜んでいただいているのを見ていますが、これらは、かたちの上では、山・鉾・屋台行事で一つの無形文化遺産ですが、中身は、全国にまたがる33の行事が対象になっているのです。

ユネスコでの任務を終えて日本に戻って11年になりますので、いろんな地方へ招かれて、世界遺産の候補や無形文化遺産の候補等々について助言をしたり、さらには講演をしたりしています。そのとき、世界遺産がいろんな地方で関心を持っていただいていることをうれしく思っています。いま地方がより関心を持ち、より自分たちが身近に感じているのは無形文化遺産です。無形文化遺産は、先ほどの祇園祭がそうですが、自らが参加できます。ですから、2018年の来訪神も全部で10ありますが、これらには、どれもが皆さんが参加する行事となっています。

世界遺産の場合は、美しい、素晴らしいという感覚で見て楽しんだり学ぶという日本の伝統的な芸術文化です。私も各地の歴史的に価値のあるものを見て、それらの保存継承のための推進や助言をしています。それ自体、非常に重要ですが、あくまでもこれは、日本の歴史の中の重要な一角を占める歴史的な建造物なのです。ところが無形文化遺産の場合は、まさに地方の人々、日本の各地で生活している人々自らが、伝統的な行事や儀式、あるいは踊りなどの何らかの形で参加しているものです。だからこそ、地方ではとくに、非常に関心を持っていただいているのです。

登録数だけでは現在22です。しかし、繰り返しになりますが、山・鉾・屋台行事では祇園祭をはじめ全部で33の祭礼行事などで構成されています。

今後日本での無形文化遺産への登録案件については具体的に決まってはいませんが、グループ化をすることは有効な手段であるかと思っています。

例えば、和食が日本人の伝統的な食文化として登録されています。和食として登録されたので、実態が一つであるかのように思われるでしょうが、実は全国的な広がりを持っているものです。そして習慣、祭礼、儀式など日本人の生活の中で、和食の存在があることが登録の要因になっています。

書道や茶道、生け花、盆栽、俳句など全国で広く人々の生活に根差した文化などが注視されています。関係者が登録に向けて推進しています。

菅総理が2021年１月の国会の施政方針演説で、急に無形文化遺産にも言及され、その中で、日本酒と焼酎が挙がったので私はびっくりしました。日本酒や焼酎をつくる醸造技術を登録したいということだろうと理解しています。

いずれにしても、そういうふうに関心を持っているのはうれしく思います。２年に１回の機会であることから一つ一つ有力な候補案件ですが、登録にはちょっと時間がかかってしまいます。全国的な広がりのある日本の文化に対して、関係する人々が一層推進いただくことを期待したいものです。

（2021年４月23日講義）

プロパティからヘリテージへ
―文化遺産を観る世界の眼―

元ユネスコ日本政府代表部特命全権大使
佐藤　禎一

日本の誇るべき文化資産と保護

「あたまを雲の上に出し四方の山を見おろして　かみなりさまを下に聞く富士は日本一の山」という歌がありますが、日本一では世界遺産にはなれないのです。世界一でないと世界遺産にはなれません。次頁の写真の山は富士山ではありません。ニュージーランドにあるトンガリロという国立公園で、その中にあるナウルホエというマオリの人たちの信仰の山です。

ナウルホエは1990年に自然遺産として世界遺産に指定されています。その３年後の1993年に文化的景観を含めて複合遺産として指定されています。この指定があったので、富士山の指定はえらい苦労することになりました。ナウルホエがあるにもかかわらず、富士山は世界一だと証明しないといけないのです。

まず、自然遺産としてはもうかなわないということで、当時の環境庁(現・環境省)が、自然遺産としては指定を目指さないとなり、あとは文化庁で、文化的景観を含めた文化遺産としての世界一の価値があるという証明に腐心してきました。幸いなことに、太古の昔から歌にも詠まれ、絵にも描かれ、多くの外国の方々にも日本を代表する山として意識されてきたのが富士山です。しかも、信仰の対象として、江戸時代は八百八町全ての町に富士浅間講というものが置かれ、皆さんがお参りに行かれた。そういう証拠を集めて、やっと20年遅れて2013年に世界遺産になれたわけです。

そのように世界に打って出ようとすると、日本一というものでは駄目なんです。日本は大変優れたシステムをたくさん持っており、自分たちが一番と

ニュージーランドのナウルホエ（istok提供）

いう自負があると思いますし、それは大切なことだと思います。でも世界のルールに入っていくときは、それだけでは足りないということを頭に入れておいてほしいのです。

一方で、日本は大変優れた文化財の保護を行ってきました。伝世の文化が確固としてあり、多くの方々が壊れやすい木や紙の文化財を含め、大事に伝えてきました。そういう国は結構珍しいのです。王様が替わったり、天下が替わったら前の文化を否定して壊してしまうことがよくありますが、日本は大変大切に文化財を守ってきました。

近衛家の陽明文庫があります。陽明文庫は1000年前の『御堂関白記』がそのまま残っています。桐の箱で大事に置いてありますが、そうやって気を使って大事にする文化があるのです。

ちなみに、細川家には永青文庫があり、同じくたくさんの文化財を今に伝えています。細川護熙さんが総理になられたとき、総理大臣にはレクチャーに行く機会が多いのですが、当時の首相官邸はいまの公邸で古い建物で、そこに総理の執務室があります。行ってみるとひどい部屋でした。汚い部屋で、実務的にたくさんの人が来てもいいように長椅子がいっぱい置いてあり、これが執務室かと思われる部屋でした。ところが細川さんが総理になって行ってみたら、それが一転して、すてきな部屋になっていました。良いセンスをしていると感心したことがあります。

そのときに細川総理がおっしゃったのは、「うちも戦争前にはいいものがたくさんありまして…」ということでした。どういうことかと、後で恐る恐る聞いたら、その戦争というのは応仁の乱だったのです。応仁の乱の前にはもっと良いものがいっぱいあったとおっしゃった。

応仁の乱のときには、近衛家の陽明文庫は、牛車を連ねて岩倉という京都の外れに疎開して守りました。永青文庫さんは、どうもそこまで徹底できなかったので、一部なくしてしまったということをおっしゃったのですが、これはすごい会話だと感心した覚えがあります。いずれにしても、その伝世の文化に守られて、日本の制度が明治以降整う以前にも、大事に伝えられてきた文化があるのです。

各国の利害を調整

グローバルな社会になってきますと、日本の中だけの価値観では話が進まなくなります。グローバルといっても、本当にグローバルな社会はまだ存在しているわけではありません。国際連合にしても、主権国家が基礎単位となっている組織なのですが、インターナショナリゼーションはできますが、グローバリゼーションはシステムとしてまだできているわけではありません。世界連邦みたいなものがあるわけではないので、各国の利害を調整する必要が大きくなってくるのです。

それでも、実態として、国境を越える活動が少しずつ増えてきています。そういう社会になって何が起きるかというと、

一つは国際標準というものができます。国際標準に基づいて、各国がその標準に縛られるという実態が出てきます。

二つ目は市場原理による価値判断というものがあちこちに出てきます。

三つ目はプレーヤーが多様化することがあります。関係者が増え、さまざまな営利企業や非営利企業も入ってきて、さまざまな団体の方々が活動する余地が増えてきます。

国際的に見ても、国際機関は多様化して多くの国際機関が関与してきます。国際NGOも活動しています。多くのプレーヤーが活動するようになってくるので、その多くの方々を納得させ、みんなで合意をつくるのが非常に大変なことになるのです。

文化財についても、世界で保護をすることになると、世界のルールに従っていかざるを得ない状況が出てくるのです。それとともに、世界中で対応しなければいけない事柄がいっぱい出てきます。SDGsがその典型です。生物の多様性、文化の多様性、あるいは最近話題の脱炭素社会、あるいはAI化にどう対応するかというのが、世界的な規模と水準を念頭に置きながら活動せざるを得なくなってきています。

最近、カズオ・イシグロの最新作『クララとおひさま』という小説を読みました。アーティフィシャルフレンド(AF)というのが人間の相手をして活動する話です。これはAI社会で何が起きるか。AI社会を考えるときに、技術的なことだけではなくて、精神的なことも含めて、多くの問題点を考えなければいけないということを示唆するような小説でした。

文化財保護法上の文化財の種類

我が国の「文化財保護法」上の文化財にはどんな種類があるか整理しました。有形文化財には建造物と美術工芸品の二つがあります。美術工芸品は絵画、彫刻、工芸品、古文書、考古資料が該当します。

無形文化財は、我が国が誇る先進的なシステムですが、無形文化財の保護は1950年の「文化財保護法」以来、制度化されました。演劇、音楽、工芸技術、その他のものが含まれます。民俗文化財は、衣食住や信仰、年中行事、そういうものに関する風俗慣習、あるいはその資料というものが含まれています。

記念物は、史跡、名勝、天然記念物がその中身です。

文化的景観というのは、比較的最近になって認められたジャンルです。地域の風土の在り方が非常に優れた価値を持っているというものです。

伝建といわれる、伝統的建造物群は宿場町や城下町。要するに個体で捉えるよりも面的な保護を考えようということで1975年につくられたシステムです。

我が国では保存技術を非常に大切にしてきています。この保存技術は、特に我が国では、壊れやすい文化財が多いので、それをどのようにして保存・修復するかということが非常に大きく発展しているのです。

例えば、アンコールワットが修復の必要があり、フランスが手を差し伸べて修復したのですが、日本のグループが後で行ったら、日本の考えている修復から見ると、さらに手をかけなければならないことが分かったので、時間とお金をかけて、あらためて修復をしたことがあります。日本はさまざまなかたちで保存技術が発展しているのです。

日本の世界遺産登録　「姫路城と法隆寺」と真正性

日本は第１号で姫路城と法隆寺の世界遺産登録の申請をしました。その法隆寺については「真正性がない、オリジナルではない、1300年前の材をそのまま使ったものではない」ということが争点になりました。

我が国では、その保存技術によって埋木、接ぎ木をし、時には大改修をして、材質も含めてオリジナルのものを継承させる技術で守ってきているので、石の技術についての価値観で考えてはいけないのではないかという提案して、これは奈良ドキュメントといって世界に認められる基準になりました。

こういうところは基準の恐ろしいところで、オリジナルではいけないという基準をつくられてしまうと法隆寺はアウトになってしまう。でも、そこで真正性という中身は、材や文化的な全体の状況なども考えて昔のものをそのまま保存することがあれば、それは、真正なものと考えていいのではないかと、基準そのものを変更してもらう活動をしたわけです。

ヘルツェゴビナの戦争の後にモスタル橋が壊れました。その橋は石なのですが、元の材質、元の工法そのままで造り直して、これは政治的な、平和が

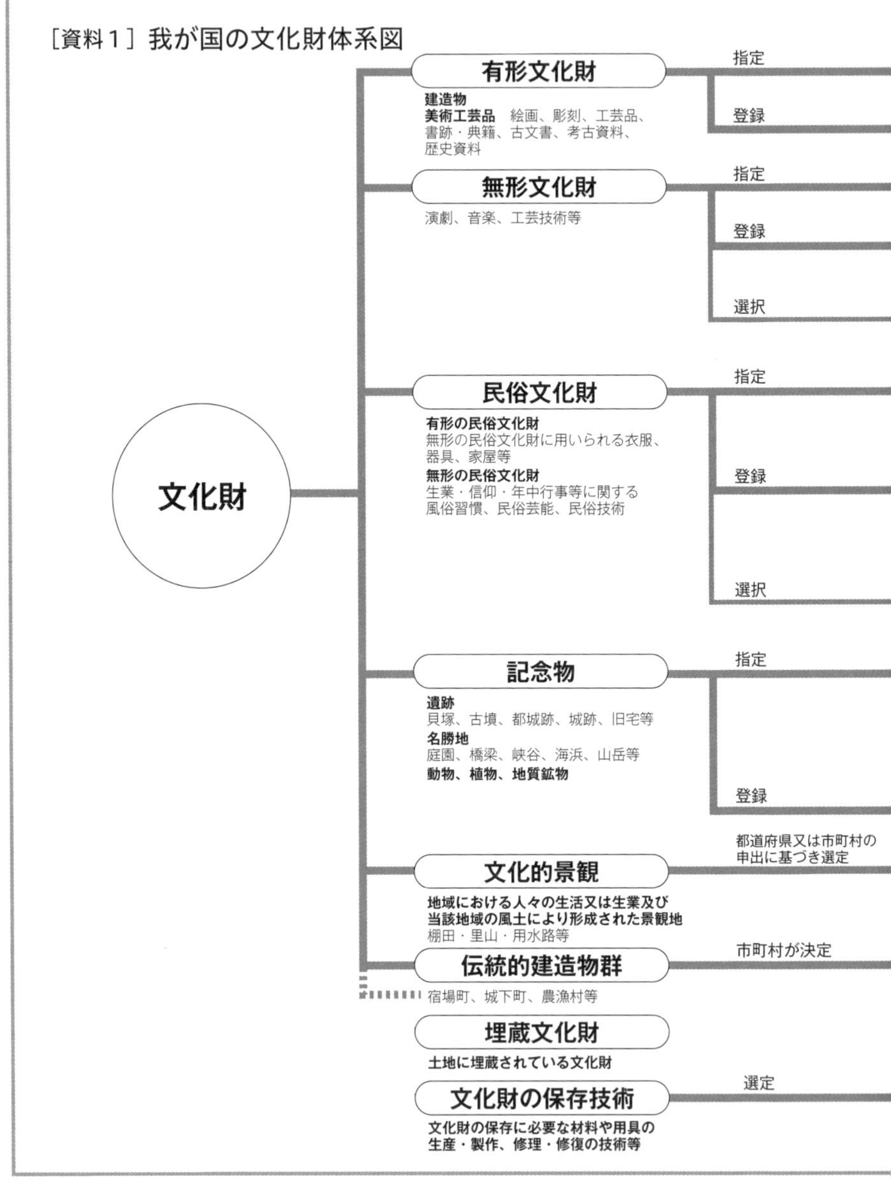
［資料１］我が国の文化財体系図
文化財
有形文化財
建造物
美術工芸品　絵画、彫刻、工芸品、書跡・典籍、古文書、考古資料、歴史資料
指定
登録
無形文化財
演劇、音楽、工芸技術等
指定
登録
選択
民俗文化財
有形の民俗文化財
無形の民俗文化財に用いられる衣服、器具、家屋等
無形の民俗文化財
生業・信仰・年中行事等に関する風俗習慣、民俗芸能、民俗技術
指定
登録
選択
記念物
遺跡
貝塚、古墳、都城跡、城跡、旧宅等
名勝地
庭園、橋梁、峡谷、海浜、山岳等
動物、植物、地質鉱物
指定
登録
文化的景観
地域における人々の生活又は生業及び当該地域の風土により形成された景観地
棚田・里山・用水路等
都道府県又は市町村の申出に基づき選定
伝統的建造物群
宿場町、城下町、農漁村等
市町村が決定
埋蔵文化財
土地に埋蔵されている文化財
文化財の保存技術
文化財の保存に必要な材料や用具の生産・製作、修理・修復の技術等
選定

重要なもの
重要文化財　—指定—　特に価値の高いもの　国宝

保存と活用が特に必要なもの
登録有形文化財

重要なもの
重要無形文化財

保存と活用が特に必要なもの
登録無形文化財

特に必要のあるもの
記録作成等の措置を講ずべき無形文化財

特に重要なもの
重要有形民俗文化財
重要無形民俗文化財

保存と活用が特に必要なもの
登録有形民俗文化財
登録無形民俗文化財

特に必要のあるもの
記録作成等の措置を講ずべき無形の民俗文化財

重要なもの
史跡　—指定—　特に重要なもの　特別史跡
名勝　—指定—　特別名勝
天然記念物　—指定—　特別天然記念物

保存と活用が特に必要なもの
登録記念物

特に重要なもの
重要文化的景観

伝統的建造物群保存地区　—選定—　特に価値の高いもの　重要伝統的建造物群保存地区

保存の措置を講ずる必要があるもの
選定保存技術

文化庁ホームページより作成

回復した象徴というメッセージがあるわけですが、世界遺産に認められたケースもあります。ですから、基準といっても、自分たちの考える基準を世界に主張して、それを認めていただかなければならないのです。

あとは埋蔵文化財があります。埋蔵文化財は、文字通り埋まっているものです。知られていないのは、カウントもできないのですが、理論的には知られていない埋蔵文化財も文化財という体系の中に組み込まれています。（資料１）

システムとして、我が国の「文化財保護法」では、有形文化財については、基本的には指定のシステムがあって、重要文化財として指定し、その中から特に価値の高いものは、国宝という指定をすることになっていますが、指定された場合にはさまざまな制約がかかるので指定を受けたくないというものも出てきます。しかし、その中で価値のあるものについては、指定にならなくても「ここにいますよ」ということで、皆さんにアナウンスしてくださいということで「登録」というシステムができています。

無形文化財は、重要無形文化財として指定する制度があります。これは、各個指定と団体指定、個人個人の指定と団体を指定するシステムがあり、個人を指定するのは俗に人間国宝と言われているものです。

無形文化財には登録システムがなかったのですが、実は2021年の法改正ができ2022年４月から施行するので、無形文化財についても登録制度ができました。

民俗文化財には、重要有形民俗文化財と重要無形民俗文化財の指定をするシステムがあります。これまで、こちらにも登録制度がなかったのですが、2021年の法改正で無形民俗文化財の登録制度もできることになりました。

記念物は、史跡、名勝、天然記念物という三つのジャンルです。史跡は遺跡、貝塚、古墳というものです。名勝はさまざまな庭園、渓谷、山岳が含まれています。天然記念物は動物もあれば、植物もあれば、地質鉱物のようなものもあります。これは基本的に指定制度があり、指定されたものの重要なものの中でさらに価値の高いものは、特別史跡、特別名勝、特別天然記念物という指定になっています。記念物については登録制度があります。

文化的景観は最近できたシステムですが、重要文化的景観として選定をするシステムです。基本的には、都道府県または市町村が申し出て、その指定をするシステムになっています。

伝統的建造物群は、保存地区を市町村が決定して、その中から選定されて重要伝建群（重要伝統建造物群）というシステムになっています。

保存技術については、選定保存技術という選定システムがあり、80近い技術が指定されています。そのほかに埋蔵文化財があります。

以上が我が国の現在の文化財保護の全体のシステムです。

このシステムは、結構時間をかけてできたもので、明治になってからいくつかの法律的なシステムが出来上がっています。それ以前は、制度としてあったわけではなく、皇室や貴族、あるいは寺社が大切に保存をしてくるというかたちで守られてきました。2020年のNHK大河ドラマ『麒麟がくる』の中でも蘭奢待という香木の話が出てきましたが、あのように、みんなで丁寧に保存してきたのです。明治になって廃仏毀釈運動が起き、さらには洋風文化、西洋文化が入ってくる中で古いものへの尊敬が次第に薄れ、経済的な問題もあって、文化財が海外に流出する事態が起きてきました。

それを踏まえて、政府は1871年に「太政官布告」で古器旧物保存方を発布して保存の調査を始めたのです。フェノロサなどが全国のものを調査しています。1897年には「古社寺保存法」ができましたが、これは古い社寺の中の宝物を保存する費用をある程度予算的に措置し、一定の義務がセットになったシステムだったようです。

その後、より組織的に全体を保護しようと、三法と言われている三つの法律ができました。

文化財三法の制定

「史跡名勝天然記念物保存法」を1919年につくり、そして「国宝保存法」を1929年につくっています。寺社だけではなく旧大名家なども持っていた宝物等も保存しなければいけないということもあり、重要美術品等の保存に関する法律が1933年にできました。

1950年に「文化財保護法」ができ、新しく重要文化財とか国宝のシステムができたのです。旧法に基づく重要美術品は、当分の間、重要文化財や国宝とみなすという規定があり、70年たっていますが、まだ当分の間の運用で旧法の指定も生きている格好です。多くのものは新法でも再指定を受けています。時々、美術館や博物館では「重要美術品」という表記がありますが、あれは新法では受けていないが、旧法上の重要美術品だったという表示で、現在の重要文化財に相当する表示です。

1949年１月26日に法隆寺の金堂の壁画が焼けた事件がありました。それを受けて、異例の早さですが、翌年には「文化財保護法」がつくられ、１月26日は文化財保護デーとなっており、いまでも消火訓練などをおこない、文化財を守るという考え、決意を新たにしているのです。

この時期から無形遺産のシステムができたのは、世界に誇るべき、先駆けた立派な施策だったと思います。

ただ、できた後、指定制度がなかったので、1954年の改正のときに、無形遺産についても指定制度をつくるということと、民俗資料（民俗文化財）を文化財の仲間に入れたのでした。

1996年の改正では、登録というシステムをつくり、ここに宝物があるということをみんなに知らしめるシステムができました。2004年の改正では、文化的景観というものを対象とする文化財の仲間として明定しています。

2018年には総合的な保存活用に進み、2021年の改正では、無形文化財と無形民俗文化財になかった登録制度をつくって、その他に地方の登録制度ということで、各地域での文化財の活動、保護活動をよりいっそう充実するということが行われているのです。

世界に先行して保存活用のシステムが確立しましたが、これが世界の中でのシステムとどう折り合っていくのかが課題になるわけです。

文化財を守る国際取り決め

▶ハーグ条約

国際機関の中で文化を担当しているのはユネスコ［UNESCO（United Nations Educational, Scientific and Cultural Organization）］です。

当初ユネスコが考えていた文化は、芸術活動の振興のような話が中心で、文化財保護はあまりスコープになかったように思えます。それが、戦後、いろんなかたちでノーマティブ・セッティング、こういう条約をつくるとか、勧告を出すとか、ガイドラインをつくるとか、さまざまな活動を通じて、文化財についても次第に充実した施策ができるようになってきました。

1954年に「武力紛争の際の文化財の保護条約」という文化財の保護条約ができました。私たちは「ハーグ条約」と言っています。これは、さかのぼれば「ハーグ陸戦条約」というものがあり、1899年に成立し、その後、1907年に改正されて、かたちができたものです。

戦争を行うときに、交戦者の資格は何であるか、捕虜の扱いとか、略奪をしてはいけない、使ってはいけない兵器は何かが書いてあります。必ずしも守られた条約ではありませんが、こういう条約ができているのです。

戦後、国際連合ができるまでは、戦争は国家の権利でした。国連ができて、戦争は禁じられることになりましたが、それ以前は、戦争は国家の権利である。権利ですが、それは正しい戦争でなければ駄目ということで、「正戦論」という学問が発達して、何が正しい戦争であるかということを考えたのです。併せて、捕虜の扱いとか、略奪の禁止とか、もう一つの国際法のジャンルとして育ってきています。

「ハーグ条約」は、基本的には武力紛争が起きたとき、保護すべき重要な文化財を定めて、そこにブルーシールド（青い盾）という特別な章標を付けて守るということで、そこを攻撃してはいけないことを決めました。また、略奪等の禁止ならびに、そういう人たちの刑事罰なども定めたものです。ですが、これはあまり機能しませんでした。日本国も長い間批准しませんでした。

条約というのはさまざまなかたちがあります。多国間の条約は、国連で決められるもの、ユネスコで決められるものは、全体で会議をして原案がまず採択されます。原案ができるとそれに対して各国が受諾するかどうかということを申し出ます。これは条約によって違いますが、一定の数の受諾国がそろうと、その条約は発効するということになります。

ただし、発効するのは条約を受諾した国に対してだけであり、受諾しない国にはその効力がないというのは条約の宿命です。受諾して初めて条約上の権利義務が動いてくるわけです。

この「ハーグ条約」の一番の弱点は、守るべき重要な文化財、保護すべき地域というのは、軍事目標から十分な距離を持ったものでなければいけないという条項があったことです。つまり、「軍事目標がある場合には、それに隣接した文化財は保護しない」、簡単に言えばそんな感じです。そんな格好では受諾をしてもあまり意味がないという考え方と、もう一つは、日本は戦争をしないと言っているので、こういう条約に加入するのはいかがなものかという考えも一部にあったようですが、受諾しないできたのです。

ところが、1999年に第二議定書ができました。議定書はプロトコルといいますが、本来、プロトコルとは条約を解釈するもので、その解釈を大幅に変えて、実質的に条約が変わってしまうようなものも、中には見受けられます。

この「ハーグ条約」の第二議定書もそれに近く、さっき述べた最大の弱点だった軍事目標から十分な距離を持つという要件が実質的に外されたことで、我が国もこの条約に加盟してもいいのではないかということで、加盟することになりました。

▶文化財不法輸出入禁止条約

紛争の際の略奪は「ハーグ条約」で禁止されているのですが、さまざまなかたちで文化財が違法に持ち出されるケースがあります。文化財不法輸出入禁止条約は正当な理由がなく持って行ったときには返還をしなければいけないということを中心に書いたもので1970年に成立しています。

2003年にイラク戦争が起きて、バグダッド博物館はたちまち略奪に遭い、多くの重要なものが略取されました。しかし、大変大切なものは、中央銀行の金庫に疎開して、超一級品は略奪を免れたようです。しかし、戦争が起きて、たちまち目利きが来て、価値のあるものだけ略取されています。それは、「あっ」という間に世界の市場に、東京市場にもスイスの市場にも出てきました。

幸いなことに、このイラク戦争の前にスイスは、この条約を批准してくれていたので、スイスに出てきたものも、この条約で違法なものは返還をする。適法に購入したものは、対価を払ってそれを返還するということが働きました。東京市場に出てきたものも、かなりのものが返還されています。正当な手続きで得たものでしたが、対価を取らずに返還したものも数多くあり、この条約がある意味で働いているということが言えるのです。

ただ、条約というのは基本的にさかのぼりません。この1970年以前の話、ロゼッタストーンは、イギリスが勝手に持って行ったじゃないか、ギリシャの神殿のレリーフを持って行ったじゃないか、それを返せという話は関係がありません。この条約によって処理することはできません。それはそれで、別途そういう返還運動がありまして、関係国との協議みたいな運動は行われていますが、この条約の適用されるところではありません。

日本は、これを受けるにあたり、民法の特例をつくり、消滅時効２年を10年に延長するというかたちで、文化財の保護をより手厚くしました。

プロパティからヘリテージへ

▶世界遺産条約

世界遺産制度は「プロパティからヘリテージへ」という考え方です。それまでの文化財保護は、どちらかというとそれぞれの財産的価値を保護しようという側面が強かったのですが、「そうではなくて、人類にとっての遺産、大切な宝物を、財産的価値がどうであれ守っていく必要があるのではないか」というのがヘリテージという考え方です。

基本的にそういう考え方が大きく台頭してきて、それが姿になったのは「世界遺産条約」です。世界遺産条約は前回にかなり詳しいお話があったと思いますので、あまり立ち入りませんが、ちょっとだけお話をしておきます。

「世界遺産条約」で一番問題になるのは、まさに世界のスタンダードという、

OUV (Outstanding Universal Value) という顕著な普遍的価値というものがあるかどうかを巡って議論になることです。そして真正性、完全性、オリジナルであるか、過不足なくカバーしている遺跡であるか。そういう基準が適用されるときに、どうしても価値観を伴うので、日本の価値観だけで主張しては間に合いませんが、大いに主張したらいいのです。さっきの法隆寺のように、日本は保存技術をきっちりやっているので、こういうものも当然対象になる価値があると言って認めてもらえばいいのです。でも、それをしないと、世界基準に当てはまらなくなってしまいます。

例えば、石見銀山が指定されるとき、産業遺産というカテゴリーを考えて申請を仕掛けたのですが、産業遺産というのは世界的にはまったく違う概念だとされていました。産業遺産委員会がロンドンにあり、「人類にとって極めて大きな出来事は産業革命である。従って、その産業革命に寄与した遺産を産業遺産として保護しよう」というシステムでした。

石見銀山は産業革命と関係ないという話になったので、みんな集まって会議をして、「産業革命は非常に大事なことであるが、当時の石見銀山は世界の銀の30%や20%という多量の銀を産出して、世界経済にも大きな影響を及ぼした。特に廃坑した後、自然に返るような、エコロジカルな配慮もしている。」ということを主張して、産業遺産国際委員会は規約を改めて、産業革命が第一であるが、いろんなかたちで産業の発展、世界の人々に関わったものについては、産業革命としてのジャンルを拡充して考えようとなりました。

これも説明、主張していかないと、アウトになって非常に面倒なことになります。

平泉の仏国土を表す風景も、非常に困難を極めました。だいたい仏国土という概念が西洋人には分からない。私もパリに３年７カ月いましたが、普通の人は、例えば宗教というのは、キリスト教とイスラム教しかないと思っている。ヒンズー教も仏教も知らない。世界遺産委員会の委員になる人も、そんなに宗教的なバックグラウンドについてよく知っている人がいるわけではありません。

平泉のときは、現地調査に来た委員は、幸いスリランカの人だったので仏教についてよく分かっていたのですが、しかし、彼はパリに戻って委員会で話してもよく分からない。普通の山と川ではないかということで、なかなか相手にされなかったのです。それを粘り強くその中身の説明をして、最終的には、みんなに納得してもらうかたちに至ったのでした。

スタンダードをつくられていて、特にOUVというものについての考え方というものは、どうしてもユーロセントリックといいますか、欧州のアングロサクソン的な考え方・価値観が中心になっていますので、アジア諸国などは、自分たちの価値観をきちんと説明して、世界の中でそれを認めてもらうことが必要になってくるのです。危機遺産のときにも出てくるのですが、何が危機遺産であるかということが、一つの大きな課題になってきます。

国際間での交渉のむずかしさ

ユネスコのような多国間機関では、国連のように拒否権を持つ安全保障理事会のようなシステムはなく、普通に一国一票ということになっています。アメリカや日本はいっぱいお金を出しているのですけれども、たくさん票をちょうだいと言ってもそれは無理で、一票です。

そうなると、各国に普段から根回しをしなければいけない。アフリカに54票ありますから、とにかく大票田、アフリカの人たちもせっせと、毎晩、ご飯の設定をします。各国がするものですから。だいたい、一年中、毎晩何か行事があって、毎晩飯を食ったり酒を飲んだりしていました。大使は「胃袋を国家にささげた人」というあだ名があるぐらい飯を食わなければいけないのです。

しかし、根回しというのは、普段からそういうところで話をして、会議の場で議題を出して、どう反応したらいいのだと思われるようでは駄目で、日本はこういう立場だと最初から分かって対応してくれるような行動を日々行っていなければいけないわけです。

しかし、文化の違いはたくさんあり、難しいところがあります。私が一番苦手だったのは、夜のディナーの時間です。パリはだいたい８時から始まります。「８時に来たれ」というインビテーションがきますので８時に行かなければいけないと思うとこれが間違っていて、８時15分に行くのが正解なのです。これはディプロマティック・クオーターと呼ばれていますが、15分遅れで行くのがどうも正しいのです。時間前に行くのは絶対禁止です。これはホストが困ってしまいます。

でも、８時に来いと書いてあって８時に行かないのは気持ち悪く、じっと我慢して、相手の公邸の近くに車を止めて、しびれを切らして定刻に行きます。そうするとドイツの大使が来ています。ドイツの大使と私がいつも定刻に行っている。ですから、日独の会談は非常に容易にできたというメリットがありました。

各国の価値観の相違

この無形遺産については、お話があったと思いますけれども、一つは価値観、世界遺産で散々苦労したOUVというものをなくして、各国が自分の国を代表するものであると言って持ってくれば、それはそのまま代表リストに載せようとなったわけです。

でも、実際に開いてみると、なかなかそうはいかなくて、日本、中国と韓国は、無形遺産の先進国です。ヨーロッパには制度がなくて当初はこの制度には消極的でした。ところが、日中韓はきちんと制度があって、蓋を開けてみると､その４分の３ぐらいが日中韓であると問題になりました｡問題になっても、それは制度としてそういうものだから文句を言うなと本当は言うべきですけれども、なぜか入場制限で１年に一国一件という話になってしまい、極めて遺憾です。

日本は指定されている物件をまとめて、しのいでいるところです。

「水中遺産条約」について

水中遺産は、100年以上にわたって水中にあった文化財です。100年、水の中にあることによって、人類の文化の証人が無事生きている。昔はそれを取り出す技術もなくて、資金的な用意もなかったわけですが、だんだん宝船ということで、バミューダあたりの引き揚げで大金を得るということができてきました。引き揚げ技術も進み、資金を出す人も出てきているということで、歴史の証人が乱獲されて消えていってしまうということを心配して「水中遺産条約」をつくったのです。

従って、100年以上、水の中にあるものは商業的に取り出してはいけない。学術的なことはいいのですが、商業的に取り出すのは禁止をするという条約です。ただ、日本はこの条約は承認しておりません。これは難しい「海洋法」と関わるわけです。「海洋法」は、散々苦労して「海洋条約」ができましたが、海に対して沿岸国がどういう権利を持っているかというのは難しい問題がたくさんあります。

普通、領海と言われる沿岸から一定の距離にある地域は、沿岸国と同じ主権が及ぶと考えられています。しかし、それがどうなのかということになると、昔は大砲の弾が届く範囲ということで３海里だったのですが、国によって４海里だ６海里だ10海里だと、いろんなことを言い出してきました。「海洋法」では、排他的経済水域を認めるとか、そういうことを妥協の上ですが、一応12海里を領海として認めることになったのですが、その先に接続水域というものがあります。接続水域は、このごろ、尖閣でよく出てきますけれども、その先12海里を接続海域とする。接続海域は、主権のすべてが及ぶ領海ではないのですが、例えば衛生管理上必要だとか、さまざまな権利を沿岸国に認めているのです。

しかし、接続水域の中で、沿岸国が持つ権利が何であるかは確定していません。それをこの「水中遺産条約」がちょっと踏み込んで、先走っているということで反対論もたくさんあり、我が国もその辺を勘案してまだ批准していないのです。

空の上の方も問題があります。どこまで主権が及ぶかということです。少なくとも人工衛星が飛んでいるところは、どうも主権は及ばないようで、勝手に人工衛星が飛んでいます。では、どこまでが主権が及ぶのかということになると、空の話、宇宙の話は、国際的には魅力満載の論点を持つ分野であると言えるのではないかと思います。

文化多様性条約

「文化多様性条約」は、ユネスコが当初、理念として考えたのは、無形遺産、有形遺産、水中遺産を整理してきたけれども、全体として文化の多様性を確保するという条約をつくって、締めくくりをしようということが一つだったのです。

ところが、実際はまったく違った要素があります。1995年にWTO（World Trade Organization）ができたとき、それまでGATTというシステムで保護されてきたモノの貿易の自由化から踏み込んで、WTOのときには、モノの自由化の他に、サービスの貿易についても自由化を図るのだというのが入ってきました。

それに対して、WTOができる当初、いろんな国際的な話し合いの中で、フランスは、文化について適用するのはおかしいという議論を展開したのですが、敗れて、それは認められなかったのです。フランスは、リュミエール兄弟が映画を発明して、戦前、映画大国だったのですが、戦後、産業としては衰えてしまい、アメリカのハリウッドが躍進してきました。その映画は「アメリカ文化なので、そういう文化でフランス人が染め上げられてしまうのはかなわない。文化の多様性を侵すことになる。文化の多様性は、生物多様性と並んで車の両輪だ」というのがフランスの基本的な主張でしたが、闘って敗れたのです。

フランスは、「文化多様性条約」という、「ユネスコ条約」というかたちで持ち出してきたというのが、発想としてはすごいと思います。しかし、なんといっても、これは見え見えといいますか、WTO破りの条約に見えるのでアメリカはまず反対しました。我が国も、自由貿易派なので、そういう中身になってはいかんなということで、この話は大変もめました。

フランスを中心にして、実はヨーロッパの中でもドイツやイギリスは懐疑的だったのですが、フランスはなかなか外交上手で、EUの中の議論をまとめてしまって、この条約を推進すべき、多様性条約をつくるべきとしたので、イギリスもドイツも反対できなくなったのです。そういう旧宗主国がみんな賛成ということになると、アフリカ諸国、あるいは中南米諸国も、多くは賛成に回り、大変ややこしいことになりました。

日本は、間に入って大変苦労したのですが、とにかくこの条約は文化に関する条約なので、経済活動に関する従前の国際取り決めを覆すことはないという条文を入れてもらいました。もちろん文化庁・外務省はじめ関係官庁でも議論をして、確認をした条文を入れて、この条約には賛成に回ったという経緯です。

でも、実は、そう言うと簡単に見えますが、それだけではなくて、いまのような明快な条文のほかに、もう一つ、あいまいな条文が妥協上、入ってしまいました。そのあいまいな条文は、その条文の解釈いかんによっては、あるいは従前の経済取り決めに、国際取り決めに変更ができるケースが出るかもしれないという危惧が、まったく残っていないわけではありません。

そういう格好でできた「文化多様性条約」ですので、最初にご紹介したように、ユネスコが考えた極めてかっこいい、文化財保護の集大成を図るというものにはほど遠いものになってしまったわけです。しかし、文化の多様性が大切なものであるということで、きちんと宣言できたことは大変結構だろうと思っています。

文化財保護に焦点を絞っても、これだけのノーマティブ・セッティングがあります。省略しましたが、創造都市ネットワークや世界の記憶などの、ユネスコのプログラムもあります。条約とか、規範設定になっていません。創造都市ネットワークというのは、特定のプログラムについて、世界のいくつかの都市が、それぞれ協力して活動する場をつくろうということで、いくつかの分野について、創造都市ネットワークを形成しています。日本も10余りの都市が参画をしています。

それから世界の記憶。これは一時、記憶遺産と書かれまして、ちょっと他の遺産保護と同じように見られていたので、現在はメモリー・オブ・ザ・ワールドという英語そのものに、世界の記憶という事業の名前にしています。これは文章等々で、『マグナ・カルタ』とか『アンネの日記』とか、人類が共有すべき記録について、できるだけデジタル化するなどして、多くの人々がアクセスできるようにしようという考え方でつくられた事業です。日本もいくつか認められてきています。

最近になって、政治的な活動の傾向が目立ってくるようになっています。日本では、山本作兵衛の『炭坑記録画』と『御堂関白日記』、慶長遣欧使節の関係資料、『舞鶴への生還』、『東寺百合文書』、上野三碑、朝鮮通信使に関する記録、そういうものが登録されているのです。

そのうちに、例えば、南京大虐殺というものが登録されることになってしまった。これはシステム上、登録申請が国ではなく個人でも誰でもできるシステムになっており、関係国が意見を言う機会がないところに制度的な問題があります。慰安婦の問題を持ち出すとかいうことが出てきましたので、プログラムの在り方について再検討した方がいいのではないかということで、国が申請することと、関係国が意見を言って反対したときは登録されないという、簡単に言えばそういう改正が行われつつあります。あらためて世界の記憶のプログラムは進んでいくと思われます。

疑問に思う新しい目標SDGs

最後に、SDGsは、もともとはいろんな動きがあるわけですけれども、ローマクラブが成長の限界ということで、人口は幾何級数的に増えるけれども、食糧は等差級数しか増えないので、いずれ世界が飢餓になるというものを出したのがきっかけで、いろんな動きがありました。

国連を中心に、「ブルントラント・レポート」、あるいは「我々のコモン・フューチャー」というものが1987年にあり、リオデジャネイロの「アジェンダ21」というものがあります。これはずいぶん中身が違っているのですが、ブルントラントは経済成長と環境と、その他の社会的課題という３本の柱を立てたのです。しかし、その次の「リオ＋10」までは、環境派が中心で、もっぱら環境の話が中心だったのです。それを「リオ＋20」(The Future We Want)というところでは、３本目の柱も立てて、さまざまな社会課題も含めて再生可能な成長を考えていこうということに移っていきました。

MDGsの採択は2001年ですが、ミレニアム(新千年紀)にあたり、八つの目標を立ててMDGsと称しました。国連は一定の成果を上げたのでSDGsに移ったと公式に書いていますが、いずれの目標も達成できなかったので新しい目標をつくったわけです。17の目標、169のターゲットというものが整理されています。このことは、みんなで共有され、さまざまなかたちの世界で保護するシステムができているのはいいことです。

いいことなのですが、17の目標に文化がない。これはなんでだと、私は非常に憤っています。「世界人権宣言」に文化的権利が書いてあります。その後、1966年にできた人権規約、A規約は条約ですが、そこでも文化的権利と題名にも付いていますし条文もあります。文化的権利の保障というものは、これほど大きく取り上げられているのに、なんでターゲットになっていないのかについて、私は大変疑問に思っています。

ユネスコに問いただしますと、いろんなところに入っているので、実質的は含まれていると説明するのですが、いかにもインパクトがありません。私は、ある会議の途中にユネスコ事務局長と国連のSDGs担当者を含む何人かで昼飯を食べるときに、文化について柱を立てるべきではないかと話をしたのですが、取りあってもらえず、いまだに非常に残念だと思っています。2030年以降の新しいものができるでしょうから、次のときはぜひ、文化というものをきちんと打ち出してもらいたいと思います。

ただ、これは文化の関係者にも問題があります。文化権というのは何かというのが詰められていないのです。それをきちんと詰めて、それが何であるか。人権宣言から入っているのに、こんにちに至るまで中身についてちゃんと詰まった議論がないのは困ったものだと思っています。

もう一つ。世界のみんなで守ろうというシステムの中で、最大の問題は動産が入っていないのです。世界遺産は不動産です。不動産に付随した動産はありますが、水中遺産は辛うじて動産になります。一般的に博物館に行ったら見られるような工芸品などは、世界で守るシステムがありません。これは世界のシステムとしては大穴が開いているという気がします。非常に残念に思っています。

もう一つですが、最後国際的に言語の保護がされていません。世界にある7000の言語のうち、今世紀中には半分以上、50%から80%の言語がなくなると言われています。ごく少数しか語られていない言語がいっぱいあります。その言語の保護というものも、世界的に考える話だろうと思います。

これは、しかし、「文化多様性条約」のときにも議論になったのですが、非常に難しい政治的な課題です。国家の統治を考えたとき、言語の扱いをどう考えるかは結構難しい課題です。従って、各国政府は容易にこの言語の保護に乗ってきません。しかし、このことは、非常に緊急に対応を要することだと思っています。

（2021年４月30日講義）

世界遺産を目指す彦根城の価値

滋賀県文化財保護課　彦根城世界遺産登録推進室
鈴木　達也

2020年に滋賀県と彦根市が世界遺産登録に向けた協議会をつくり、事務局が県庁にあるので、そこで仕事をしています。

彦根市は、1992年に暫定登録を済せていますが、前に進まない時期が長く、ここ数年ぐらいで「この方針なら行けるんじゃないか」とだんだん見えてきたところです。

2024年に登録を実現するとなると、逆算して２年前の2022年に日本代表に選ばれないといけないのです。毎年１件ずつ日本政府からユネスコに推薦書を提出するのでそれに選ばれると、翌年に諮問機関のイコモスが審査して、2024年に世界遺産委員会で登録の可否が決まるということになります。

世界遺産登録とは、人類の歴史の１ページに刻むこと

「世界遺産登録とは一言で言うと何でしょうか」と言われたら、私は「人類の歴史の１ページに刻むことである」と答えます。自然遺産のことも考えると、「地球の歴史」ということになるかもしれませんが、彦根城は文化遺産なので、今日は、文化遺産について考えることにします。

いろいろな世界遺産を見ていくと学ぶことが多いですし、世界遺産を見に外国に行くと、得るものも多いだろうと思います。ただ、「自分の国のものが世界遺産になったらいいな、いろんな人に知ってもらいたいな」ということだけではなくて、お互いに知って尊重し合うことが大切だろうと思います。

世界遺産に彦根城が加わる、記載されるということは何なのか。私たちは、どうしても地元側からの見方で考えてしまうのですが、世界遺産側からした

写真１　国宝彦根城天守（滋賀県提供）

ら何の意味があるのか。「1000以上もの世界遺産がすでにある。そこにあなたの国の彦根城というものが記載されて、世界遺産リストは何が変わるのですか」ということです。

だから彦根城が加わることで、世界遺産リストがよりよくなると言わないといけない。彦根城が加わることで、いままでリストの中では書かれていない、代表されていない文化のことが、リスト中の彦根城の項を見たら分かるということを言えるようにならないといけないわけです。

いままでの世界遺産のどこにもなかった価値が彦根城にあって、世界の中で代表すべき、みんなが知るべきものが、実は彦根城にあるのだということが言えれば、世界遺産に登録する意義、価値があるということになると思います。多文化理解、多文化共生、そのリスト中に彦根城が一員になってやっていくということに価値があるのだろうと思います。

では、「人類の歴史の１ページ」として、具体的に何が書かれているのか、ユネスコのホームページを見てみましょう。「Outstanding Universal Value (OUV)」日本語では「顕著な普遍的価値」と訳されることが多いですが、簡単に「世界的な価値」と考えればいいと思います。

たとえば、「百舌鳥・古市古墳群」の場合、OUVとして、「日本社会が中国の法体系の影響を受けて中央集権国家を設立する以前、つまり3世紀から6世紀における古墳時代の文化の最も豊かな物証」ということが書かれています。

日本列島に仏教や律令制が入ってきて、中国風の国づくりをしていくより前の、古墳時代という時代の最も豊かな文化の証拠だと。だからこそ世界的に価値があるのだということが書いてあります。

世界の文化の中で、長い人類の歴史の中で、多様な文化の中で、この資産はどの部分を代表していて、どういう価値を説明するのかということが書いてあるのです。私たちに課せられた「彦根城を世界遺産に登録する」というミッションを実現するために、彦根城のOUVは何なのかということを一生懸命探しています。

彦根城のOUVを考える

最近、日本で世界遺産になったもののOUVを見ると、「富岡製糸場」は、外国から技術が入ってきて、日本で工場をつくって、絹の生産が向上したということが書かれています。「明治日本の産業革命遺産」もまた同じような話です。「沖ノ島」という福岡県の沖合にある島の場合は、朝鮮半島との文化の交流が描かれています。長崎と熊本にわたる「潜伏キリシタン関連遺産」も、ヨーロッパから入ってきたキリスト教が弾圧されて、潜伏して、というストーリーが描かれています。

どれも外国と直接関係があり、そういうものは世界遺産のストーリー、価値の説明をしやすいのです。世界的な価値というときに、日本が外国と関わりながら、作り出してきたものなどを説明するほうが、日本史の中だけの閉じた話ではないので、世界遺産の価値の説明がやりやすいのではないかと思います。

しかし、彦根城は、直接外国と交流して生み出されたわけではありません。普通に彦根城の歴史を説明しようとしたら、日本史の説明だけで終わってしまいます。世界史の中の彦根城をどう位置づけていくのかを考えていくべき

写真２　彦根城天守と桜（彦根市提供）

写真３　中堀沿いの埋木舎（彦根市提供）

写真３　玄宮園から見た彦根城天守（彦根市提供）

写真４　彦根城の雪景色（彦根市提供）

なのだろうと思います。

彦根城にどういう価値があるのかということを考えていくと、人によっては、建築が素晴らしいと思う人もいるだろうし、「戦いのためにつくられて、ここに敵が攻めて来たときに、こうやって迎え撃って」みたいな、防御構造がすごくよくできていると思う方もいらっしゃるでしょう。井伊家の城だからこそ価値があるということもあるでしょう。城下町が周りに残っているのがいいのだということもあるでしょうし、琵琶湖が近くにあるということが素晴らしい、彦根城の独自性ではないかということもあります。一方では、とにかく市民の誇りだと思っている方も多いと思います。人によって見方がいろいろです。

一つの彦根城という資産をとってみても、いろんな角度から、いろんな立場によって、いろんな見方や価値観があってもいいだろう、もともと多面的な価値があるのだろうと思います。でも、世界遺産の推薦書には、その中で、世界的な価値は何なのか戦略的に絞り込んで、はっきりと言うことが必要になります。

いままで歴史やお城の本の中で説明されてきたことを引用して「これが価値です」と書いて世界遺産になるのだったら、苦労はありません。

事実に基づくことは大事ですが、私たちが彦根城を通してどういう価値を描くのか、どういう物語をつくっていくのかということを考えなくてはいけません。他の世界遺産を担当された方の言葉ですが、「新しい物語を描くということが必要になるし、それはいままで言われてきた遺産に対する見方とは違うものになるかもしれない」ということを聞いています。

では、「世界遺産のOUVはこれにします」と言ったからといって、いままで言われてきたようなことや、市民の皆さんが思っていることは間違いなのかというと、それはそれでいいのです。「世界遺産としては、こういう価値を打ち出します」というだけで、それだけが全てではないので、他の見方を否定することはありません。ただ、いままでとは違う彦根城の見方を示す必要があるということです。

彦根城のOUVと推薦書原案の概要

世界遺産に登録するためには、推薦書という書類をつくる必要があり、その原案をいまつくっています。第何章に何を書くかということは、フォーマットが決まっています。章や節の内容や、「ここにどういうことを書きなさい」ということを、ユネスコが指針で定めているので、それに沿って書くことになるのですが、実際に書くとなると結構難しいです。

大きくは、２章が「資産の説明」、３章に「価値の証明」になり、後半の４章、５章、６章あたりは、それをどうやって守っていくかという内容になります。「彦根城には、こういう世界的な価値がある」と言えれば、それでいいということではなく、推薦書の後半で、それをどうやって守っていくのかを書いて、それが車の両輪のようになっていて、初めて世界遺産のOUVがあると見なされます。

本日は、主に価値の証明を中心に、2021年５月時点での推薦書原案の内容を、かいつまんで説明します。これまで数年間、OUVの議論を重ね、説明の仕方がどんどん変わってきました。これからも登録されるまで、どんどん改良されていくと思います。あくまで途中経過として聞いてください。

▶彦根城の顕著な普遍的価値

彦根城のOUVは、一言で言うと「17世紀から19世紀半ば、江戸時代における、日本の独特の政治体制を示す傑出した証拠である」ということです。

城というと、戦に備えてつくられた要塞というイメージが強いのではないかと思います。城は、上りにくい階段、鉄砲を撃つ穴、敵が攻めてきたとき入りにくい門とかが注目されがちですが、江戸時代の二百数十年間、彦根城で戦いがあったことは１回もありません。ここは、政治をしていた場所でした。大名や家臣が住み、一緒に彦根藩の領地をどう治めていくのか話し合って決めていく、地域の政治の中心だったのです。

江戸時代の城は政治をするところだから、城を見たら政治体制がどういうものだったのかが分かる。そして、江戸時代の日本の政治体制が独特で、世界的な価値があるからこそ、城にも価値が出てくる。政治をテーマにしているということがポイントの一つです。

17世紀から19世紀半ば、日本でいう江戸時代は、その前の戦国時代の混乱を克服して、安定した社会を築いた時代です。少し俯瞰して東アジア全体を見ると、日本だけではなく、中国でも王朝が替わっています。それまで不安定だった東アジアの海域、政治の状態が安定して、秩序が保たれた時代でした。日本はそれを担った一員でした。

その安定した状態が持続していった中で、その一翼を担った日本の政治の仕組みが、他の国と比べて特徴があって独特だったということです。

江戸時代の政治の仕組みとは何なのかというと、幕府と藩によるものでした。全国を統治する幕府がまずあって、地方の藩に対して領地を与え、その地域の政治を任せる。藩の方は幕府から認められたことを根拠にして、その地域の政治をする。その地域を一体的、集約的に政治をしていきます。

藩は領民を守って安定した社会を維持する責任を負いました。政治の組織構造がピラミッド的な形をしていたわけですが、こういう階層的な組織の構造、領民を治めていく政治をする仕組みが全国的に標準化されていました。地域によってばらばらだったのではなく、全国的に標準化されていたのです。

その標準化されたシステムが全国に展開して、それぞれの地域を地方分権的に政治をすることによって、この安定した時代が続きました。200年以上にわたって安定した社会を維持した仕組みだったのです。全国的に標準化されつつも、地方が主体性を持ち、大名が責任を持ってそれぞれの地域で治め、大名が全国的に標準化されたシステムの下で政治をしているということが、江戸時代の特徴だろうと考えています。

こういう特徴的な政治の仕組みを実現するためにつくられたのが江戸時代の城です。

城というのは、一つの建物のことではなくて、石垣と堀に囲まれた全体構造のことです。山があって周りが石垣と堀で囲まれた一つの構造体で、天守みたいな一つの建物だけではなく、建築物や土木工作物を全部ひっくるめた全体が政治拠点として使われていました。

彦根城だけが特殊な形をしていたわけではなく、全国的に標準化された基本的な形を持っていました。彦根城は、そのうちの一つで、彦根藩、井伊家

［資料１］

幕府と藩による政治体制を実現させた
城郭

(a) 階層的な配置・平面計画

(b) 視覚的な象徴性

の領地の政治をしていくための拠点だったのでした。

その特徴は、「(a) 階層的な配置・平面計画」と「(b) 視覚的な象徴性」という二つのポイントによって説明できます。世界遺産のOUVを説明していくときに、単に城の全体構造と言っても分かりづらいので、どういう面があるのか、どういう特徴があるのかということを、枝分けをして説明していきます。いまのところは、(a)真上から見た図と(b)横から見た図で特徴が分かる。この二つだと考えています。

彦根の領地の政治をしていくための必要な機能は、全て彦根城に集約されていたのですが、これは階層的に区切られた同心円状の構造の中に配置されました［資料２］。

第一郭の山麓にある表御殿は、大名が住んで、政治をしたところです。大

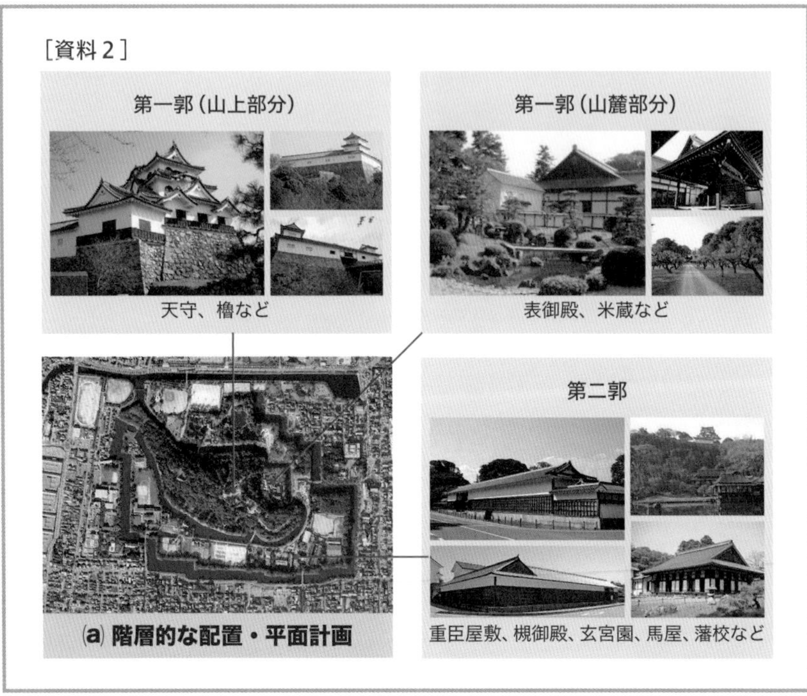

名と家臣が話し合いをして、政治の方針をどうするかを決めたり、儀式をしたりしていたところです。だから心臓部というか、脳と言った方がいいのでしょうか。一番上でよく目立っているのは天守ですが、実際の政治の働きをする中枢だったところが表御殿です。

表御殿の中には、儀式をするときの能舞台というものがあり、いまも残っています。この山麓の空間が機能的な中枢で、政治の働きをしていく上での、実際の働きの一番大事なところだということです。

堀で区切られたもう一つ外側の第二郭は、その中枢の働きを補うゾーンです。重臣屋敷という、大名を補佐して、一緒に政治をしていくための上級の家臣たちが住んでいたところです。また、儀式に使われた庭園、大名の２番目の御殿や馬屋、家臣のための学校など、いろんな施設があり、第二郭全体

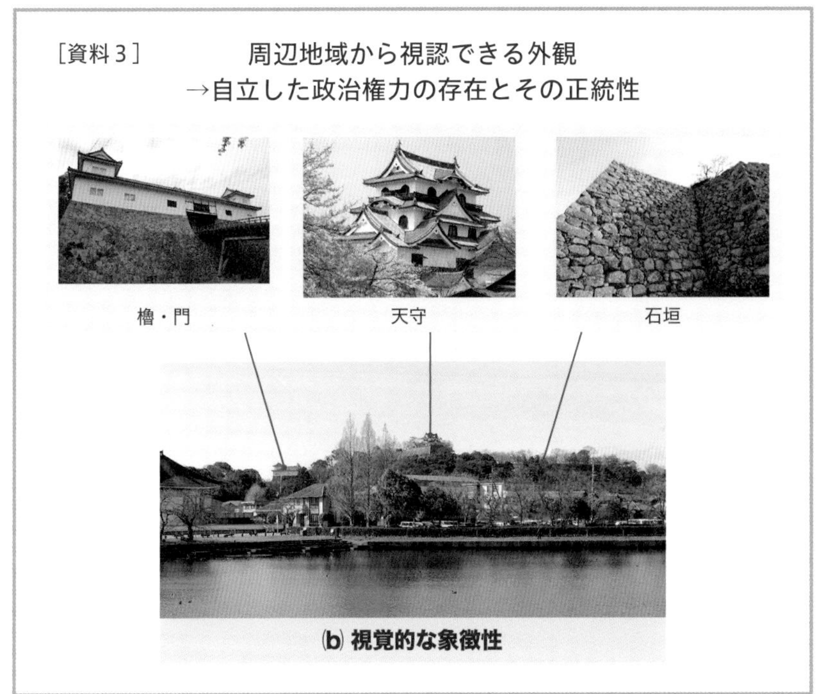

で中枢の機能を支える役割をしていました。

政治は大名が独裁的に何でも決めていたわけではなく、この重臣と呼ばれる、第二郭に住んでいた人たちが話し合い、彦根藩の方針を考えて、大名はそれを裁可していたようです。実際の政治の中枢の動きをして、それを補佐する人たちが住んでいたゾーンです。この階層的な構造が、政治の構造を、目に見える形として表しているのです。

次に、「(b)視覚的な象徴性」について説明します［資料3］。

離れたところから彦根城を見たときに、一番頂上に天守があります。その周りに櫓や門、石垣がそびえているのが見えます。つまり、城全体の象徴的な外観が見えてきます。周りからよく見える外観によって、この地域の政治をするための独立した権力がここに存在するということと、それが幕府から

認められてこのお城をつくっているのだという正当性を象徴的に示していたのです。

さらに、堀のすぐそばまで来て、間近から彦根城を眺めると、すぐ目の前に広い堀が見えます［資料4］。

堀の向こうには石垣がそびえています。残っているところは少ないですが、櫓や門があります。そんなふうに、城の中と外を区切る境界線があって、それがものすごいスケールの堀と石垣である。だから、この奥は町の中とは役割が違う特別なゾーンであるということを、外から見る人に伝えているのです。

このように外からの見た目も大事な意味を持っていて、政治体制の特徴を表しているのです。上から見たときに分かる階層的な配置、同心円状に区切

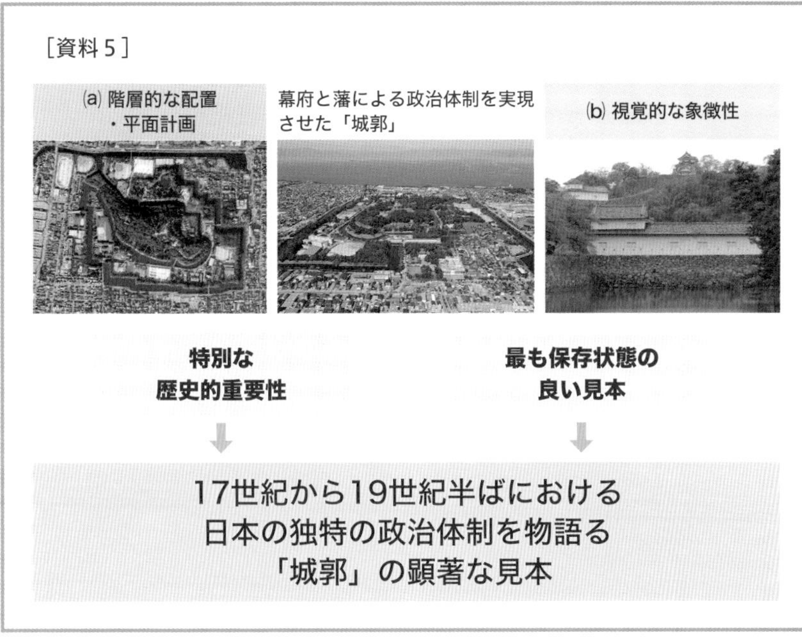

られているということと、横から見たときに分かる視覚的な象徴性、シンボリックな見た目をしているということ、これが城の政治拠点としての特徴であって大事なポイントです。

なぜ彦根城が代表例なのか

江戸時代にあった約150の城の中で、なぜ彦根城に価値があるか。

一つは、ただの150分の１ではない、特別な歴史的重要性を持っていたということです。彦根城は特に初期の段階で幕府が直接つくっていて、井伊家という幕府を直接支える大事な家のお城であり、日本列島の東西をつなぐような大事な場所にありました。

もう一つが、よく残っているということです。この二重の堀で囲まれた全体構造、天守をはじめいくつもの建物が残っていて、このエリア全体が保護されている。もちろんなくなってしまった建物も多いのですが、資料５の(a)

［資料6］　　　　姫路城との差別化

姫路城 (i),(iv)	**彦根城** (iii),(iv)
・日本の木造城郭建築の最高点 ・白漆喰、屋根の重なり、優美な外観、機能美 ・17世紀初頭、高度に発達した防御システム	17世紀から19世紀半ばの日本の独特の政治体制を物語る「城郭」の顕著な見本

と(b)の特徴を言うための大事な特徴が実は一番よく残っているのだと。(a)(b)に必要なものは何かを全部リストアップして150のお城を比較していくと、必要な要素がすべて残っている唯一の例が彦根城であって、ほかのお城は彦根城ほど残っていません。

江戸時代にたくさんあった政治拠点の中で、代表する価値を持っている、彦根城を見れば世界的にユニークな江戸時代の政治の仕組みが分かる、その顕著な見本だと説明していきます。

姫路城との差別化

すでに姫路城が登録されていますので、彦根城を新たに登録する必要があると言えるかどうか、これが長年の課題でした。姫路城の推薦書を見ると、「日本の木造城郭建築の最高点」と書いてあります。白漆喰、屋根の重なり、優美な外観、機能美みたいなことを書いています。

もう一つ、「17世紀初頭の高度に発達した防御システム」とし、戦いのためのお城としての優れた構造が残っていることを説明しています。

それに対して彦根城は、木造の建物の部分だけではなく、石垣と堀で囲まれた全体構造に価値があると言っているわけです。戦いのための構造が分かるという話ではなく、政治の仕組みが分かる。200年以上の平和な時代をつくった秘訣がここで分かる。全然違う方向性の価値を打ち出そうとしているのです。

姫路城と彦根城を比べると、確かに天守、建物の部分は、姫路城のスケールが大きいし、立派なのかもしれません。個人的には彦根城の方が美しいと思いますが、木造建築の部分に限れば「最高点」と世界遺産リストに書かれているので認めざるを得ません。木造建築部分だけの話ではなくて構造全体で比較すると、二重の堀やその中にある御殿。庭園など、いろんな点で彦根城の方がよく残っていると言えます。姫路城とは違う価値を打ち出して、さらに物証としての姫路城とも比較して、彦根城を登録する価値があると言う必要があります。

資産と周辺環境を守る

推薦書で大事なもう一つのポイントが、彦根城を未来永劫どうやって守り伝えていくのかということです。登録する範囲は、二重の堀で囲まれたところがメインですが、ここは「文化財保護法」で特別史跡として保護されています。道路が走っているとか、このままではいけないところがあるけれども、法に基づいて適切に保護されているのです。

世界遺産は、直接登録する範囲だけを守ればそれでいいわけではなく、周りも守らなければいけません。たとえば彦根城の堀のすぐ外側に高層マンションが建ったら台無しです。見た目が悪いだけではなくて、彦根城のOUVを損なってしまうようなことは避けなくてはいけません。むしろOUVをこの地域全体で高めていっているようなことが言えないといけないのです。

だから周りの地域は「緩衝地帯」として規制されています。この滋賀大学

彦根城と周辺環境（滋賀県提供）

が建っている場所は堀の外側にありますから、実は資産範囲ではなくて緩衝地帯なのです。緩衝地帯の中で建物を建てるなら、場所によって異なりますが、例えば、「高さは15メートル以下で、色はこうしてください」というような規制が、すでに施行されているのです。

この緩衝地帯の範囲は、「世界遺産になった途端に、がんじがらめに規制される」というわけではありません。いままでも、彦根のまちを美しくしていこう、お城と調和した城下町の景観を守っていこうという「景観計画」がすでにあって、市民の皆さんはその中で生活していただいていて、部分的に計画を見直すところはありますが、基本的な方向性は同じです。世界遺産になった途端に家を建て替えられないようになるということではありません。

推薦のときには、「この資産と周りの地域を一緒に保全することによってOUVを守っていきます、よりよいまちをつくっていきます」という計画を推薦書と一緒にユネスコへ提出することになっています。資産そのものと周りの地域を守ることで、(a)階層的な全体構造と(b)象徴的な外観を守っていく、政治体制を表す彦根城のOUVを世界遺産に登録して、「人類の歴史の１ページ」として守り伝えていくことを目指しているのです。

地域にとって世界遺産登録とは

次に、いくつかの観点から、地域にとっての世界遺産登録の意義を考えます。

１つ目は、「資産と周辺環境を一体的に守る」ということです。先ほども言いましたが、周りを緩衝地帯として守っていって、一緒に価値を高めていく。価値を支える(a)と(b)という話をしましたが、彦根城の堀で囲まれた範囲だけでなく、周辺環境と一緒に守ることによってはじめてOUVを守ることができるのです。特に、視覚的な象徴性というのは、まちからお城が見えることが大事なのです。

いま城が見えているのに、高いビルが建ってしまって見えなくなってしまったとなれば、世界遺産の価値が損なわれるわけですし、けばけばしい巨大な看板などが立ったりすると、彦根城の象徴性が損なわれるわけですから、価値が損なわれます。

まちを守ることが世界遺産のOUVを守ることにもつながって、OUVを守ることがまちをより良くすることにつながる。まちの方向性が見えてくる、まちづくりの一つの軸ができるということが、世界遺産登録の大きな意義ではないかと思います。

２つ目は、「OUVを地域の遺産に結び付ける」ということです。まちの中にどんなものがあるのか。歩いて行きますと、いろんな江戸時代のものが残っています。世界遺産の資産にするのは、堀に囲まれた彦根城の範囲だけですが、彦根城から歩いて行って、周りの緩衝地帯にも、たくさん江戸時代の町家であったり、いい路地とか、足軽の屋敷であるとか、庭園であるとか、芹川のケヤキ並木であるとか、ありとあらゆる魅力的なものが残っています。

これは、ただ単に江戸時代のものが残っているということではなくて、OUVに結び付けることができるのです。彦根城は江戸時代の政治を表しているのですが、当然、地域全体のために政治をしているわけです。その統治をする対象というか、そういう人たちが周りの地域に住んでいたわけで、この地域全体に豊かな営みがあってこその彦根城だったのです。

推薦書の中では、登録する範囲だけでOUVを説明できるように頑張って書くのですが、拡大解釈をして広い目で見ると、地域全体に価値があると言えるわけです。だから地域の残っている文化財を、あるいは文化財とまで言えないようなものでも、頑張って守っていって、それが彦根城の価値にもつながっているということになります。

これは、緩衝地帯だけではなくて、もう少し離れたところ、鳥居本とか、高宮とか、稲枝とか、いろいろな地域でも言えることです。神社とか、宿場町とか、鳥居とか、昔の学校の跡の石碑、昔の百姓のお屋敷が残っている建物など、ありとあらゆる文化財があります。文化財とまでは言えなくても、うちの地域の大事な守り神とか、昔のお地蔵さんとか、地域で一緒に守っているもの、江戸時代から伝わる何かしらの宝みたいなものがあると思います。それは彦根城につながっています。彦根城は単体で存在しているのではなく、地域の中にあってこそ価値があるのです。

江戸時代の政治の価値を訴えていく中で、江戸時代の地域がどういうものだったのか、地域の人々がどうやって暮らしていたのかということが分かるようなものを残していく、守っていくことが、世界遺産の価値にもつながっていきます。

３つ目は、「世界遺産を教育に活かす」ということです。すでに地域の学校では、彦根城の小学生ガイドなどの学習が行われていますが、地域のことを学んで世界に発信するような教育のきっかけにも、世界遺産はなっていくのではないか。歴史の話、社会科だけのことではなく、総合学習、国際理解、多文化共生、平和学習、英語、いろんな広がりを持つ可能性を、世界遺産が持っていると思います。

世界遺産が地域と世界をつなぐ

「人類の歴史の１ページ」というのは遠い話のような気がします。私たちの手の届かない、遠くにあるものが世界遺産ではないのか。でも、私たちが住んでいるこの地域に残っている、彦根城だけではない魅力的な文化遺産を守っていく、生かしていく。それで持続可能なまちづくりをしていくということが、世界遺産を通じてつながっている。「世界遺産が地域と世界をつなぐ」と言ったらいいのでしょうか。

たとえば、私の地域にある大事なお地蔵さんは、江戸時代からの歴史があるとします。それは彦根藩領の村の歴史を伝えるものですから、それを守ることが彦根城の歴史に実は間接的につながっています。そうすると、世界的な価値がある彦根城の価値を支えているものが地域にあるので、私の住んでいる地域が、彦根城を通じて、実は世界とつながっているという感覚を得ることができます。

みんなで彦根城を守ることは大事だと思います。ただ、市民がこぞって彦根城に集まって掃除をしたらいいのかというと、そういうことではありません。私は、それぞれの地域にある大事なものを守っていくことが大事だと考えています。それは、必ず彦根城を通じて、彦根城と関連があって、この地域の大事な歴史の一部を支えているのだと思います。彦根城が「人類の歴史の１ページ」になることによって、遠くに思っていた世界と実は関係があるのかなと思えることが、世界遺産の意義ではないかと思うのです。

彦根城の世界遺産登録とは、「人類の歴史の１ページ」に彦根城とその価値を未来永劫刻むことです。残念ながら抹消されてしまった例もいくつかあるのですが、登録されて、ちゃんと守っていけば、ずっと「人類の歴史の１ページ」として刻まれ続けて、世界の人が知るべきものなのだということになっていくはずです。

それは、いわば彦根から世界に価値を発信することであるということです。彦根は、「閉鎖的なまち」「殿様文化」のようなことをよく言われますが、彦根は、井伊直弼という、日本が開国をしていくきっかけをつくった人を生んだまちです。だから、狭い地域で閉鎖的にするのではなくて、「世界の中の彦根」として、世界に価値を発信していくような地域なのだということを、世界遺産登録を通して言えるのではないかと思います。世界遺産だけではなくて、それを中心に地域の魅力を発信していくということです。

そういうことを言っていくと、世界遺産というのは、観光のための政策にとどまるのではなくて、実はもっと長いスパンの、市民一人一人の誇りのための大事なものではないかなと思えてきます。もし観光のための政策だとしたら、観光事業者以外のほとんどの市民には関係ないことになってしまいますが、そうではありません。みんなの彦根城を登録するのです。

世界遺産に登録することが実現したら、一時的な盛り上がりは、どうしても出てくるだろうと思います。世界遺産フィーバーみたいなもので、一時的に観光客がどっと押し寄せて、また３年ぐらいしたら下がっていくということがあるかもしれません。

しかし、一時的な盛り上がりをつくることが大事なのではなくて、ずっとこのまちに住み続ける人にとっての誇りになっていくといいのではないかなと思います。世界遺産のあるまちに住んでいるということの誇りを、みんなが実感できる。世界遺産をきっかけに、このまちが新しい魅力、未来に向かった一つの方向性を共有していくことが大事ではないかと思っています。

（2021年５月７日講義）

彦根城の世界遺産登録と持続可能な彦根のまちづくり

彦根城世界遺産登録推進室
小林　隆

彦根城の世界遺産登録はなぜ必要か

2021年５月10日に、日本政府が世界自然遺産に推薦していた奄美・沖縄について、諮問機関のIUCNが登録するという判断をしたというニュースが流れました。日本政府が世界文化遺産に推薦している北海道・北東北の縄文遺跡群も、５月末か６月初め頃にたぶん登録の勧告が出るでしょう。そうすると、今年は日本から２件の世界遺産が誕生します。

そして、今年中に、文化庁の文化審議会で、佐渡島の金山が次の推薦案件に選定されると思います。するとマスコミの関心は、佐渡島の金山が世界遺産になるのかどうかに移り、奄美・沖縄や縄文遺跡は、過去のものになってしまうはずです。

このようなマスコミの動きを見るたびに、世界遺産登録は、決してゴールではなく、世界遺産に登録された資産のあるまちを魅力あふれる暮らしやすいまちにしていくための取り組みなのだがと、ため息が出ます。世界遺産に登録されて、初めてスタートラインにつき、その後、魅力あるまちづくりを世界遺産を活かしながらどうやって進めていくか、これが非常に大事なポイントになると思います。

私が世界遺産登録はまちづくりであると主張するのは、世界遺産登録が持続可能なまちづくりであるということに、世界の多くの人たちが気付き始めたことを受けてのことです。

SDGsは、2015年９月の国連総会で採択された開発目標です。私たちの世代だけでなく、次の世代にも満足を感じながら暮らしてもらうための具体的な取り組みが、SDGsに定められています。

SDGsの17個の目標のうち、11番目の目標「住み続けられるまちづくりを」の４番目の達成基準が「世界文化遺産及び自然遺産の保護・保全の努力を強化する。」と書かれています。世界遺産の取り組みを進めることが住み続けられるまちづくりを実現するための一つの方法だと、国連が定めているのです。SDGsの考えに基づけば、世界遺産とは、住み続けられるまちづくりのための取り組みであって、世界遺産のある場所で満足を感じながら、何世代にもわたって暮らし続けていけるようにすることが大切だということになります。

文化庁も、こうした世界的な動向を踏まえて、2020年度、世界遺産登録についての考え方を整理しました。2020年11月５日付の文部科学大臣からの諮問を受けて、文化庁の文化審議会が、わが国の世界文化遺産の今後の在り方について検討を重ね、第一次答申を2021年３月30日に文部科学省に提出しました。

世界遺産登録については、これまで、日本国内に残る文化財の価値を世界

［資料］　**世界遺産一覧表記載の意義**

1．遺産の将来世代への継承（保存）
2．世界的な観点からの価値の発見・進化・発信（価値）
3．世界文化遺産を活かしたまちづくりによる持続可能な社会の実現（活用）
　①地域的のみならず世界的に普遍の価値を有する世界文化遺産の保護に向けて、地域コミュニティが一体となり取組むことで地域アイデンティティが醸成される
　②来訪者戦略により持続的で望ましい来訪の在り方を実現できる
　③新たな雇用の創出や交流・定住人口の獲得等により地域社会の課題解決に資する

（「我が国における世界文化遺産の今後の在り方　第一次答申　概要」の必要箇所を抜粋し、一部修正を加えた）

に発信していこう、その文化財をきちんと保護して未来に確実に伝えていこう、この２つのことが強く主張されてきました。今回の第一次答申では、持続可能な社会を実現するために、世界遺産をまちづくりに活かすということに新たな光が当てられました。すごく画期的なことだと感動しています。世界遺産登録に関するこれら３つの意義のうち、世界遺産をまちづくりに活かして持続可能な社会を実現することにスポットライトが当たったということに、今回の第一次答申の最大のポイントがあると考えています。

世界遺産を活かしたまちづくりの１つ目の課題は、そのまちのアイデンティティは何か、特徴は何かということを浮き彫りにすることだと思います。２つ目の課題は、オーバーツーリズムへの対応。そのまちで対応できないほどのたくさんの観光客が押し寄せてくるような事態を防ぐこと。３つ目の課題は、世界遺産のあるまちを未来に持続させていくことです。

まちのアイデンティティを浮き彫りにする、オーバーツーリズムを防ぐ、まちを持続させる、これらの課題について、私の考えをもう少し細かく述べていきたいと思います。

まちのアイデンティティを浮き彫りにする

これからの日本は、人口がどんどん減っていきます。まちの人口も、そのまちを訪れる観光客の人数も、何もしなければ確実に減っていきます。

このまちの売りは何ですか、何が魅力ですかと尋ねられたとき、例えば、「彦根には江戸時代につくられたお城や城下町の町並みが残っていて、まるで江戸時代にタイムスリップしたような気分を味わうことができますよ」とか、「日本で一番広い琵琶湖が目の前に広がっていて、その景色を見ると胸がすっとしますよ」とか、彦根にしかない魅力を即座にアピールできなければ、お客さまは来てくれません。新しい住まいを探している人に彦根の魅力をすぐにアピールできなければ、ここに住んでくれません。

これからの時代は、間違いなくまちの個性が問われます。魅力的な個性を持っているまちであれば、住みたいと思う。「どこにでもあるまちなら、ここで住まなくてもいい」ということにならないよう、ここにしかないまちの魅力をいかに効果的に発信するかが、そのまちが生き残っていけるかどうかの鍵になります。世界遺産登録の作業を通じて、世界にアピールしても恥ずかしくない魅力が見つかれば、それがそのまちの未来を保障してくれます。

オーバーツーリズムを防ぐ

オーバーツーリズムは、これまで世界遺産に登録された日本国内のまちで、繰り返されてきた社会問題です。そのまちで対応できないほどのたくさんの観光客がやって来ることについて、なんらかの対策を立てておくことは、これからの世界遺産登録に問われる大きな課題です。

これまで、日本国内では、世界遺産に登録されると、観光客の人数がそれまでの1.3倍から４倍に増えました。最初は多くの観光客を迎えることができたと喜んでいた地元住民も、すぐに観光客による騒音、ごみのポイ捨て、交通渋滞などに悩まされて、世界遺産を重荷に感じるようになります。世界遺産登録に伴って住民生活に支障が出たという話を、ここ最近よく耳にします。

世界文化遺産を担当する文化庁は、過去のこうした悲劇を繰り返さないよう世界遺産登録を申請するときには、しっかりとした観光対策が立てられているかどうかを審査するようになるはずです。オーバーツーリズムをどのように解決するのか、これからの世界遺産登録で問われていきます。

世界遺産がまちを持続させる

これからのまちづくりは、日本国内の人口がどんどん減っていくということを前提に考えなければなりません。

日本の人口のピークは2008年で、その年の日本の総人口は、約１億2800万人でした。その後、人口が減り続け、今世紀末の2100年には、日本の総人口が5000万人を切ります。日本の人口がたった100年ほどの間に半分以下に減ってしまいます。現在は、１億人を超える人口規模で日本国内のさまざまな制度が設計されているのですが、日本の人口が5000万人になってしまったら、5000万人に合うように制度を変えなければ大変なことになります。

あるいは、もう一つ別の考え方があります。外国からどんどん日本に移住してもらって、移住して来た人に、土地や建物を所有してもらう。そうすれば、その人たちが税金を払ってくれるので問題ないのですが、果たしてそのように日本政府が舵を切るかどうか。大変な時代がこれからやって来ます。日本国内の多くの地方自治体は、すでにこうした問題に気付いていますので、空き家を出さないように、そのまちに住む人を確保できるように、一生懸命いろいろな施策を講じています。

世界遺産に登録されるということは、そのまちならではの魅力があることをアピールできるチャンスです。世界遺産登録をきっかけにして、住みやすいまちづくりを実現することができれば、そのまちに多くの人が住み、そのまちを持続させていくことができます。世界遺産登録は、まちを持続させる有効な手段だと思います。

彦根城の世界遺産登録を目指している彦根市は、彦根のまちを持続させるための歴史まちづくりに取り組み始めています。まだ最終的な完全解決の結論が出ていませんが、その見え始めている答えに、私の考えをちょっと付け加えて、彦根の歴史まちづくりについて説明をします。

彦根のまちのアイデンティティを考える

彦根は、今から約400年前、江戸時代の初めに、彦根城の築城に伴って、彦根城の城下町として誕生しました。その後、現在に至るまで、湖東地方の中心市街地として続いています。

彦根城ができる前の様子を描いた「彦根御山絵図」（写真１）という絵図を見ると、後に彦根城がつくられる彦根山にはお城がなくて、彦根寺をはじめとする、いくつかのお寺があります。そして、この山に向かって一本の道が描かれています。彦根山は、観音霊場として知られたところでしたので、この巡礼街道（現在のベルロード）を通って、彦根山に巡礼者が通っていたそうです。今と全然違うのが、芹川の流れです。昔の芹川は、彦根山の北に位置する松原内湖（大洞内湖）に向かって流れ込んでいます。お城をつくるときに、この川の流れを現在の流路に変えました。山の麓には、彦根、里根、長曽根という集落があり、所々に田んぼがあったのですが、淵や藪もあって、

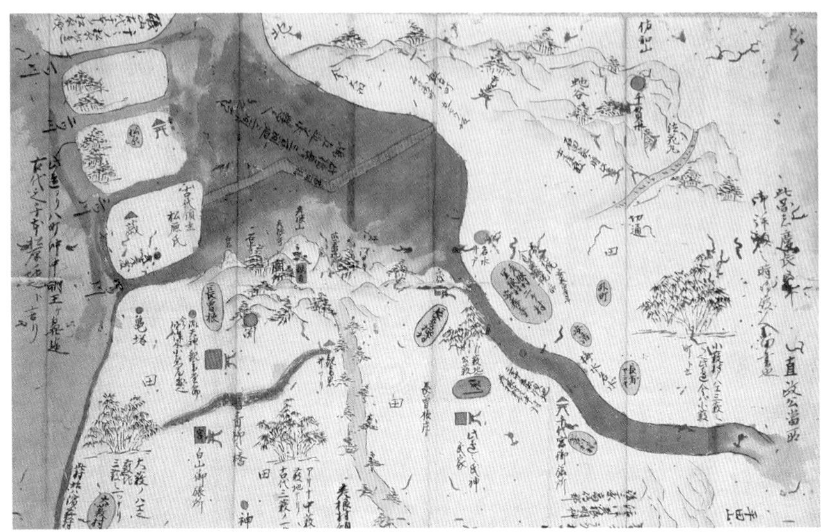

写真１　彦根御山絵図（彦根市立図書館所蔵）

決して農業をする条件が良い場所ではありませんでした。

1604（慶長９）年に、ここで彦根城の築城が始まり、同時に彦根城下町の建設が、井伊直継（なおつぐ）、井伊直孝（なおたか）の２代にわたって続けられました。1620年代の初めごろには彦根城がほぼ完成しました。彦根城下町は、1645（正保元）年に芹川の南に現在の七曲がりが設けられて、その形がほぼ固まりました。

江戸時代の彦根城と彦根城下町の構成図（図１）に示したように、彦根城は３つの堀を巡らせていました。彦根城の内堀より内側の第一郭、彦根山の山頂に天守があり、山の麓に表御殿と呼ばれる城主の住まいがありました。現在の彦根城博物館が表御殿を復元した施設です。この表御殿に井伊家の家臣が集まって、政治についての話し合いとか主従関係を確認する儀式が行われました。

内堀と中堀に挟まれた第二郭には、槻御殿という城主の別邸の他に、大名庭園とか重臣の屋敷などが設けられました。西中学校のグラウンドがある場所には、江戸時代後期に、井伊家に仕える家臣の子どもたちが学ぶ藩校がつくられました。

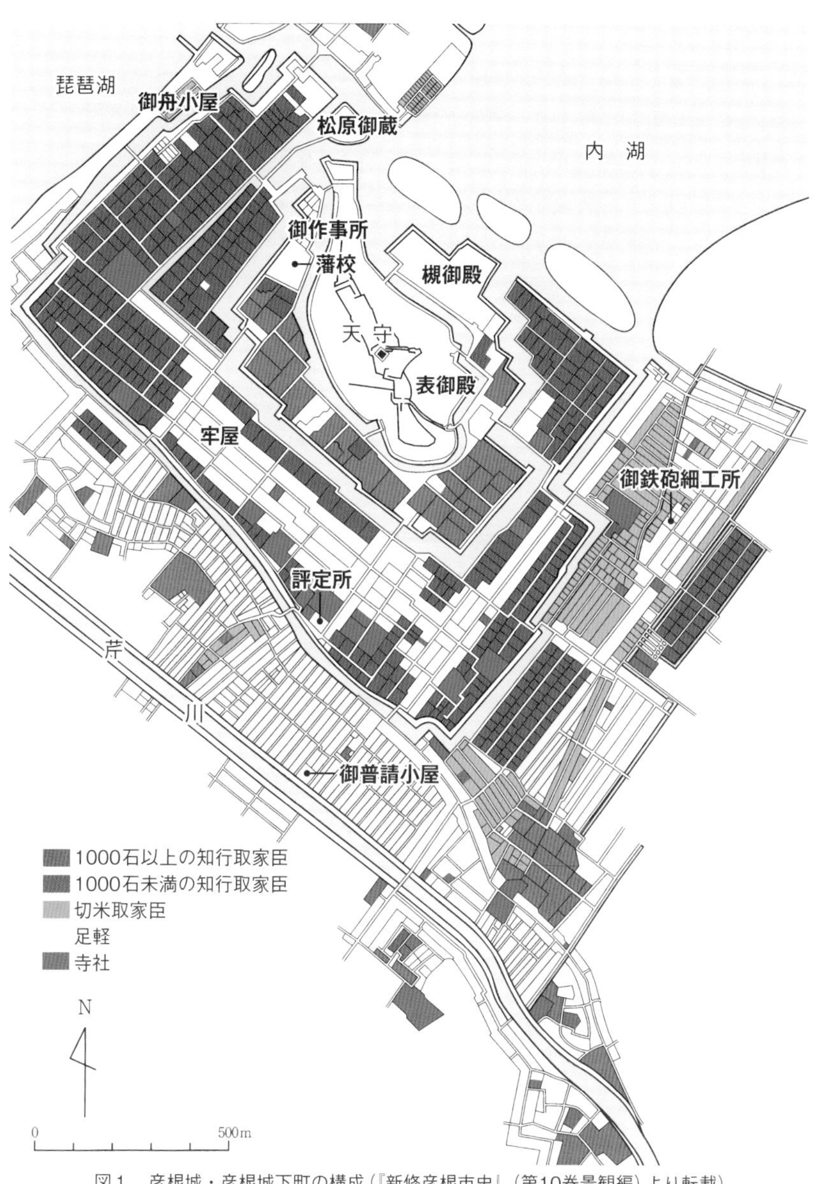

図１　彦根城・彦根城下町の構成（『新修彦根市史』（第10巻景観編）より転載）

中堀と外堀に挟まれた第三郭には、堀沿いに侍屋敷が設けられ、その侍屋敷に挟まれるように、内町の町人町がありました。この町人町は、鍛冶屋町とか魚屋町とか大工町とか、特定の職業の人たちが集住する同業人町でした。この同業人町に住んでいる人たちは、時々、彦根藩から御用を仰せ付かって藩のための仕事をしましたので、年貢は免除されました。

この外堀までが彦根城です。外堀より外側の城外には、足軽の組屋敷とか歩行(かち)の屋敷があった他に、外町の町人町がありました。外町は同業人町ではなく、お城の外側なので、ここに住む町人たちは、村の人たちと同じように年貢を払っていたようです。

彦根城は城主の住まいを中心に、社会的な役割の違いに応じて、身分ごとに住まいが分けられていました。彦根城の中堀より内側は、城主と重臣が合議によって政治を行う政治拠点でした。

江戸時代の彦根城下町には、約３万6 ~ 7000人の人が住んでいました。武士が約２万人、町人や宗教関係者が約１万6 ~ 7000人で、武士の人口の方が多かったのです。近畿地方では、和歌山に次ぐ、かなり人口が多かったまちです。現在、旧城下に住んでいる人口は、江戸時代の半分以下です。

明治維新で彦根城はどのように変わったのか？

1869（明治２）年の版籍奉還で、日本各地を大名が分割統治する体制が改められ、日本全国を天皇が統轄する中央集権的な統治体制が誕生しました。

さらに、1871年に廃藩置県が実施されて、武士が城を拠点に政治や軍事を担う体制が改められました。廃藩置県で彦根藩が廃止されて彦根県が誕生してからしばらくの間、彦根城内の表御殿、現在の彦根城博物館のところなどに県庁が置かれましたが、1872年に犬上県が滋賀県に合併されると、彦根城内の県庁が閉鎖されてしまいました。

その時、彦根城内には、陸軍の部隊が駐屯しており、彦根城が軍事施設として使われていました。ところが、1875年に歩兵第９連隊の駐屯地が彦根ではなくて大津に決められたことで、彦根城は軍事拠点として使われる見込みがなくなり、1878年９月、彦根城を管理していた陸軍省は、使い道のなくなった彦根城の解体を始めました。

大隈重信の進言で残った彦根城

1878年10月、明治天皇が滋賀県を訪れ、随行していた大隈重信が、陸軍省が彦根城内の建物を取り壊している彦根城にやってきました。この時、地元の住民が彦根城を残してほしいと大隈に頼みました。大隈が明治天皇にその願いを伝えた結果、明治天皇が彦根城の解体中止を命じ、彦根城が永久保存されることになりました。

大隈重信は、中山道を通るたびに、「一度はあの彦根城の天守に上り、井伊直弼の思いを偲び、湖国の風景を楽しみたい」と思っていました。明治天皇に従って滋賀県を訪れた絶好の機会に、念願の彦根城を見にいくことにしました。ところが、彦根市街地に入ると、多くの人たちが「お城の見納めだ」とお城に集まっています。「曾ては一朝事ある其の時は君公の御前に罷り出て、天晴れ忠勤を抽んでようと思って、我らの祖先が300年間仰ぎ見たあの天守閣が、もはや再び仰ぎ見ることができないのです」と、痛々しく語る旧藩士の至情に動かされた大隈が、天皇に解体中止を進言しました。佐賀城主・鍋島家の家臣で、自分も武士だった大隈重信は、彦根士族の気持ちが痛いほどよく分かっていたと思います。

彦根士族にとって、彦根城は、「300年間、武士の魂をブチ込んで」守ってきた、「武士の魂の入れ物」でした。彦根城の解体は、武士の魂が消し去られてしまうことにほかならず、武士のまちの歴史に幕を引くセレモニーだったのです。明治天皇による彦根城の解体中止命令は、彦根の城下町としての伝統を途切れさせずに、未来へ伝えた画期的な出来事でした。

解体を免れた彦根城は、1894（明治27）年に国から井伊家に下賜され、1944年には井伊家から彦根市に寄贈され、彦根城は彦根市民の宝になりました。1952年に彦根城天守が国宝に指定されるなど、第二次世界大戦後にさまざまな文化財指定が行われ、彦根城が国の宝になりました。そして、1992年、彦根城が世界文化遺産暫定一覧表に記載されて、世界の宝へといま歩んでいるところです。

彦根城は彦根のまちのアイデンティティの源

彦根城世界遺産登録の情報発信について協議していた時、天守を消した彦根山を中心にしたポスターを作って、市民の反応を探ってみようかという話がでました。「あなたはこの風景に満足しますか」と尋ねたら、きっと彦根の人たちから、かなりの反発があるに違いないという意見が大勢を占めました。そのアイデアは、結局は中止になりましたが、彦根の人たちが、心の中では彦根城を誇りに思い、まちのシンボルだと思っていることを再確認する機会になりました。

彦根のまちのアイデンティティは何かということを考えてみると、彦根は、彦根城を中核とする、城下町としての歴史をよく伝えるまちだと思います。そして、彦根城は、日本国内の城のなかで、江戸時代の政治のしくみを伝える文化財がもっともよく残っており、その特徴は、彦根の未来を拓くと思います。

世界遺産登録に伴う課題

彦根城は、通常は1年間に70万人ほどの観光客をお迎えしています。仮に彦根城が世界遺産に登録されたときに1.5倍の観光客が訪れるとすると、彦根城の年間観光客数が100万人をこえます。

彦根城の年間観光客数が90万人を超えると、彦根市街地で日常的に渋滞が発生し、天守への入城に長時間の待ち時間が必要になるといわれています。彦根城が世界遺産に登録されるまでの間に何の対策も取らなければ、間違いなく渋滞や入城待ちが発生します。

また、観光客が迷惑するだけではなくて、渋滞や違法駐車、ごみのポイ捨て、騒音などで、彦根で暮らしている住民の方々の生活も確実に乱されてしまいます。世界遺産になると、その場所にたくさんの観光客が訪れ、莫大な経済効果が期待できると言われてきました。しかし、最近では、むしろ多くの観光客をまちに迎え入れることが、地元住民にとっては迷惑だと言われるようになりました。これまでプラス評価されてきたことが、マイナス評価されるようになったのです。

彦根市内には、彦根城の世界遺産登録について積極的に応援してくださる方がたくさんいらっしゃるのですが、その一方で戸惑いを感じておられる人もいらっしゃいます。交通渋滞や生活環境の悪化を懸念されているのです。彦根城が世界遺産に登録されるまでの間に、渋滞やオーバーツーリズムを抑制する対策を立てておかなければ、多くの彦根市民が迷惑し、彦根城の世界遺産登録に心から賛成していただけません。

新たな交通システムを考える

観光シーズンに彦根市街地で渋滞が発生するのは、駐車場が少ないことに加え、城下町ならではの細くて曲がりくねった道が多いので、車が速く走れないことが原因だといわれています。城下町の古い建物を壊して広い駐車場をつくったり、城下町の昔ながらの道路を壊して幅の広い道路をつくると、渋滞問題は解決するのでしょうが、せっかく今まで残ってきた城下町の景観を壊すことになり、本末転倒です。

彦根市では、数年前からパーク・アンド・バスライドの実証実験を行っています。名神高速道路・彦根インターの近くの駐車場に車を止めていただいて、そこからシャトルバスで彦根城に向かいます。将来的には、米原駅とか多賀のスマートインターの近くに車を止めていただいて、そこからJRとか近江鉄道で彦根に移動していただくのが有効な解決策だと思っています。

ただし、遠方の駐車場に車を止めていただくためには、彦根城の入城料金とか、駐車場の近くの駅から彦根駅までの交通料金を割引あるいは無料にするなどの優遇策が必要だと思います。

多賀の駐車場に車を止めて、お多賀さんへお参りする、キリンビールの工場でいつもは飲めないようなジュースを飲むなど、貴重な体験をしながら彦根城に来るというのも、旅の楽しみを増すと思います。

彦根市街地への車の乗り入れを制限するとしたら、彦根市街地での移動手段をどうするかという問題が出てきます。これについては、歩いての城下町散歩、自転車を使うなど、いくつかの対応策が考えられます。高齢者や体の不自由な人には、グリーンスローモビリティの活用も必要だと思います。

写真２　玄宮園

昔の人と同じ目線で、同じ速度で歩いたら、当時の人と同じ風景が見えるかもしれません。車で移動したら見落としてしまうかもしれないような、石碑が見つかるかもしれません。歩いてみて初めて分かるということがあると思います。時速20キロ以下で走行する電気自動車で移動すれば、まちの音を聞いたり風を感じたりすることができます。グリーンスローモビリティの車輌は、車高が低いので、楽に乗ったり降りたりできます。大人数を速い速度で運ぶことはできませんが、ゆっくりの速度で限られた人数に移動していただく手段として使うのであれば、有効な移動手段だと思います。

彦根のまちのおすすめスポット

彦根城にいらっしゃる観光客の多くは、城山の頂上にそびえる天守を目指す方が多いようです。城山の麓から石段を登って城山の頂上に到着したら、天守に登って最上階から琵琶湖を眺める。確かに見事な風景です。ところが、「わっ、もうこんな時間か。観光バスが出ちゃう」と言って、駆け足で坂道を下り、観光駐車場のバスに乗って、次の目的地に向かう。滞在時間が90分。彦根城は、90分観光の場所だと言われています。私は急いで次の目的地に向

写真３　彦根城博物館（表御殿跡）

かう観光バスを見送りながら、もったいないな、あそこを見たかな、ここを見たかなと、残念に思います。

私が一番お薦めしたい風景は、玄宮園からの眺めです（写真２）。玄宮園から彦根城天守を見上げていただくと、その背後にはビルや鉄塔などの人工物が一切見えず、江戸時代に近い景色を楽しんでいただくことができます。

そして、彦根城博物館（写真３）もぜひ見ていただきたい。彦根城博物館は、江戸時代の彦根城主・井伊家の住まいを復元した施設で、鉄筋コンクリート造の展示施設には、井伊家に伝来した美術品や古文書などが１カ月交代で展示されています。井伊家に伝わったすべての品物を展示するとなると、２・３年かかっても展示できないほどの量があるそうです。博物館で注目してほしいのは、木造棟です。そこは、江戸時代には、奥向きと呼ばれ、お殿様が日常生活を送っていたところです。日本国内の御殿でこれだけ大規模な奥向きの建物を復元しているところは外にありません。

写真４は旧西郷屋敷長屋門です。もとは隣の庵原家の長屋門だった建物です。以前にフランスから建築史の専門家を彦根にお招きしたとき、「この建物は、日本国内に残る武家屋敷の長屋門の中では最大級ですよ。これは他に

写真４　旧西郷屋敷長屋門

写真５　埋木舎（井伊直弼の住まい）

写真６　旧彦根藩足軽組屋敷・辻番所

写真７　芹町（重要伝統的建造物群保存地区）

なかなかないですよ」と言われ、びっくりしました。

埋木舎（写真５）は、井伊直弼が青春時代を過ごした建物で、江戸時代の武家屋敷の姿をよくとどめています。

旧彦根藩足軽組屋敷の辻番所（写真６）もぜひ見てもらいたい建物です。彦根の足軽は、長屋に住まず、一戸建ての住宅に住んでいました。それ自体が珍しいことですが、彦根には足軽組屋敷が多数残っています。日本国内でこれだけ足軽組屋敷が残っているところはありません。

河原町芹町地区は、重要伝統的建造物群保存地区に認定されました。ここも江戸時代の道幅、昔ながらの建物が残っていておすすめです（写真７）。

それからもう一つ、彦根といえば、ひこにゃんですね。

彦根城の世界遺産登録についてご指導いただいているある先生から、京都にまだたくさんの外国人観光客が来ていたときに、次のようなアドバイスをいただきました。「小林さん、今、外国人観光客は、京都の町家に泊まりながら、地方都市に観光に出掛けるようになっています。その地方都市の一つである金沢は、外国人観光客に日本の城下町の風情が楽しめるまちだと思われているみたいだけど、城下町の伝統を伝える歴史資産の残り具合ということであれば、彦根の方が断然多い。なんで彦根の人たちは、『江戸時代の城下町の風情を味わうのなら、近くて安い彦根にお越しください』と言わないのだろうか」。

城下町としての伝統を伝える歴史資産の残り具合について調べてみると、金沢は、彦根に比べて人口規模が大きく、おいしい食べ物もたくさんあるので、観光地としての魅力は高いのですが、江戸時代の歴史を伝える資産、城下町の歴史を伝える資産ということであれば、彦根は決して負けていません。この点を、これからもっともっと深掘りする必要があるだろうと思っています。

彦根藩領全体の魅力をアピール

彦根の城下町について考える場合、注意すべき点があります。普通の城下町では、軍事の拠点、政治の拠点、交通の拠点、経済の拠点、文化の拠点など、さまざまな役割がそこに集約されています。

ところが、彦根の城下町は、政治・軍事の中心であって、文化、交通、経済の拠点ではありませんでした。彦根が担うはずだった文化、交通、経済の拠点としての役割は、長浜が担っていました。

江戸時代、彦根の武士は、家でお酒を飲んで三味線を鳴らしていたりすると罰せられました。旅芸人などを彦根の町人の家に泊めてはいけないという命令が出されました。彦根は伝統行事が少ないまちだと言われるのですが、彦根藩がにぎやかなことを禁止していたのです。江戸時代後期、彦根の武士が勝手に長浜に行って曳山祭を見学したことで処罰を受けました。当時、彦根では武士が３里ないしは４里よりも遠くの場所に出掛けるときには、事前に許可を取らなければいけないという決まりがあったのに、無届けで行ったからです。彦根藩の町奉行は、彦根だけでなく、長浜も管理していました。江戸時代の城下町が果たしていた役割ということであれば、彦根と長浜をセットで見る必要があります。

さらにもっと広い範囲に視野を広げる必要があります。彦根城を政治拠点とする彦根藩領は、北は現在の長浜市、南は現在の日野町、東は現在の米原市、西は現在の近江八幡市に広がっていました。これらの地域には、魅力ある観光地がたくさんあります。彦根城の世界遺産登録にあたって、彦根に向かってやって来る人たちに、湖東･湖北各地の魅力をアピールしないのはもったいないです。旧彦根藩領の範囲で、観光を考えていかないといけない、広域観光を考えていかなければいけないと思っています。世界遺産に登録されるのは彦根城だけですが、彦根城によって平和が保たれた旧彦根藩領全体の魅力もアピールすべきではないかと思います。

彦根のまちを持続させるために

彦根は、緑豊かで歴史資産に恵まれたまちで、大阪や京都、名古屋のような大都市の騒々しさはなく、かといって田舎のような寂しさもなく、暮らしていくのにちょうどいいまちだという意見を、滋賀大学の授業アンケートで読ませていただいたことがあります。その評価は、当たっていると思います。ところが、彦根城を中心に発展してきた彦根のまちでは、現在、少子高齢化が深刻な社会問題になっています。

彦根の歴史を振り返ってみると、今の状況がいかに危機的な状況なのかが分かります。江戸時代の彦根城下町には、約３万6～7000人の住民が暮らしていました。ところが、明治時代初めに彦根藩が解体されると、職を失った武士たちが次々に彦根のまちを離れ、明治10年(1877)代の初めには、旧彦根城下の武士の人口が１万人を割ってしまいました。士族の半分以上が10年もたたないうちに彦根から出ていきました。武士を顧客にしていた町人の３割ぐらいも彦根から出ていき、明治10年代初めの旧彦根城下の人口は約２万2000人、江戸時代の約６割に激減してしまいました。

その後、彦根地方に工場ができたり、学校が開校したり、いろいろな社会資本の整備が進んだことにより、明治時代の中ごろから旧彦根城下の人口が増加傾向に転じました。

しかし、今に至っても、旧彦根城下の人口は江戸時代の人口規模に戻ってはいません。旧彦根城下の範囲に含まれる城東・城西学区の人口は、1981年には、１万7396人でしたが、その後、人口がどんどん減り、2016年には１万3367人になってしまいました。旧彦根城下の人口減少が止まりません。

高齢化も深刻です。2016年の彦根市全体の高齢化率は23.7％なのですが、城東・城西学区の高齢化率は31.2％と高いのです。人口減少の数値や高齢化率を確認する限り、旧彦根城下は衰退していると言わざるを得ません。

旧彦根城下で少子高齢化が進行しているのに、それほど目立たなかったのは、旧彦根城下に彦根城があり、彦根城を目指して毎年約70万人もの観光客をお迎えすることができていたからでした。

しかし、新型コロナウイルス感染症の拡大で、観光産業が非常に不安定な産業であることが分かりました。今日も彦根城の特別史跡の中を通って滋賀大学まで歩いてきたのですが、観光客は、もとのようには戻っていません。

ただし、彦根に来てくれるお客さまがいらっしゃる限り、しっかりとした対応が必要です。彦根のまちを未来に残したいのであれば、彦根のまちに魅力を感じるファンの心を確実につかむ。彦根に何度も何度も来ていただいて、彦根に住んでいただくようにすべきだと思います。

定住人口、関係人口の増加へ

観光客のような移動する人たちのことを交流人口、そこに住む人を定住人口と言いますが、交流人口を維持し、それを定住人口に変えていく取り組みが、これから重要になっていきます。

彦根には、交流人口を維持し、交流人口を定住人口に変えるすごい資産があります。それは、いまから約400年前に誕生した、彦根城下町の歴史を伝える彦根城をはじめとする数々の歴史資産です。そして、彦根は、琵琶湖をはじめ、自然に恵まれた場所でもあります。歴史と自然。この二つの資産があるのですから、これらを活かしていくことが大切だと思います。

旧彦根城下では、空き家がたくさん増えています。その空き家の中には、いまから150年以上も前につくられた武家屋敷や町家があります。そのままでは暮らしにくいのですが、建物のゆがみを直したり、建物の中を住みやすくリフォームすれば、武家屋敷や町家で暮らすことができます。そうした生活に憧れている人がいらっしゃると思います。マイナスをプラスに変えてしまえばいいのです。

近年、日本政府は、定住人口、交流人口以外に、関係人口という概念に注目し始めました。関係人口というのは、別の場所に住んでいながら、その地域に関心を持ち、いろいろなかたちでその地域の発展に貢献してくれる人たちのことです。例えば、高校卒業後に大学進学や就職で故郷を離れ、そこに戻ることがほとんどなくなった人でも、故郷に愛着があれば、遠くの場所で故郷の宣伝をしてくれる。近くの百貨店で故郷の物産展があれば、買いに行く。私は、生まれ故郷の新潟を離れてもう30年以上たつのですが、いまでも近くの百貨店で新潟物産展があると必ず行って、笹団子や厚みのある油あげなど、いろいろなものを買って、故郷にお金をまわしています。そういう関係人口も、これからは大事にしていかないといけないと思います。

彦根の魅力を東京や大阪にいながら感じていただいて、「彦根っていいところだよ。ほら、このネットで紹介されている彦根城ってきれいでしょう。ここからの琵琶湖の眺めはすばらしいでしょう。私、ちょっと仕事が忙しくて行けないけど、あなたは機会があったらぜひ行ってみて」とか、東京の百貨店で大近江展が開かれていたら、「彦根のアユはおいしいよ」とか、「この求肥に抹茶の粉をまぶしたお菓子、買ってみて。お茶に合うよ」とか宣伝してくれる人は、彦根を支えてくれる貴重な人材だと思います。

そのためには、彦根っていいねと思ってもらえるような彦根のまちづくり、彦根の魅力を発信する取り組みが必要だと思います。彦根城の世界遺産登録には、彦根に対する誇りや愛着を高める効果があると思います。私は、彦根城世界遺産登録意見交換・応援1000人委員会という応援組織の事務を担当しています。最近、全国滋賀県人会が会員の皆さんに彦根城の世界遺産登録を

PRしてくださったおかげで、滋賀県外から「私のふるさとなんです。頑張ってください」とか、「遠くに住んでいてなかなか彦根に行くことができませんが、彦根城が世界遺産に登録されるよう、遠くから声援を送ります」といったメッセージが届き、涙が出るくらいうれしく思っています。

彦根城が世界遺産登録のチャンスを頂いているのですから、彦根の人たちがこれからもこのまちで暮らしていけるように、彦根のまちを未来へ伝えていくために、多くの方々にご協力いただいて、彦根城の世界遺産登録を実現したいと思っています。

今日は「彦根城の世界遺産登録と持続可能な彦根のまちづくり」というテーマで、彦根城の世界遺産登録を通じて、彦根のまちづくりをどのように進めていけばいいのか、私の考えを述べてみました。

もちろん私の説明が100％正しいとは言えません。もっといろいろな方法で、彦根のまちを持続させていけるはずです。この会場にお集まりの学生の皆さん、社会人の皆さんに、彦根のまちを未来に伝えていくにはどうしたらいいのか、それぞれお考えいただいて、彦根のまちづくりに取り組んでいただきたいと思います。

（2021年５月14日講義）

琵琶湖と世界の湖沼の多様な価値

（公財）国際湖沼環境委員会副理事長
滋賀大学環境総合研究センター特別招聘教授
中村　正久

只今ご紹介にあずかりました環境総合研究センターの中村です。私は現在、主に、琵琶湖博物館の筋向かいにある国際湖沼環境委員会（ILEC、アイレック）という財団法人で仕事をしていますが、以前は琵琶湖研究所におりました。今日は、私がこれまで取組んできた調査研究活動を通して考えてきた「琵琶湖と世界の湖沼の多様な価値」に関する概念と、この講座の中心テーマである「世界遺産」という概念との関係について話したいと思います。

世界の湖沼問題の取組と世界遺産登録

今年の11月にメキシコのグアナファトで、第18回の世界湖沼会議が開催されます。ちなみにそのグアナファト市は世界文化遺産に指定されており、グアナファト大学は滋賀大学と姉妹校です。今回の世界湖沼会議のテーマは「より良い社会に向けた湖沼のガバナンス・回復力・持続可能性」です。すなわち滋賀大学でも研究や実践活動に活発に取組まれているSDGsと湖沼環境問題との関係を主題としていることになります。

湖沼環境問題とSDGsを関連づけて議論する際に重要なのは「生態系サービス」という概念です。この概念は、2001年、ヨハネスブルグの地球サミットを機に提唱されましたが、その後５年ほどをかけ、2000名をこえる専門家の参加の下で地球環境問題や世界の持続可能な発展の在り方を議論する上で基本的な指針を与える概念として整理されました。本日は、この生態系サービスという概念を世界の湖沼環境問題に当てはめて考えてみようと思います。

湖沼は、河川を流れ水とすれば溜り水です。動水に対する静水とも呼ば

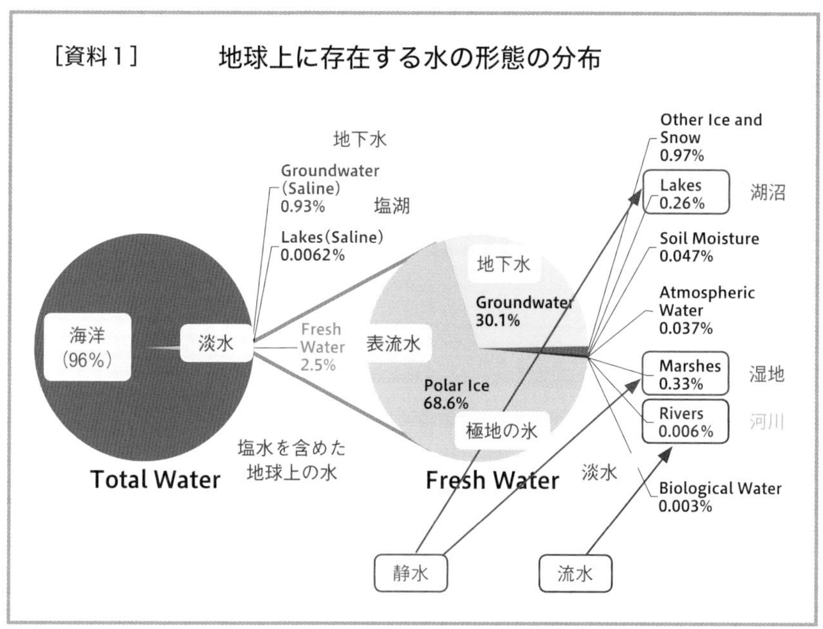

れます。静水という区分には貯水池、氾濫源、海浜に形成される潟湖なども含まれます。湖沼は世界中に分布しており、資料1に示すように、地球表面上の液体淡水の90％以上の水量を占めるとされています。しかしそれらの湖沼の全てが常に存在しているわけではなく、乾燥地帯では雨期に一時的に水が溜まって湖になるけれど乾期には干上がってしまうものもあります。たとえばアフリカの中南部にはオカバンゴ・デルタという世界自然遺産地帯がありますが、乾期には全くの砂漠地帯ですが、雨期には広大な湿地帯として野生生物の楽園となります。いずれにしても湖沼の保全について考える際には静水としてのユニークな特徴を知る必要があります。

静水システムの特徴

琵琶湖の場合で考えましょう。沿岸に位置する彦根や大津などで営まれる都市活動、集水域の中流部から下流部にわたって営まれている農業活動、道路や鉄道などの交通網による流通活動などは、一方で流域の産業を担っているものの、他方でそれらは汚濁物質を生み出し、琵琶湖の汚染を引き起こします。また、淀川下流域に安定的に水を供給するため、湖岸堤と瀬田の洗堰によって水量の制御が行われていますが、それによる水位の人為的な変動は魚類の生息環境を劣化させます。大気経由で運ばれてくる微量化学物質は降雨の際に湖面に降下し水質悪化の要因となるも場合もあり、また長年の間に湖底に蓄積した汚濁物質は、かく乱や溶出によって湖水の水質を悪化させることも知られています。すなわち湖沼にはあらゆる方向からストレスが集中するということが出来ます。琵琶湖の湖水の滞留時間は計算上５年ですが、実測では平均十数年と言われ、また場所によってはほとんど入れ替わらない水塊も存在します。すなわち河川とは比較にならない長い滞留時間をもっています。また、河川水や降雨によって運ばれて湖内に滞留する水や物質は、生物・化学・物理の複雑な現象の影響を受けて変化していきます。この様に、ストレスの集中、長い滞留時間、複雑な生物・化学・物理現象といった静水システムの三つの特徴をもつ湖沼について、水質や生態系の変化を予測したり制御したりすることは大変難しく、多くの研究者が長年にわたって調査研究をしていますが、未解明の課題は未だ数多く残っています。

湖沼がもたらす恩恵、価値

とは言いつつも、湖沼が我々人間に与えてくれる恩恵は大きく多様です。それらは、資料２に示すように経済学の分野で使われる価値の概念を元に整理することが可能です。

まず一つ目は都市用水・工業用水・農業用水などの水資源をはじめ、水産資源、林産資源、水力発電といった、われわれが生活、生存していく上で必要とする「効用価値」、あるいは「直接的利用価値」に相当するものです。

二つ目は、湖沼は、豪雨の際に下流への洪水リスクを低減し、渇水の際に事前に水量を確保する、いわゆる治水・利水の貯留機能を持っていますし、微生物による自然浄化機能、CO_2の吸収・固定、受粉媒介、疾病抑制などもあります。こういった自然に備わった価値を、「機能価値」、あるいは「間接

［資料2］　湖沼・河川がもたらす恩恵、価値

効用価値の恩恵

- 水資源
  - ▷ 都市用水
  - ▷ 工業用水
  - ▷ 農業用水
- 水産資源
- 林産資源
- 水力発電

審美的・精神的価値の恩恵

- 景観的資産価値
- 宗教的・精神的資産価値
- 歴史的資産価値
- 教育資源価値

存在価値の恩恵

- 地史的に形成されてきた
  - ▷ 生物による物質循環
  - ▷ 湖内の化学現象
  - ▷ 湖内の物理現象
- 湖と陸域の地形・地質など

機能価値の恩恵

- 治水・利水の貯留機能
- 自然浄化機能
- レクレーション機能
- 船舶の航行
- 地域的気象緩和
- 生物の生息域
- 多様な食物連鎖
- 水辺の干渉昨日
- 肥沃な土壌

的利用価値」と呼んでいます。例えば、滋賀県は、京都に比べると、猛暑期でも温度が1、2度低いとされていますが、これも琵琶湖による気候緩和の恩恵ということができるでしょう。人間はこういった機能を人工的につくり出すことはできませんので、まさに自然の恩恵ということが出来ます。

三つ目は、景観的価値や、精神的価値、歴史的資産のような価値です。琵琶湖の場合は彦根城もその一つということも出来ると思いますし、さらに言えば湖を巡る学習を通して得られる教育的価値も含めることが出来ます。これらはお金に換算できない、あるいは売ったり買ったりはできないもので「審美的・精神的価値」と呼ばれます。

こういった直接的・間接的利用価値や、審美的価値とは別に、利用はされないが、価値として認めるべきだとされる存在価値（existence value）と呼ばれる価値もあります。琵琶湖の場合は、400万年前に地球上に出現して以来、さまざまな地史的な現象、事象、地形、地質、水文現象などや、生物による物質循環や、湖内の化学現象、物理現象などが備わってきたのですが、

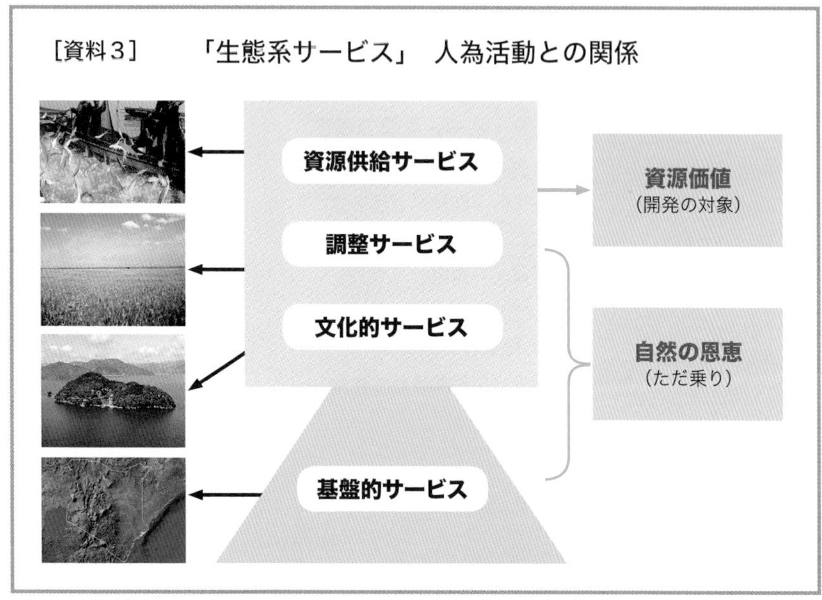

これらを経済活動の中で利用することありませんが、その存在自体が価値を持つという意味です。

生態系サービスとは

さて、上記の湖沼がもたらす恩恵、価値ですが、資料3で示す生態系サービスという概念を使って説明することが出来ます。この概念では、「効用価値、あるいは直接的な利用価値」がもたらす恩恵を「資源供給サービス」、「機能的価値、あるいは間接的な利用価値」がもたらす恩恵を「調整サービス」、「審美的価値」がもたらす恩恵を「文化的サービス」と呼び、全て自然生態系が人間に与えてくれる恩恵ととらえています。こういった三つのサービスを全体的に支えるものとして「基盤的サービス」が定義されていますが、これは経済学で言う「存在価値」の恩恵に近い概念だと思います。ちなみに「生態系サービス」の「サービス」という言葉は、生態系が人間にサービスをしてくれる、あるいは恩恵を与えてくれるという人間を中心に置いた生態系のとらえ方を反映しているため、この概念そのものを疑問視する生物や生態系の研究者も少なくありません。しかし、湖沼政策の研究を進めるものにとって、この概念は非常に便利です。

さて、ここからが重要なのですが、湖沼が享受する四つのサービスを我々はどの様に扱ってきたか考える必要があります。結論から言えば、我々は、まず経済的な取引の対象となる「資源供給サービス」に目を向けがちです。水源としての水量や水質、漁獲、更には集水域における農業など、湖沼という存在が生み出す物質的な恩恵です。この資源供給サービス以外の三つのサービスは、経済的な取引の対象となりにくいので、湖沼資源の保全に対する社会的な約束事が無ければ忘れられがちです。すなわち、資源供給サービスを過度に追求すれば湖沼の水量や水質が低下し、生態系機能の健全性が失われ、結果的に調整サービスの機能が劣化し、更に健全な生態系が支える文化的サービスも失われてしまいます。最終的には、土砂の流入や汚染によって湖岸生態系や湖底環境が悪化し、最悪の場合は基盤的サービスそのものを支えられなくなってしまい、湖沼が消失してしまうことすらあります。ということで、結論から言えば、地球上の90％以上の水量を占める湖沼などの静水システムの健全性を保持するには、我々の資源供給サービスを追及する活動を、調整的サービスの維持回復と併せてバランスを保つことが求められているということになります。

統合的湖沼流域管理

ところで、滋賀大学は冒頭で紹介したILECや滋賀県立大学と研究協力協定を結び、2008年から2012年まで文部科学省の助成を得て「湖沼流域ガバナンス」という名称の国際連携研究プロジェクトを実施しました。その中で、世界各国の湖沼分野の研究機関や政府機関と連携し、統合的湖沼流域管理(ILBM)概念の普及とその課題を明らかにしてきました。湖沼ととりまく自然条件や社会条件、更には国の発展レベルや政情は千差万別で、一律的な取組みで全てを括ることは出来ません。湖沼を抱える国や自治体と協力して多くの事例を解析する取組ですが、幸い文部科学省以外にも、環境省、国際協

［資料4］　統合的湖沼流域管理（ILBN）の分析の視点

◇ **組織・制度**はどの様に構築され、変遷してきたか
◇ **政策**はどの様に形成され、遂行されてきたか
◇ **住民や市民**グループはどの様な役割を果てきたか
◇ **技術**的な取り組みは何を克服し、どんな課題を生み出したか
◇ **科学的知見**や歴史的な知恵は何をもたらしたか
◇ 持続可能な**財政**の可能性は

力事業団（JICA）などの支援を得て知識や経験を積み重ねることが出来ました。また、国連環境計画（UNEP）などの国際機関と連携し、湖沼を世界の水問題の主要課題と位置づける取組も軌道に乗りつつあります。

このILBMですが、簡単に言えば、持続可能な湖沼流域管理を達成するための、長期にわたる段階的な取組みの基本的考え方、ということが出来ると思います。すなわち資料4に示す組織・制度、政策、参加、技術、情報、財政の六つの課題を、徐々に、段階的に、長期にわたって強化していくプラットフォームづくりで、上記の六つの課題を「湖沼流域ガバナンスの6本柱」と呼んでいます。研究プロジェクトを通して湖沼流域管理の成功例や失敗例を整理し、目的を達成する手段、あるいは達成の障害を克服する手段を明らかにすることが目的でした。調査・研究も、文科省プロジェクトが終了した後も、湖沼分野の人材育成プログラムに成果を生かす形で現在も続いています。資料5及び資料6がその枠組ですが、上記の大学の先生方や学生さんに加え近隣府県の自治体や研究機関からも多く方々の参加を頂き、分野を横断する取組として続いています。ただ、ILBMは抽象的な概念ですので、図1の様なポンチ絵を使ってそのイメージをもってもらうようにしました。この図は私の研究室で補助職員をされていた方のアイディアなのですが、今や世界中で使われております。また、一般の市民やNGOの方々にも理解してもらうべきだという指摘もあり、アニメーション動画を作成しましたので

［資料5］　流域ガバナンスプロジェクト推進の仕組み

琵琶湖、琵琶湖-淀川流域の経験

- 歴史・文化、資源、生態系
- 社会・住民・行政・産業
- 政策・法制度・組織体制

世界の湖沼・河川流域の経験

- 東アジア、東南アジア
- 南アジア
- 東アフリカ
- ラテンアメリカ

取組の内容と成果

- 国内外の研究機関ネットワーク
- 流域ガバナンス研究
- 統合的湖沼流域管理（ILBM）概念
- 知識ベースシステム
- 各国でのワークショップ
- 個別湖沼のパイロットプロジェクト

［資料6］　滋賀大学 流域ガバナンスプロジェクト ➡ ILEC 世界の湖沼流域管理

1．湖沼流域管理の主流化

→国際ウェビナーで世界的ニーズが確認されたことより、UNEPと共同し湖沼流域管理の世界的な主流化を目指す。

2．科学委員会活動の活性化

→湖沼流域管理の主流化実現に向け、科学委員会との連携を深め、科学委員会活動の一層の活性化に向けた支援を強化していく。

3．研修事業の推進

→改訂されたシラバスとリモートによる研修実績を活用し、より効果的な研修事業の推進を目指す。

4．地域コミュニティとの連携・協力の強化

→滋賀県及び関係ステークホルダーとの一層の連携を図る。

5．ILBM普及促進

→JICA および JICA 研修履修生との連携強化を図り、さらなるILBMの普及を進める（知識ベースシステム、データベースシステム）。

図1

ちょっとご紹介します。

先般、この英語版の動画が、タイ語版に吹き替えられてネット上で流されているのを発見して驚きました。勝手に翻訳されて流布しているということについては著作権上の問題は有るのでしょうが、私としては何語に吹き替えられようが、内容が分かってもらえるということであればウエルカムな話だと考えています。

世界遺産プログラムへのメッセージ

ここで、湖沼の生態系サービスと世界遺産の登録基準について考えてみようと思います。湖沼の何が世界遺産として評価されるのかといえば、先ほど資料2に示した、存在価値(生態系サービスの基盤サービスの恩恵に相当)や審美的・精神的価値(生態系サービスの文化的サービスの恩恵に相当)が主なもので、効用価値(生態系サービスの供給サービスの恩恵に相当)や機能価値(生態系サービスの調整サービスの恩恵に相当)はそれほど重要視されていないように思います。ですから世界遺産プログラムのメッセージとして、資料7の青色のラインで囲んだ部分が中心です。逆にILBMという政策対応の問題を考える場合には、開発・保全だとか、制度・組織だとか、法律だとか、行政だとか、下水道技術だとかがありますので、オレンジ色のラインで囲んだ部分になります。従って一部はダブっているのですが、存在価

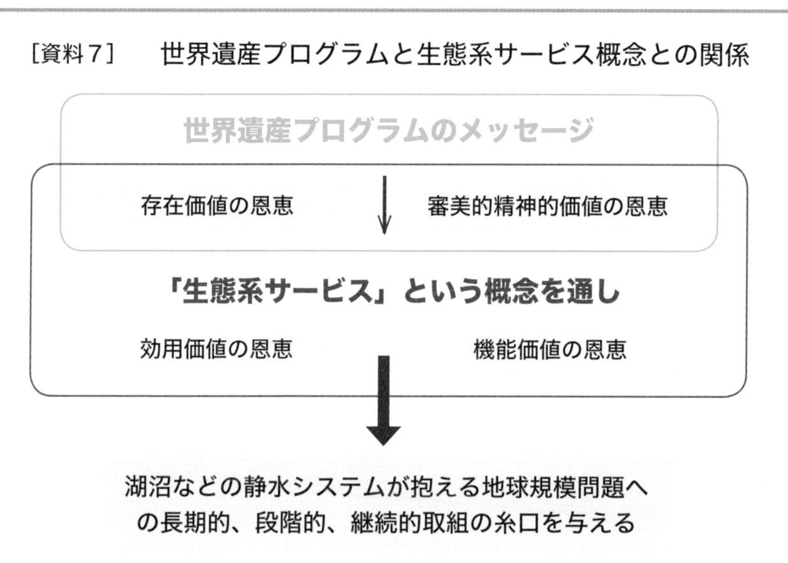

値や審美的・精神的価値の大きさが世界遺産登録の決め手になるということだと思います。すなわち、彦根城を世界遺産に登録するということは、お城がきれいだからとか、歴史的に大事だからということだけではなく、彦根を含む琵琶湖の北東岸一体、更には琵琶湖全体としての歴史的な価値がトータルとして守られていく必要条件としてのシンボリックな意味があると思います。その延長線上には、湖沼などの静水システムが抱える地球規模環境問題への長期的、段階的、継続的取り組みの糸口を与えるという意味もあると思います。

さて、それで最初の話に戻るのですが、第18回世界湖沼会議は世界文化遺産に登録されているメキシコ・グアナファトで開催されますが、このご時世なのでリモート開催ということになりました。写真１はグアナファト市の眺望です。宝石箱をひっくり返したみたいな町だと言われています。この地域は銀の採鉱地域だったためその掘削後に残ったトンネルが市の地下を縦横に走っているというのも珍しい光景です。スペインの統治時代の遺跡が多数

写真1　グアナファト市（メキシコ）の眺望

残っています。メキシコには琵琶湖の様な大きな飲料水減となっている湖はありません。グアナファトからかなり下流のグアダハラ市の近くにチャパラ湖という湖がありますが、グアダラハラ市では日本の公害時代を彷彿とさせるような汚染状況がみられ大変な状況にあり、チャパラ湖もその影響を受けています。また、グアナファト市の南部にはユリリア湖がありますが、湖面はホテイアオイで覆いつくされています。同じくグアナファト大学の姉妹校となっている日本の創価大学などが連携して、このホテイアオイの資源化の研究が行われています。琵琶湖の場合は沈水植物の水草の資源化の研究が滋賀県立大学を中心に進められてきたこともあってこのプロジェクトに協力しています。

ところで、先ほど申し上げた湖沼流域ガバナンスのプロジェクトでも、フィリピンの大学や政府機関との交流の中で、滋賀大学経済学部の学生が中心的な役割を担って実現したバイオ燃料バスの導入の経緯や教育学部の環境教育実習カリキュラムの紹介したことがあります。経済の仕組み、物質循環の仕組み、ボランティア活動などの社会的な仕組みという意味では滋賀大学や滋賀県立大学は、学生が中心となって国際的にもレベルの高い取り組みをしていますので、世界湖沼会議でそういった発表があると国際的に注目されると思います。

本学からの湖沼会議への参加を期待して話を終えたいと思います。

（2021年５月21日講義）

一つの視点から見る世界遺産の諸相
―水と社会―

九州大学理事副学長・イコモス名誉会長
河野　俊行

世界遺産へのアプローチの手法について

今回は世界遺産を一つの視点から横断的に見てみようという企画を立てました。世界遺産は2021年５月時点で1121件あります。2021年の世界遺産委員会で、今年の分と去年審査できなかった分を合わせて審査しますので、おそらく40ぐらい増えるのではないかと思います。イコモスは文化遺産及び複合遺産の文化的な部分を専門家として審査することになります。

世界遺産へのアプローチには、様々な切り口があります。まずどういう制度になっているかです。2022年には「世界遺産条約」は採択50周年を迎えますが、50年たちますと制度疲労がいろいろあります。イコモスは「世界遺産条約」の中に明言された諮問機関なので、おのずといろんな制度に関わります。制度疲労があるなということが分かるポジションにあります。

もう一つ、個別遺産、つまり一つの世界遺産を取り上げて、ずっと深く分析していくというアプローチもあります。

それから、条約起草者が想定していなかったような状況、たとえば世界遺産が戦争、武力紛争のターゲットになるとか、世界遺産だからこそ破壊するとか、50年前の立法者は想定していたかどうかは疑わしい状況が、いま少なからず起きています。こういうことを取り上げるというのも、極めて重要な視点です。

しかし今日はあえて、この三つではなくて、少し違った観点から見てみたいと思います。

まず、「横断的」にいくつかの世界遺産を見てみます。それから現在、世の中は暗い話が多いので「前向き」に見てみようと思います。世界遺産には、こんな問題がある、こういう難しさがある、こういう大変なことがある、と言うと、暗さの上にさらに暗さが増しますので、ちょっと今日は、旅に出てみようと思えるようなお話にしてみたいと思いました。

もう一つの切り口は「OUV」です。「顕著な普遍的価値」、これは世界遺産の一番コアとなる観点です。

こういうアプローチによる今日の私の切り口は「水」です。なぜ水なのかということですが、人間は水なしには生きていけない。水とどう付き合うかというのは、人類史とともに当然考えなければいけないことだからです。

良渚（りょうしゃ）古城遺跡（中国）2019年記載

中国語では「リャンツォー」といい2019年に世界遺産になりました。中国にある世界四大文明の一つは「黄河文明」ですが、長江文明は聞いたことがありますか。

（会場から）長江中下流の何千年前の古代の稲作文化とか―。

はい、そうです。素晴らしい。従来世界四大文明が生まれたのは黄河、インダス川、チグリス・ユーフラテス川、ナイル川ということだったのですが、最近、揚子江、長江に発達していた文化・文明が注目を集めていて、必ずしも中国の古代文明は黄河文明だけではないということが、研究の結果、明らかになってきました。

そのうちの一つが、この「良渚文化」というもので、紀元前3300年から紀元前2300年ごろにかけて栄えたといわれています。新石器時代です。浙江省の杭州からそんなに遠くないところにあります。

この時代にすでに稲作をしており、統一的な信仰があった、いわゆる地方国家です。構成資産４つからなるシリアル・ノミネーションです。

ここはいくつかポイントがあり、紀元前3000年、今から5000年前の初期の都市文明があり、土のモニュメント、それから都市計画がありました。とくに大事なのは、水の管理システムがあったことです。稲作ですから、当然、

写真１　良渚古城遺跡　公園整備

水を管理しなければいけません。それと、社会的なヒエラルキーがしっかりしていたということが、この遺産の特徴です。

この墓から副葬品として翡翠の優れたものが出てきたことで有名な遺跡でしたが、こういうものをつくって、墓に入れるという社会構造ができていました。その社会構造ができるためには、それなりの富の集積等が必要になってくる、その前提が稲作だったのです。

2018年だったと思いますが、現地の博物館に所蔵してあるこの副葬品を間近でみる機会を得ました。5000年前のもので、これだけの細工ができるか、と、ちょっと驚愕すべき出来栄えです。

OUVの中で大事なことは、６つの基準のうちどの基準に当てはめるかということです。この遺跡では、基準のⅲとⅳという二つの基準を充すとされています。

基準のⅲ「ある文化的伝統や文明の存在を示す物証として無二の存在である」は、本遺産では「稲作を基礎とする階層構造を持つ独自の文化的アイデ

写真２　良渚古城遺跡　古代ダム

ンティティー」を持った文明である、ということです。

基準のⅳ「歴史の重要な段階を物語る代表的で顕著な見本」は、ここでは「新石器時代の小集落から都市への発展過程を如実に示すものである」と、「先史時代の稲作文明が、ここで発達した」ということです。

水という観点からみると、5000年前にすでにこれだけの社会的なヒエラルキーを持った国が稲作文明をベースにした。２つのダムをつくって、きちんと水をマネージできたということです。

「新学術領域」という科研費のプロジェクトに、金沢大学の先生を中心に、長江文明のこのあたりを研究されているプロジェクトがあります。

このプロジェクトから、簡潔かつ適切な表現を引用しておきたいと思います。いわく「この地域の新石器時代人は、あり余る水をいかにコントロールするかに腐心してきた。初めは水を避け、山間盆地に居住したが、高床式住居と丸木舟を発明して、資源豊富な海岸低地へと進出してくる。最後には、運河（＝排水路）を開削し、耕地の拡大と交通・運輸網の整備を同時に達成

写真３　ペトラ遺跡

写真４　ペトラ遺跡

する」。これがまさに良渚文化なのです。

水をいかに確保するかが懸案であった世界四大文明地域とは異なり、ここはどのように水をマネージするかがポイントになっていたのです。

ペトラ遺跡（ヨルダン）1985年記載

写真３は映画『インディ・ジョーンズ　最後の聖戦』のシーンでも使われた、大変有名な遺跡です。

ビジターセンターから入っていきます。ここは首都のアンマンから２時間くらいかかり、健脚コースですとビジターセンターから20キロ近く歩くことになります。岩山で、当然、20キロ近くも歩けない人もいますので、客待ちの馬車がいます。ここは、1985年、比較的初期に世界遺産になっています。建設したのは、ナバテア人で、だいたい紀元前１世紀ごろからだと思います。その後、ローマ帝国がこの辺に侵出してきて、この地域に自治権を与えます。紀元１世紀ごろになるとローマの属州になります。

ペトラは、南北・東西の道が交錯する交通の要所にあるので、交易で大変栄えます。しかし何度かの大きな地震や、通商路が変わったりすることによって、８世紀には放棄されてしまいます。これが再度発見されるまで、だいたい1000年ぐらいかかりました。

発見されてからは大変有名になり、先ほど述べたように映画にも使われました。実は、発見されてから現在まで、まだ15％くらいしか発掘されていないといわれています。総面積が26,171ha、琵琶湖の４分の１ほどです。

ペトラの世界遺産登録基準は、三つ。ⅰ、ⅱ、それからⅳです。

基準のⅰは「人類の創造的才能を表現する傑作」といわれているものです。写真３で岩山と岩山の間に見える建物がありましたが、岩山をくりぬいて掘り残しているのです。極めて高度な技術が発揮されています。もう一つ重要なのが「水システム」です。これは、今日の私のテーマに関わってきます。

基準のⅱは「価値感の交流」ですが、これは「紀元前４世紀から紀元前１世紀ごろのナバテア文明、その他の文明の痕跡を多く残している」ということです。ローマが入ってきたことで、ローマ風の建築や、ローマの円形劇場などがつくられてゆくのですが、それがきれいに残っている。

基準のⅳが「東西文明の交流」ですが、「高度な水工学」がここに実現されていることになります。

岩山のかなり健脚向きの道を上がっていくと、あちらこちらに遺跡があります。岩を掘ってつくった貯水槽は単なる穴ではなくて極めて高度に設計されていますし、ライオンの形をした噴水（写真５）もあります。

岩山の上に、ここまで水を引いてこられるのは、極めて洗練された水工学の知識とマネジメントシステムが必要になります。

もう一つ、写真６は写真３の岩の切れ目から建物が見えているところに至る道の途中です。向かって右側に、岩山を切ってちょっと掘ってある通路のようなものが分かりますか。これは水路です。ためた水を、この水路を通して奥に通していく。都市としてのペトラを支えたインフラです。

岩山の真ん中に都市を維持して、かつ、高度な建築を生み出していくためには、相当な人がそこに住んでいなければいけない。当然、相当量の水が要

写真５　ライオンの噴水

写真６　水路がみえる

るわけですが、この環境のもとで水を管理していたのです。

山の上に、貯水槽だとか噴水をつくったのが、いまからだいたい2000年くらい前ですけれども、どれだけ洗練された技術が展開されていたかということがお分かりいただけるかと思います。

アウグスブルクの水管理システム（ドイツ）　2019年記載

次は水管理システムそのものが世界遺産になるという例を取り上げてみたいと思います。

アウグスブルクは、ドイツ・バイエルン州の小都市です。もともとはローマ人がアルプスを越えて、領域を拡大した際に、一軍団を置いたのがアウグスブルクの起源だといわれています。

当時アルプス以北では、最も大きい入植地の一つでした。支配者が変わりつつ、1276年には帝国自由都市というステータスを得ます。神聖ローマ帝国が直轄する都市として高度な自治権が与えられ、19世紀までアウグスブルクは貴族、商家によって支配され、13世紀から19世紀の間、大変栄えます。例えば銀行業で有名なフッガー家という家は、いまでもアウグスブルクに存在します。

この自治を享受していた間に、水の管理システムが発展します。このアウグスブルクの水システムは、構成資産が22あり、登録基準はⅱ及びⅳです。

基準のⅱは、価値観の交流、すなわち建築、科学技術、都市計画、景観設計等々に影響を与えた、文化圏内での価値観の交流を示すものということです。

給水地から運河で水を流し、都市で使い、さらに使った水を処理するという流れが基本となりますが、いま使っている運河は、すでに1276年にまでさかのぼれます。

それから、1545年までには飲用水と処理水は峻別できており、公衆衛生の観点から水をきちんと管理できていました。水を管理するにあたって、当然、エンジニアリングが発展します。水工学のイノベーションをしっかりとたどることができるというのが、基準のⅱです。

基準のⅳ、これは、ある時代を代表するような建物や景観になります。19世紀までには噴水だとか、水の管理施設による都市景観ができていたと説明されています。

この世界遺産にはバッファゾーンが、ほとんどありません。運河があって、その両側に堤があって、それを越えると、もうバッファゾーンでなくなるのです。ドイツには土地管理の厳しいシステムがありますので、そこはなんとかクリアしそうだということで、さほど広いバッファゾーンは求めないで、このまま世界遺産になっています。

森の中の水源地から流れてくる水を機械でコントロールする建築物をつくり、流れを安定させました。さらに町の中に来ると、運河は掘割として流れていく。こういう管理を13世紀末に発展させてきたのです。

はじめに申し上げたように、これは水の管理そのものを世界遺産にするという例です。

階段井戸　ラニ・キ・バブ（インド）2014年まで利用

次の例は「階段井戸」です。英語でいうと「Step well」という階段井戸は、紀元前の３世紀ぐらいから西インドからパキスタンにかけて発達しました。

デリーから車で１時間くらい行くと、ラクダが歩いています。北西インドからパキスタンにかけて、あの辺りはすごく乾いているので、水の確保がと

写真７ インド・ラジャスタンの無名の階段井戸

ても大事になります。インドには大河がありますが、そこからちょっと離れると水をどう確保するかというのは、大変大きな問題になってきます。

階段井戸というのは、地下水が常にたまっている、地下水が常に湧いているようなところまで掘り進んでいます。

これを垂直に掘っていくと、水を引き揚げるのが大変です。それから、メンテナンスが大変です。ここの工夫は階段をつくって、階段をずっと下りていくかたちで水にたどり着くシステムにしているのです。もともとは貯水、それから灌漑といったことが目的です。

階段井戸自体は実用目的で必要なものですから、そこここにあります。

写真７は私が2017年にラジャスタンを旅行したときに、ふと見つけた階段井戸です。上から撮った写真で、真ん中に門のようなものがありますが、結構な段数があるのをお分かりいただけますでしょうか。相当深くまで下ります。この井戸は現役ではありませんでしたが、この中で最も優れたものの一つが世界遺産になっています。

パキスタンの国境に近い辺りにある「ラニ・キ・バブ」は、先ほど階段を下りて水にたどり着くと言いましたけれども、当時、水をくむのは女性の仕

写真８　オールドデリー、聖水を汲む

写真９　オールドデリー、聖水井戸

事です。女性たちは水をくんで、そこが社交の場になっていったのです。要するに、社会的に他の人たちと、いろいろと交流する場になっていくのです。あるいは、ほぼ同時に社交的な機能を持ち、さらに宗教的な意味合いも持っています。

オールド・デリーの真ん中にすごく古いムスリムの地区がありますが、その中に階段井戸に似た施設があります。水は触れるのもちょっとはばかれるような色をしていますが、地元の人はそこへ来て水をくみます。それはなぜかというと、「聖なる水」なのです。このように水は宗教的な意味を持つことがあります。これがさらに発達していくと、どんどん装飾をつけていくことになっていきます。誰が、どういう理由で井戸を掘ったかということによって、一層華麗になっていきます。このラニ・キ・バブは、1500ほどの彫刻が全面的に施されていますが、11世紀に、ある女王が王の死を悼んで彫ったといわれています。

その後、洪水に遭って、泥に長いこと埋もれていたが故に、おそらくいままで保たれていたのです。20世紀に入って、極めて長い時間をかけて泥を取り、保存・修復作業をして、世界遺産になったというものです。

写真10　無名の階段井戸

単に階段が一直線に延びているだけではなくて、各層、各層にテラスがあり、それぞれのプラットフォームごとに柱が立ち、それから部屋が設けられ、彫刻で装飾されています。1500体あると申しましたけれども、大きな彫刻はだいたい500体、小さい彫刻が1000体あるといわれています。アンコールワットに極めて様式に似通ったところがあると感じます。インド大陸から東南アジアにかけての、交流がしのばれるような様式になっています。

飲み水、灌漑など、人間にとって、水を維持する施設は必要ですが、こういう装飾を施すようなところに、今度は人の想像力が働いていくことになるのです。

基準に対するイコモスの意見では、まず、基準のⅰ。一言でいうと「傑作」ですが、イコモスは、これを肯定しました。階段井戸は、パキスタン、北西インドに少なからずあるけれども、この遺跡は技術的、それから芸術的な観点から見て圧倒的な頂点であると評価しました。

インドは基準のⅲを挙げてきました。階段井戸が文化的伝統や文明の証拠であるといったのですが、イコモスはこれを否定しました。つまり階段井戸というもの自体は特定の文化的伝統や文明とはいえない。ただし、階段井戸

写真11　ティヴォリのヴィラ・デステ(istok 提供)

で示されている建築は極めて独特であるという判断をしたわけです。ですから、イコモスはⅲではなくてⅳという判断をしました。つまり、建築井戸というタイプの建築は確かにあるといえるということです。そこでこの遺跡は基準のⅰと基準のⅳに基づいて世界遺産になっているのです。

ティヴォリのヴィラ・デステ（イタリア）2001年記載

階段井戸に関して私は、実用としての水施設が、同時に美的な要素を持ち得るということを話しました。そこで次にお話ししたいのが、次の「ティヴォリのヴィラ・デステ」です。ローマ郊外にある世界遺産で、2001年に記載されています。インフラとしての水管理から、水は芸術、あるいは芸術の表現手段としての位置を獲得するのです。

このヴィラ・デステの起源は1550年です。エステ家のイッポリト二世という人が枢機卿になります。枢機卿は、法王に続く法王庁のナンバー２ですが、自分の好みの別荘を建てることにしました。大変な芸術愛好家で、著名なアーティスト、建築家、工芸作家らを周りに集めて、大変華麗な文化的生活を展開した人です。

ただ、凝った建築の場合に、ままあることですが、ご本人は完成を見ることなく亡くなり、相続人がさらに継続し、100年以上かけて徐々に広げていきました。

このヴィラ・デステが有名なのは、水を使った庭園です。当時、当然電気もモーターもありませんから、人工で水をくんで、水を流すことはできません。自然に水が流れるに任せるわけです。自然に流れる水を、どうコントロールするかということがポイントです。

このヴィラ・デステは、基準のⅰ、ⅱ、ⅲ、ⅳ、四つの基準を満たすということで世界遺産になっています。世界遺産になるのは、基本的に一つだけ満たせばいいのですけれども、これは四つを満たしています。

まず一つ目の基準のⅰ、傑作です。写真11を見ていただくと分かるのですが、卓越したルネサンス文化の最高到達点であるとされています。庭園には噴水、水テラス、水シアターなど、噴水が約500あります。使用する水の量、グロットという人工の洞窟、それから彫像の数において、比肩するものがないのです。

ルネサンス期は、金持ちが美しい庭園をつくっています。例えば、メディチ家がつくった庭園にも、別に世界遺産になっているものがあり、ヴィラ・デステは、単体の庭園としてはちょっと図抜けていて、多くの芸術家にインスピレーションを与えました。たとえば作曲家フランツ・リストは「エステ荘の噴水」という名曲を作っています。

基準のⅱは、欧州の造園に多大な影響を与えたこと、基準のⅲは、ルネサンスのデザインや美学原理が庭園によって表現されていること、そして基準のⅳは最古・最高の「不思議庭園」。不思議庭園というのは、「giardini delle meraviglie」というイタリア語で、そのまま「不思議庭園」と訳しました。要するに、あちらこちらに驚きが隠れている庭の例として、ルネサンス文化が爛熟していることの象徴であるという、極めて高い評価を受けたのです。

この庭園のビデオがありますので別途ご参照ください。

https://whc.unesco.org/en/list/1025/video/

https://tvuch.com/social/443/

写真12　シャンボール城（istok提供）

ロワール渓谷（フランス）2000年記載

次は、水との関係を流通という視点から捉えてみたいと思います。陸路というのは、実は効率が非常に悪いルートです。陸路が主な商業的なルートになるのは、産業革命を契機としますが、それまでは、基本的には水の上を走るのが一番効率的なわけです。そういう観点から、大きな川には、いろいろな活動がそこに集約されていくことになります。

ヨーロッパには、大きな重要な川が複数ありますが、ここで取り上げるのはロワール川と、その両岸の渓谷です。

水路が一番効率的なルートなので、川に沿って町が繁栄していきます。そのことによって、さらに発展、開発が進み、お金が集まってくる。当然、人も集まってくる。

長い時間をかけて徐々に発展し全体として、独特の景観を構成するという文化的景観の典型例です。世界遺産としてのロワール渓谷は大変広範囲で、8万6000ヘクタール、総合すると琵琶湖より大きいです。

ここには、さまざまなものがあります。写真12はご存じの方もあると思いますが有名なシャンボール城です。この辺りは、美しい城がロワール川沿いに点在し、それこそ宝石のように川に沿って並んでいます。もちろん川ですので、当然、水を生かした物流、それから交通関係の資産もあります。ロワール渓谷は、おそらく1週間くらいかけてじっくりと見るというのが、お勧めの見方です。

これは、基準のⅱ、それからⅳを満たすとされています。基準のⅰについては、ちょっと後で別途お話をします。基準のⅱというのは、文化的な交流というものが肝になっています。どういうことかというと、大河に沿って2000年にわたる人類と環境の相互作用の証しとしての文化的景観が形成されたということです。2000年ですから、これもローマまでさかのぼるわけです。要するに、川があり、その川を使った人の営みが積み重なってくる。積み重なってきたことによって、いろいろな建物ができたりしていくのですが、それが総体として文化的景観を形成しています。あくまで自然と人の活動の相互作用の証しです。

基準のⅳは、ロワール渓谷と、ルネサンスおよび啓蒙主義を具現化する多数の記念物による景観です。先に述べましたが有名なお城が、このロワール川沿いには点在していまして、自然の中に織り込まれて景観を構成している。しかもルネサンスと啓蒙主義という特定の時代のものであるということで、基準のⅳが満たされるとされています。

興味深いのは、基準のⅰです。イコモスは勧告の中で、このロワール川沿いにある多くの歴史的な都市、ブロワ、シノン、オルレアン、ソミュール、トゥールといった都市ですが、そのそれぞれに、極めて質の高い歴史的な建造物が残されているけれども、とりわけ先ほど言及したシャンボール城は秀逸である、だから、基準のⅰも考えてはどうかということを言っています。

それで、ロワール渓谷は基準のⅰ、ⅱ、ⅳを満たすものとして記載されているのですが、実はシャンボール城は単体で1981年から基準のⅰに基づいてすでに登録されています。ここで基準のⅰを加えて、このロワール渓谷の中にシャンボール城を取り込んだというかたちになるわけです。

実は、いまの私の目から見ると、こんなことをしてよかったのかという問題提起が可能です。というのは、ロワール渓谷が基準のⅰを満たすというと、ロワール川の文化的景観全部にかかるわけです。そうすると８万6000ヘクタール、琵琶湖より大きい地域が、全部傑作かということです。これは、当時のイコモスは議論をちょっとずらしてしまったのではないかと思います。

一つ、これと比較できる事例としてストラスブールがあります。ストラスブールには有名な大聖堂があり、ゴシック建築の代表例の一つです。実は、ストラスブールの大聖堂は、その周りの中世の町割りを残している旧市街と一体でアンサンブルとして、基準のｉで傑作だとして世界遺産になっていました。

世界遺産の範囲を拡張することをバウンダリーを変えると言いますが、小さい変更であればマイナー・モディフィケーションといって、テクニカルにできるのですけど、広範な拡張とか広範な削減というのは、もう一回審査の対象になります。実は近年、ストラスブールの新市街を足して世界遺産の領域を大きく変更したいとフランスが提案してきました。新市街というのは、19世紀からドイツの影響を受けて、20世紀の初めあたりの都市計画に基づく部分です。その都市計画そのものは価値のあるもので、ストラスブールとしては、いわゆる中世にさかのぼる旧市街と、それからドイツの影響を受けた新しい都市計画の部分と、あわせて世界遺産にするというのは都市としてはあり得るアプローチです。しかし問題は基準のｉです。

つまり、新しく付け加えられた部分は、基準のｉを満たすとはいえない。ですから、基準のｉをどうするかということで、イコモスは基準のｉを落とすことを勧告しました。大聖堂と旧市街にあった部分の基準のｉは落として、例えば基準のiiとか、他の基準でやるということを提案しました。当初は、フランス政府がすごく抵抗するかなと思ったのですが、そこはさほど無理なく受け入れられて、そのとおりに世界遺産委員会は決めました。

そういう議論からすると、ここのシャンボール城のｉを渓谷全体に広げて基準のｉを適用するというアプローチは、当時のイコモスは基準の使い方として誤ったのではないか、ｉを提案するべきではなかったのではないかと思うのです。

そうすると、技術的にどうなるかというと、シャンボール城は単体でｉを満たし、同時に渓谷はⅱとⅳを満たすという、二つの世界遺産があるということにせざるを得ないのではないかと、個人的には考えています。

三池港（明治産業遺産の構成要素）2015年記載

これまで、インフラの発展を促してきた水が、芸術表現の一部になり得ること、それから、水が商業のベースになって、そこからさらに文化が花開くということを見てきたわけですが、最後に残ったのは工業です。

「水と工業」の一番分かりやすい例は水力発電ですが、少なくとも私は現役の水力発電所で世界遺産になっている例を記憶しておりません。

しかし、これは使えるかなと思って挙げたのは、三池港です。「明治産業遺産の構成要素」の一つです。

産業革命以来、社会と水との関係性が変化しました。つまり、水をコントロールして、人間の側から水を大規模に利用するというスタンスが極めて強くなりました。運河、発電、港湾といったところが出てきます。

有明海は遠浅の海なので、大きな船が入ってこられない。石炭の積み出し港にするためには、細い水路を人工的に海の中につくって、そこから砂が入ってこないようにして、ここの深さを保つという大工事をしました。この港は現役の港ですが、人間が水に対してアグレッシブにアプローチしていくということが産業革命以来、可能になってきたわけです。

明治産業遺産は、基準のⅱとⅳをみたしています。基準のⅱは、西洋から工業化に対するさまざまな知見を東洋が移植した、その最初の成功例というわけです。日本は、農業、漁業を中心とする国から、工業国に転換できたわけですが、これは一つの世界的な事件であったという評価です。

それから、基準のⅳは、歴史的に重要な段階であるということ、アジアの後進国が工業国として先進国の仲間入りをし始める、ちょうどその時期に当たります。

水とエンジニアリングとの関係でいうと、例えば、東日本大震災の後、東北に高さ10メートル以上ある防波堤が長距離にわたってつくられていますが、後世において遺産として評価されるでしょうか。

写真13　三池港（大牟田市提供）

水から少し離れますが、最近の状況についてお話します。2020年は、イコモスの諸会議も100％オンラインになり、世界遺産の審査がどのようにできるかということを大変心配しましたが、イコモスと自然遺産の助言組織であるIUCNは、現地にミッションを送れないものは審査しないと決めました。

これは「無形文化遺産条約」とは異なることです。やはり現地の保存状況をしっかりと専門家が見て、そのリポートを参考資料にしながらイコモスのパネルが合議をして決めるという基本を、コロナ下においても変えないということをはっきりとさせました。

他方、2020年の夏ごろから、現地ミッションに行ってくれる人を探すのは、大変な作業でした。2020年にわれわれが審査をしなければいけない案件が20件ほどありましたが、80％は現地ミッションを送ることができ、それ以外のところは取り下げたりして、結果的にミッションが送れなかったから審査ができなかったという例は一つもありませんでした。これは、イコモス事務局が実によくやってくれたと思います。

なおOUVに関連して、縄文遺跡に触れておきます。イコモス勧告はこれを大変高く評価しています。

縄文遺跡は全国に２万ぐらいある中で17選んでいます。17は、縄文の時期の初期から５段階に分けている、その全ての段階をきちんとカバーするというかたちで配置されています。そういうジャスティフィケーションと保存状態、両方がうまくかみ合ったということになります。

基準としてはⅲとⅴです。基準のⅲというのは、文化的な伝統だとか、文化的な文明の証しであるということです。縄文人は、定着し、移動しなかった。彼らは、基本的には狩猟をします。海だとか山で獲物を捕って、あるいは海産物を採ったりして生きていくのですが、定住していたのです。だけど、農耕はしない。

それと、宗教的な環状石の遺跡が秋田にありますが、どうも宗教的な行為もあったようで、これがだいたい紀元前の１万5000年くらい前です。だいたい１万年以上にわたって続いていくから、ある文明、あるいは文化の極めて特徴的なところをこの17の構成要素はよく表しているとされました。

基準のⅴは、環境との相互関係です。人間のアクティビティーと環境との相互関係です。農耕しないので、当然自然の影響を強く受け、そこにしなやかに寄り添いながら生きてきたということをイコモスは大変高く評価しています。

なお今後の保存計画との関係でいうと、17の構成資産のうちの六つの56％は私有財産です。私人の財産権が及んでいるので、それをできるだけ早く公的なものとして買い取って、保存状態を確保するということを勧告で出しています。

そういうかたちで、17件はシリアル・ノミネーションの数として結構多いですけれども、それがきちんと全部受け入れられて、いい評価になって出てきたというのは喜ばしいことだと考えています。

（2021年５月28日講義）

首里城―復元の課題と展望

沖縄県立博物館・美術館館長
田名　真之

彦根とはいろいろ関係があり、1993年に彦根城博物館の企画展「琉球の美」で琉球楽器を見せてもらいました。また、琉球最後の王様である尚泰王のひ孫である文子さんが、彦根市長をされていた彦根藩16代当主の井伊直愛さんに嫁がれるなど、沖縄と彦根もいろいろと関係があります。

もう一つ、那覇市に元彦根藩の藩士であった横内扶さんの資料をお孫さん（横内襄氏）が寄贈されています。横内扶さんは、1885（明治18）年から1913（大正２）年まで沖縄県庁にお勤めになっていて、第４代沖縄県令の西村捨三さん（彦根藩士）のつてだったと思いますが、沖縄県の近代行政文書をたくさんお持ちで、その中に首里城の絵図（横内図）があり、首里城復元に際して重要な役割を果たしました。それ以外でも横内さんの資料は沖縄にとって大変貴重な資料になっています。

首里城の火災

首里城の火災が2019年10月31日未明にあり、正殿をはじめ、正殿を囲む主要な建物がほとんど焼失してしまいました。正殿、南殿、北殿、書院・鎖之間（さすのま）、黄金御殿（こがねうどぅん）、寄満（ゆいんち）、二階殿などです。首里城の御庭（うなー）といいますけれども、正殿の前の広場を囲む建物がほとんど焼失をしたという大火災でした。

首里城の中の、南殿や黄金御殿、寄満に、美術工芸品などが展示されたり、収蔵庫に入っていたりしたのですが、全1510点中の391点が焼失し、364点は修理が必要になっています。

写真１　鎖之間の後方から　左に奉神門、右のコンクリートは南殿（沖縄総合事務局提供）

12月10日でしたか、関係者ということで内部の焼け跡の状況を見せてもらいました。正殿はすでに焼け落ちていたのですが、龍柱だけがなんとか生き残って、ひびはいろんなところに入っていたものの、すくっと立っていました。

寄満の収蔵庫は燃えてはいませんが、空調設備などから水が入ったり、すすが入ったりと、相当な被害を受けています。

火災が拡大した要因としては、基本的に首里城は城壁に囲まれていて、消防車などが火災現場に近づけず、ホースを200メートルぐらいつなぐなど、相当な時間がかかったこと。閉じられた門などを破壊して中にホースを運んだということがありました。

防火設備は備えられ、消火槽や防火水槽があり水が貯められていたのですが、延焼を防ぐために軒の周りから水を流すドレンチャーや放水銃の水が十数分で尽きてしまったのでした。

南殿や北殿などの建物がRC造りで、内部への放水が難しかったことも要因です。御庭での消火活動は、周りがもうすでに火で囲まれ、輻射熱のため活動するのが困難で、消防士もホースを持って入ったのですが、火の回りが

写真２　北殿

写真３　番所と南殿

写真４　南殿２階廊下への階段

写真５　南殿２階廊下、左は御庭

写真６　黄金御殿展示室

写真７　黄金御殿から見下ろした正殿跡

写真８　地下遺構（沖縄県埋蔵文化センター所蔵）

早くて消火どころではなかったということでした。

消火活動の初動も遅れています。正殿に火が移らないためにドレンチャーなどがセットされていたのですが、正殿から出火することは想定外だったということです。夜間の訓練なども行き届かなかったとか、北風が強かったとか、さまざまな要因が挙げられています。

最終的に出火の原因が何だったかということについては、特定されませんでした。出火原因は不明ということで今回の最終報告が出ています。

首里城の歴史

首里城の遺構は国の指定文化財で世界遺産にも登録されています。上に載っている正殿などは後の復元ですが、これらが世界遺産ではなく地下遺構が文化財であり世界遺産です。

（写真８）が地下遺構です。６つの基壇が確認されています。首里城は14世紀から19世紀にかけて、３度の火災が記録されています。1453年、1660年、1709年です。建て替えもあるのですが、６つの基壇がいつの時代に当たるのかは解明されていません。

1660年の火災では1671年に再建していますが、11年もかかっています。首

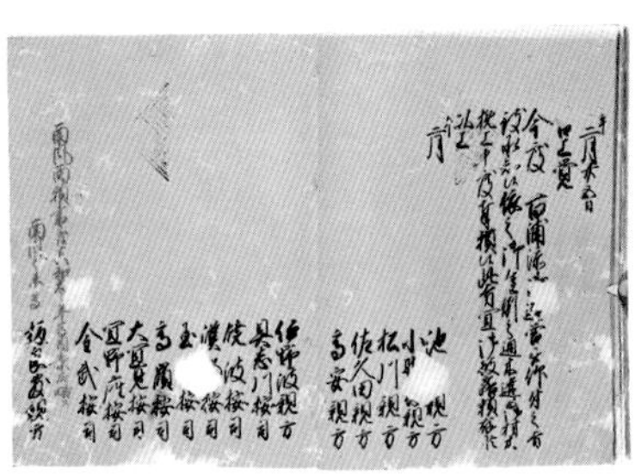

写真９　尚家文書「百浦添御普請日記」他４冊（那覇市歴史博物館所蔵）

里王府は木材などがなかなか調達できなくて、相当時間がかかりました。周辺の久米島からも木材を調達して再建したということです。

1709年に焼けたときには、約３年で再建がなっています。最終的に全ての建物ができるのは1715年。正殿だけだと1712年、３年がかりで再建できたということになっています。

木材がなかなか調達できずに、鹿児島の方に木材を求めました。薩摩から木材を購入しようとしたのですが、薩摩藩主の島津吉貴から１万9525本の材木を寄付されて、なんとか３年でできたということになっています。

その後、琉球側では植林の意識が高まって、自前で再建できるようにということで、山原（やんばる）、北部の方での植林が始まっていきます。植林は他にもいろいろ要因はあるのですが、正殿を自前で復元ということが、大きな要因だったと思います。

また、建て替え修理といいますか、解体修理ということを何度か行っていて、歴史的に確認できるのは1671年以降ですが、1682年、1686年、1704年、1729年、1768年、1811年、1848年の７回、解体修理をしたということが分かっています。

1768年と1848年については、建て替え修理をしたときの資料が若干残っていて、平成の復元のときに大いに参考にされました。1811年の資料は残っていませんでした。

写真10　沖縄神社拝殿となった首里城正殿（那覇市歴史博物館所蔵）

首里城に行かれた方はご覧になったと思いますけれども、正殿の１階にアクリル板で覆いをして、もともとこういう基壇がありましたというふうに見せていました。細かく数えていくと６つぐらい基壇があることになっていて、首里城は少なくとも６回建て替えられている。そしてそのたびに、どんどん西側に拡大して規模が大きくなっていったことが分かっています。

近代の首里城

琉球処分の後、熊本鎮台の分遣隊が駐屯をしています。正殿は熊本鎮台分遣隊の宿舎になり、正殿にあった玉座などはみんな取り払われてしまっています。大龍柱もそのころに損壊をしています。熊本鎮台から1909年に首里区に払い下げられて、女子工芸学校や首里第一小学校などを城内に設置しています。

それから1923年、首里城正殿の取り壊しが決議されています。老朽化が甚だしく、首里区は財政難で修理ができないということで、議会でも議決して取り壊すことになりました。ここで鎌倉芳太郎さんが登場します。

鎌倉さんは、沖縄女子師範学校で教鞭を執りながら、沖縄の文化を調査研究していました。恩師の伊東忠太に言われてもいたのですが、首里城の写真などもずいぶん撮って、尚家に通ってさまざまな文書なども写していました。

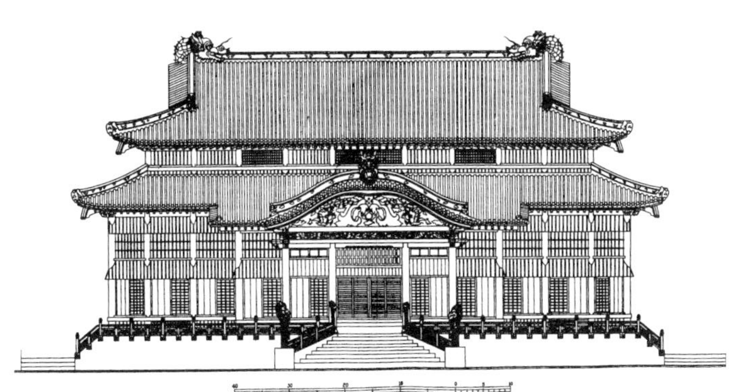

写真11　沖縄神社拝殿図　仲座久雄資料（沖縄県立博物館・美術館提供）

写真もカメラの訓練をして文化財などを多く撮影していました。

首里城取り壊しの決議がなされたとき、鎌倉さんはもう東京に戻っていたのですが、「首里城正殿、取り壊し」という新聞記事を見て伊東忠太に話をしました。伊東忠太は日本の建築界の大立者で、いまで言えば文化財の審議委員会の委員長みたいなこともされていた方なので、彼に話をして政府に働き掛けてもらい、首里城正殿の取り壊しを止めました。

それによって首里城正殿の取り壊しは中止されました。そして、どうやって正殿を残すかという話の中で、建築計画があった沖縄神社の拝殿にしようという案が出てきました。1925年には特別保護建物、後々の国宝になるのですが､それに指定をして､国の予算で首里城を解体修理するという方向にもっていくよう尽力をされました。

1924年に沖縄神社拝殿に決まって、28年から国の予算を使って解体修理が始まります。その過程でさまざまな首里城に関する近代的な図面などがつくられ、これも平成の復元時に大いに役立つことになります。

1945年５月には沖縄戦で正殿は爆弾の直撃を受けています。３発か４発ぐらい爆弾が当たって完全に破壊されました。首里城の地下に沖縄守備隊の32軍の壕が張り巡らされていたということもあって、攻撃目標になり完膚なきまでに破壊をされたということになっています。

写真12　正殿跡の発掘調査（沖縄県埋蔵文化センター所蔵）

1950年に琉球大学が首里城跡にできます。その琉球大学の本部ビルが、正殿の遺構の上につくられる予定だったのですが、関係者の努力で遺構を保護するために本部ビルは後方にずらして、前の方は土を入れて駐車場ということで整備されました。いずれ首里城が復元されると思っていたかどうかは分からないですが、本部ビルをずらしていたことが首里城の遺構を保護したという大きな功績です。

1973年に首里城復元期成会が設立され、首里城をぜひ復元したいという機運がだんだん出てきます。終戦直後からそういう話題はあったのですが、復帰が近づくころから琉大移転の話が出てきて、そして最終的に琉大は、復帰後、国立大学になりますので、移転が本決まりとなり、1982年に移転が完了し、その跡地に首里城復元をという声がさらに大きくなっていきます。

首里城を含む周辺一帯には円覚寺や中城御殿（なかぐすくうどぅん）など、琉球王国に関わるような建物がずいぶんありましたので、1984年に沖縄県が首里城公園基本計画を策定して、首里杜構想のもと首里城の復元を打ち出していきます。1985年には首里城復元が閣議決定されました。

復元には大きな壁がたくさんあり、国の責任でなんとかという話だったのですが、国としては戦災文化財の復元は基本的にあり得ないという立場です。戦災で失われたものをまた復元することはないということと、首里城公園を国営公園としてつくるとなると、各県に国営公園は一つだけという大原則があるようで、すでに沖縄には海洋博跡地に国営公園をつくっていましたので、もう一つ国営公園はできないということでした。

それを関係者がずいぶん努力して知恵を絞って、一つの国営公園の海洋博地区と首里城地区という位置づけにし、国として首里城を復元して国営公園とすることが決まりました。1989年に着工して1992年に竣工。ちょうど本土復帰20年に当たっています。

平成の復元

『国宝建造物沖縄神社拝殿図』という資料があります。1928年に拝殿として解体修理をしたときに、設計図面などが引かれ近代的な手法によって図面がつくられました。

それから『百浦添御殿普請付御絵図幷御材木寸法記』、略して『寸法記』と呼んでいますが、1768年の解体修理をしたときの資料です。これは鎌倉資料の中に収められています。それからもう一つ、『百浦添御普請絵図幷日記』など４冊残っていますが、これは1842年から1846年にかけて解体修理をした際の資料で、尚家資料の中に入っているものです。

こういう資料を使って、さらには古写真とか古絵図とか、鎌倉資料、横内さんのところの首里城の絵図などを使いながら首里城を復元していくということになりました。

ただ、建物の内部が分かる資料は正殿だけです。この『百浦添御普請絵図幷日記』にしても、この『寸法記』にしても、首里城正殿についての資料なので、正殿については内部も含めて分かりますが、他の北殿とか南殿については、内部は分からないということで、復元のときに、正殿は王国時代の木造建築による復元をしましょう。ただ、南殿・北殿はRC造りの外観復元ということにとどめて、機能としては展示とか収蔵施設をそこに収めることになりました。

復元に当たっては、資材の調達や人材の確保も大変でした。戦前に首里城の解体修理をして以降、大きな建物の修理・修復は、ほとんどやったことが

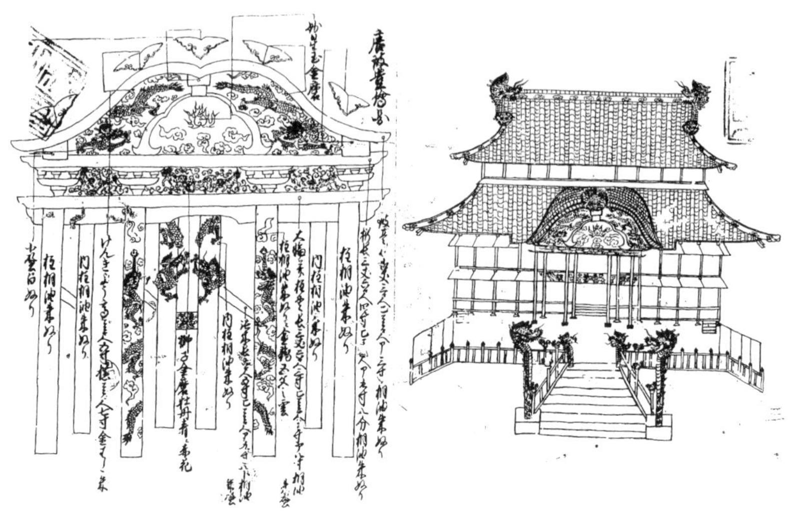

写真13　唐玻豊絵図「百浦添御普請絵図并日記」（那覇市歴史博物館所蔵）

ないので、宮大工が沖縄にいないという状況の中で、見かけは真っ赤なお城で異国風ですけれども、建築としては日本建築ですので他県の宮大工の方々に協力をしてもらって、地元の大工の方々も一緒になんとか人材を確保してつくり上げていくことになりました。

1929年に解体修理をしたときの木材は全てタイワンヒノキだったので今回も利用するべく交渉する中、入手困難にぶつかるなど多くの難題をクリアして、何とか材料を確保できたという経緯があります。地下遺構を保護するために60センチかさ上げをして保護する工夫もしています。

出来上がってすぐに大河ドラマ『琉球の風』の中で使われたり、2000年には九州沖縄サミットの首脳の晩餐会が北殿で行われたりしました。そして2000年12月には、「琉球王国のグスク及び関連遺産群」が世界遺産に登録をされました。

昭和の解体修理時の首里城は１階の真ん中の後ろ辺りに、本来は御差床（うさすか）という玉座があるのですが、そういうものはすでにみんな取り払われていて、部屋の仕切りなどの間取りもよく分からなくて、柱だけがあるという状態に

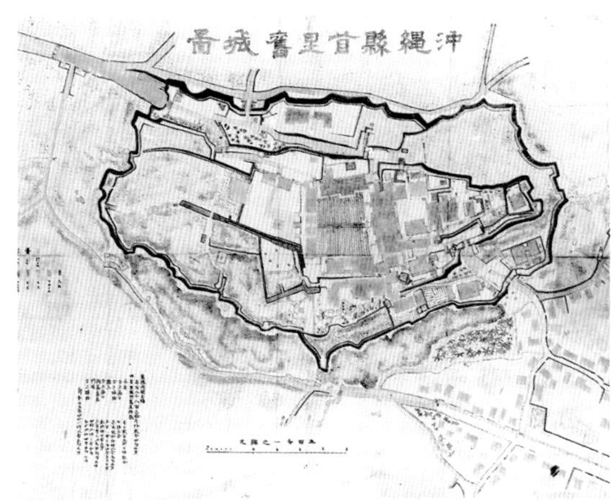

写真14　構内図「沖縄県首里旧城図」(那覇市歴史博物館所蔵)

なっていました。かつて熊本鎮台の兵隊たちが使っていたりもした後なので、正殿内部の細かな情報は、ほとんど失われていたということが分かります。

1768年の解体修理をしたときの鎌倉さんの資料は『寸法記』ですが、これには、唐玻豊(からはふう)の絵図ということで、いろいろ指示が出されています。正殿の正面の図で、柱などに桐油、朱ぬりとか書いてあります。欄間に獅子が彫られているのですが、獅子は金磨(きんま)とあって、金箔を貼ったものかと考えられています。牡丹も描かれていて、青ですよとか、青に赤い花とか、いろいろ書いてあって、小さな壁については白ぬりですとか、そういう指示がある。龍の絵が描かれていて、蟇股(かえるまた)がどうなっていたとか、こういうものが分かります。

また、尚家の資料『百浦添御普請絵図帳』があります。鎌倉さんの資料と尚家の資料によって、この唐玻豊、正殿の正面にくっついている飾り部分のデザイン、金の龍が巻いていますとか、この柱はどんな色で、こういうふうに装飾するということが分かります。平成の復元は、こうした資料に基づいてなされました。

大龍柱について、龍柱の高さが１丈２尺５分、龍柱の載る台石は高さが４尺２寸、うち１尺は埋める。いわゆるトータルの高さは１丈２尺ですよと。

これは４メートルあるのですが、そのうちの台石がいくらで、台石の１尺ぐらいは地中に埋めているという情報が書かれています。こういう細かな情報が尚家資料などに出てきたおかげで、復元ができたということになっています。

内部の様子も、「御差床（うさすか）」というのは玉座です。玉座があって、両側に平（ひら）御差床（うさすか）とかいうものがあって、ここも仕切られて部屋がありますよ、とかですね。

（写真９）は『百浦添御普請日記』、尚家に残された1842年から1846年にかけての解体修理のときの記録で、那覇市の歴史博物館の所蔵で、尚家文書としてまとめて国宝に指定されている資料になっています。

（写真14）の『沖縄県首里旧城図』は、先ほどからちょっと触れていた横内資料です。横内さんがお持ちになっていた、横内家の方に残されていた首里城の図面です。とても細かな情報がたくさん入っていて、いわゆる正殿だけではなくて、周辺の建物も含めて、情報が豊富に入っています。

この御庭という正殿の前の広場に、磚（せん）が敷かれていますけれども、いろいろ敷瓦が敷かれています。敷瓦もよく見ていくと筋があるのですが、太くなっている筋のところがあって、奉神門から入って番所に行くところは磚敷が広かったとか、細かな情報までよく分かるという資料です。

これも首里城復元の、平成の復元の最後のところに出てきた資料です。この資料に基づいて、その後の建物、世誇殿などが復元されています。

火災後の国の取り組み

10月31日に首里城が焼失し、11月６日には、国の第１回「関係閣僚会議」が行われて、必要な財源を含めて政府一丸となって復元に努力しますということを安倍首相が明言をされています。ここで国の責任でもって復元することが決定しました。

第３回の会議のときに、1712年に再建され1925年に国宝に指定されたものを復元することになりました。1925年に特別文化財に指定され、のちの1929年には国宝に指定されました。沖縄独特の赤瓦については、沖縄の伝統的な技術を使うように支援することが決まりました。

第４回の会議では、文化庁から「国宝・重要文化財等の防火ガイドラインを踏まえて、再発防止うんぬん」ということがあって、それを踏まえて首里城の復元の工程表がつくられていきます。正殿は2020年度に設計をして、2022年度に着工し、2026年までに復元、その後、北殿と南殿の復元を考えるというスケジュールにしますということが決まりました。2020年３月のことです。

国の閣僚会議を受けて、地元では内閣府の沖縄総合事務局の国営沖縄記念公園事務所で、「首里城復元に向けた技術検討委員会」という、実働部隊が設置され、ここで建設に向けての課題などが議論されることになりました。

2019年12月27日に第１回会議が開かれ、2019年度は３回、2020年度は４回、さらにはそれ以外にワーキンググループをいくつかつくって、トータルで９回。2021年度６月４日現在、もうすでに木材・瓦のワーキング、北殿・南殿などのワーキング、装飾ワーキングなども開かれています。

技術検討委員会での一番の課題は、二度と燃えない首里城をつくろうという、防火防災の対策を徹底しましょうということで、連結送水管やスプリンクラーの問題などが徹底的に話し合われました。

首里城が防火対策をまったくやっていなかったわけではなく、ドレンチャーの話もしましたし、放水銃も、城内にちゃんと消火水槽もつくってあったのですが、それだけではまったく足りなかった。連結送水管のように、外から消防車でやってきてホースをつないで城の内部の方に水を供給するとか、そういう設備を新たにつくるということ。それとスプリンクラーを付けましょうと。もともと義務ではなかったんですけども、この時期、文化庁などが、できるだけスプリンクラーも付けましょうということで、それを設置する方向になっていきました。ですから、防災のところは、専門家の方々の意見も、それと消防庁などの、いろいろ関係機関も話し合いを持ちながら、対策を取っていくということになりました。

木材については、かつて昭和の復元、さらには平成の復元もタイワンヒノキを使ったのですが、タイワンヒノキは台湾でもう材として少なくなっているので、保護のために切ることもできない状況になっているようで、今回、首里城復元に使うことは無理ということになりました。いろいろ議論があったのですが、最終的に木材は日本のヒノキを使うということに決まりました。基本的には日本のヒノキを使うのですが、正面の向拝部分のところについては、地元沖縄産の木をなんとか象徴的なかたちで使いたいということがあって、イヌマキやオキナワウラジロガシの情報収集が行われています。

漆などは、基本的には中国から輸入ということになるのですが、首里城を飾っている真っ赤な世界の一部は、弁柄だったり赤土だったりしますので、そういうものは地元産をなんとか使ってやりましょうということで、いろんな話し合いをしているというところです。

龍柱について、いま大きな問題になっています。龍柱は、王国時代ではなくて明治になってからは、前を向いています。王国時代の解体修理の際に描かれている龍柱は向かい合っているので、向かい合った龍柱が平成の復元の際には採用されたのですが、戦前の昭和の修理以前の写真に残る龍柱はほとんど前を向いているのでいま、大きな問題になっています。

背中に溝があるという龍柱残欠も、この溝が何を意味するのかということも大きな問題になっています。最初の龍柱はたぶん階段に取り付いていて後から階段から離れて、石の台の上に載るという龍柱に替わるだろうと考えられています。いまもずっと研究中です。

瓦も灰色瓦や赤瓦、文様も何種類も発掘されています。平成の首里城復元の際には、赤瓦で花びらが開いたような古くからの文様の瓦を採用して復元をしています。ところが、18世紀の復元年代を踏まえると別の文様が相応しいのではないかということで、議論が重ねられている最中です。

文化庁や沖縄県等の取り組み

2019年の４月15日にノートルダムが燃えたという世界的なニュースがありました。そういうことを踏まえて、文化庁としては、できるだけ重要文化財などにはスプリンクラーを付けた方がいいと言っています。スプリンクラーの設置状況を調査すると、国宝や重要文化財を含む日本の建物、木造の建物、4543棟のうちの66棟にしかスプリンクラーは付いていないことがこの時点で分かりました。

それであらためて国宝と重要文化財の防火対策のガイドラインがつくられ、スプリンクラーを付けましょうと話し合いました。そうした時に首里城が燃えてしまったので、2020年４月になって新たなガイドラインを設けて、基本的にはスプリンクラーを付けることに変わっていきました。首里城の火災は大きな意味を持ったということになります。

あと、沖縄県の取り組みとしては、2019年11月７日に県庁内に首里城復旧のワーキンググループを設置し、その後、特命推進課という課に昇格しますが、首里城復元に向けてのいろいろな県の動きが出てきます。

首里城復興に関する有識者懇談会を設置して、火災の原因の究明、文化財の保護、伝統技術の活用、首里杜構想によるまちづくりの推進ということがあがってきました。同時に、首里城の地下にある32軍の司令部壕をどうするかということも、あらためて問題になりました。32軍の司令部壕については、何度も沖縄戦の研究者などから問題提起がなされ、戦争遺跡として整備すべきではないかということがあったのですが、内部が結構、落盤しているなどいろいろなことがあって、全体を復元するのはなかなか難しいということで止まっていたのですが、今回の首里城の火災を受けて、司令部壕についても今後の調査研究を踏まえて、一般公開をどういうかたちでやるかというようなところで、委員会を設けて話し合いが行われている状況です。

９月４日から有識者懇談会などが行われていき、2021年２月８日に第３回有識者懇談会が行われ、報告書が出ています。首里城の中で火災によって重要な文化財、美術工芸品などが失われたという現状を踏まえて、できるだけそういう大事な文化財に関しては、首里城内ではなくて外部に出すべきではないかということなどが議論をされて、県の方で復元整備を考えている中城御殿というものがありますが、これは世子邸、いわゆる王子の館を整備して、そこで場合によって受け入れるかとか、いろんな話し合いが行われています。

県と那覇市に寄せられた国内外の寄付は、50億円を超えています。首里城の復元は国の責任でやることになっていますので、県としてはそれに協力するというかたちで、正殿を再建する際の木材の一部を負担するとか、正殿の

写真15　沖縄県立博物館・美術館に搬送された首里城被災美術工芸品

中に掲げられていた扁額を再現するとか、そういうことに使いたいということで、国といろいろ協議をした結果、扁額や木材への使途がきまりました。

沖縄美ら島財団（以下、美ら島財団）。いわゆる首里城は国営公園で、国から県へ管理運営が委託をされ、県は、美ら島財団を指定管理として管理運営を委ねています。美ら島財団も当事者の一人として、収蔵されていた美術工芸品は、基本的には財団が首里城基金などを使ったり、自己財源で収集してきたもの、模造復元などを行ってきたものになりますので、財団では被災した美術工芸品をどうやって修理をしていくのか、今後収蔵をどうするかということについて、検討を重ねています。

沖縄県立博物館・美術館に、首里城火災の翌々日の11月２日に首里城の収蔵庫で、助かったもの、被害を受けているものなど、大量の美術工芸品が運び込まれました。他に沖縄県立芸術大学にも一部預けられています。

寄満、正殿のすぐ隣にあったところは、周りが全部焼けて、コンクリートの建物ですが、ぐるりと全てが火に包まれて、そして放水の水が入ったり、すすが入ったりして、収蔵庫の温度が100度ぐらいになっていたので、水蒸気が蒸発をして、薄紙が漆器にくっついてしまうようなことになっています。写真16は薄紙がくっついた漆器で、今後漆器から薄紙を剥がす作業が行われ

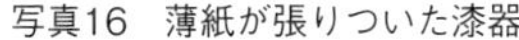
写真16　薄紙が張りついた漆器

写真17　紅型衣裳の煤の除去作業の様子

ていくことになります。

今後、どうやって修理をしていくかというのは、大変大きな課題です。水蒸気などのせいで表面が膨れたり、漆が剥がれかけていたり、いろんなことが起こっていいます。この修理をやらなくてはいけないのですが、そういう修理ができる熟練の人材は、そんなにいるわけでもなく、結構な時間、10年、20年もかかって、経費も相当かかる。今後、これをどうするかということが大きな課題です。

調査は全部終わっていて、漆器が一番ひどい状態ですが、絵画や書籍、染色、紅型なども、結構すすが付いたりしていますので、助かったもの全てについて調査をして、先ほどの364点に修理・修復が必要だという数字が出てきました。これは財団の方の大きな課題になっていまして、県もいろいろ協力をしなくてはいけないのではないかという話が出ています。

2020年度に首里城正殿の基本設計について、2021年度は実施設計が行われます。それから、2022年度から復元工事が始まります。ですから来年になると、首里城の奉神門から中に入ったところは大きな素屋根ができて、工事の進捗状況は周りから見ることができるようになります。

あと、こまごましたところで調査がどんどん進んでいて、次年度の着工から2026年に完成ということになっていますので、そこに向けてもう少し細かな調査研究が行われることになっています。

写真18　ルヴェルテガ撮影の1877年の首里城（エルヴェ・ベルナール〈在フランス〉所蔵）

今後、今年から始まる、北殿・南殿復元の検討が始まります。

前回の平成の復元の際には、何もない更地にまず正殿を建てて、南殿、北殿と建てていきました。その後、黄金御殿、寄満、世添御殿、二階殿と建てていきました。今回は火災で燃えていない奉神門や周囲の石垣・城壁などもあり、更地ではありません。まず正殿を建て、その後、それ以外のものをどうやってつくっていくか、あらためて全体的な観点から建設シュミレーションをしていくことになりますので、前回の復元の在り方とはずいぶん違うだろうと考えられています。

県民の大きな関心の一つが大龍柱の向きです。大龍柱は正面を向いているのかどうか。平成の復元では向かい合わせの龍柱でしたけれども、正面向きではないのかということがずっといわれています。

写真18は1877年、まだ琉球王国の時代です。1879年琉球処分の２年前にフランスの海軍の軍人が沖縄に立ち寄った際に首里城に行って撮った写真です。正殿に接続している北の廊下がこれだけ写っている写真はなく、南もちょっと写っていて、この辺の情報もすごく貴重ですが、一番の関心事はこの龍柱

が正面を向いているということです。

これまでは、龍柱は琉球王国時代は向かい合っていて、それを熊本鎮台の兵隊たちが正面に向かせた、折ったりしたのも彼らだという話になっていたのですが、琉球王国時代の1877年、明治の10年の段階で龍柱が前を向いているということがこの写真で分かりました。そこで、龍柱はやっぱり前を向くべきではないかという議論が起こっていて、「龍柱を前に向かせる会」なども組織されたりしている状況です。

ただ、首里城正殿は、古文書、鎌倉資料、尚家の資料などを使って、それに基づいて復元をしてきた経緯があるので、なぜ正面を向くことになったのかということも含めて、検討委員会で議論がされています。

最後に一つだけ付け加えておきますと、世界遺産は正殿の遺構です。首里城正殿の下にある地下遺構が世界遺産。だから上に載っている正殿はレプリカではないかという意見もあります。そういう意見があるのは確かに分かるのですが、歴史的な建造物で、できた当初のものがそのまま残っているというものは必ずしも多くはない。多くのものが火災や自然災害、地震、さらには戦争なり何なり、人的な行為によって失い、損壊したケースもたくさんあります。そういう中から、新たに再建、修復して、復活をしていくということが繰り返されてきたということは、やっぱり考えなくてはいけません。首里城正殿を新たに令和につくるけれども、王国時代の技術なりをしっかり研究して、その素材になるものについても往時のものをできるだけ調達して組み合わせながらつくっていく。そういう意味では、新たな文化財造りです。ですから、令和復元の首里城正殿についても、われわれはそういう評価をすべきではないかと思っています。

（2021年６月４日講義）

過疎・価値観の多様化そしてコロナ禍
—滋賀県の祭礼・民俗芸能の現状について考える—

成安造形大学・滋賀文教短期大学講師
中島　誠一

はじめに

本講では、滋賀県湖北地域の長浜曳山祭、鍛冶屋の太鼓踊、そしてオコナイといった祭礼行事を中心にその現状を紹介するとともに、コロナ禍以前、以後の祭りのかたちについても言及したい と思います。

長浜城の廃城から彦根城へ

長年勤務していた長浜城歴史博物館ですが、長浜城の遺構は辛うじて石垣が認められるぐらいで、浜辺の太閤井戸も湖が干上がった際に、当時の市長さんが、「昔、あそこは長浜城だったし、きっと太閤さんが使った井戸に違いない」と言って名を付けたぐらいです。石垣に積まれた一石五輪塔部分の残欠がありますが、城自体が一体どのような建物だったのか、よく分かりませんので、その当時の城をモデルにして再興しました。

観光客の方が「長浜城の石垣は、当時のものですか」と聞かれるのが一番返事に困ります。それに対して彦根城は本物ですから、いつもうらやましく思っていました。

長浜城は1575～6（天正３～４）年ぐらいから築き上げられた城です。その後、柴田勝家の甥が入ったりしたのですが、1615（慶長５）年以降、一国一城令が出て、近江には、彦根城ということになり、長浜城の部材は全部持っていかれます。もともと長浜城自体が浅井氏の小谷城を使って建ち上げた城ですが、今度は、それが彦根へ持っていかれたのでした。

考えようによっては、彦根城が世界遺産になれば、長浜城の一部も世界遺

愛読者カード

ご購読ありがとうございました。今後の出版企画の参考にさせていただきますので、ぜひご意見をお聞かせください。なお、お答えいただきましたデータは出版企画の資料以外には使用いたしません。

●書名

●お買い求めの書店名（所在地）

●本書をお求めになった動機に○印をお付けください。

1．書店でみて　2．広告をみて（新聞・雑誌名　　　　）

3．書評をみて（新聞・雑誌名　　　　）

4．新刊案内をみて　5．当社ホームページをみて

6．その他（　　　　）

●本書についてのご意見・ご感想

購入申込書　小社へ直接ご注文の際ご利用ください。
お買上 2,000 円以上は送料無料です。

書名　（　　冊）

書名　（　　冊）

書名　（　　冊）

郵　便　は　が　き

お手数ながら切手をお貼り下さい

5 2 2-0 0 0 4

滋賀県彦根市鳥居本町655-1

サンライズ出版 行

〒

■ご住所

■お名前（ふりがな）　　■年齢　　歳　男・女

■お電話　　■ご職業

■自費出版資料を　　希望する ・ 希望しない

■図書目録の送付を　　希望する ・ 希望しない

サンライズ出版では、お客様のご了解を得た上で、ご記入いただいた個人情報を、今後の出版企画の参考にさせていただくとともに、愛読者名簿に登録させていただいております。名簿は、当社の刊行物、企画、催しなどのご案内のために利用し、その他の目的では一切利用いたしません（上記業務の一部を外部に委託する場合があります）。

【個人情報の取り扱いおよび開示等に関するお問い合わせ先】
サンライズ出版 編集部　TEL.0749-22-0627

■愛読者名簿に登録してよろしいですか。　□はい　□いいえ

ご記入がないものは「いいえ」として扱わせていただきます

産になるということですから、これは決して悪い話ではないと思っています。

ところが、長浜では、あまり彦根のことをよく言う人はいないのです。一つには、お城を持っていかれたという思いがあります。さらに江戸時代には、ちりめんという絹織物が長浜の殖産興業でしたが、その利権はほとんど彦根を通してのものでしたので、搾取されたという意識があります。そういったことから、長浜の人にとっては彦根に対してあんまりいい思いがなく、いまもその話が端々から出てきます。

現在国内には、数々の試練を受け、残った国宝城郭が５件あります。姫路城、彦根城、松本城、犬山城、松江城です。

一国一城令で一国に城は一つになり、明治の廃藩置県でもっと減らされます。すごく安い金額で民間に払い下げられようとしていたものもあり、その後のアジア・太平洋戦争の際、終戦の直前になくなったお城が結構あります。有名なところでは、原爆が投下されて同時に瓦解した広島城、終戦の数日前の空襲で焼けた大垣城などがその一例です。だから、この国宝５城は、奇跡的に残った非常に貴重なお宝で、文化財でもあるのです。

彦根藩と湖北のオコナイ

1603（慶長８）年、彦根城は築城を開始し1622（元和８）年完成しました。彦根藩主第４代、第７代の井伊直興（なおおき）は、1695（元禄８）年から翌年にかけて彦根城の鬼門に大洞弁財天祠堂をつくります。ここからは、彦根城が正面に見えます。いかに彦根の殿様が北東という方向を鬼門として意識していたかをうかがわせるものです。

湖北地域では、オコナイという年頭の行事があり、地元の方は大変熱心で、現在でも営々と行われておりますが、オコナイについて話をすると必ず出る質問があります。一つは「オコナイは、京の鬼門に当たるからやっている」もう一つは「彦根の殿様が、北東の位置に自分たちの村があるのでオコナイを推奨した」というものです。これは、大洞弁財天とうまいこと重なっています。そして、彦根藩領の中にあれだけ沢山の民俗行事が残っているというのも不思議なことです。

写真１　12基が長浜八幡宮に勢揃い

彦根藩は、非常に厳しい体制を取り、特に村の祭りなどは抑えて、質素倹約を旨としています。彦根藩領には、旧坂田郡、旧伊香郡、旧浅井郡も入っているのですが、これらはオコナイが盛んな地域です。彦根の殿様も締め付けるだろうなと思うのですが、これは謎です。

実はオコナイの盛んな地域は、1633（寛永10）年に加増された彦根藩領なのです。

彦根藩領は、どんどん大きくなり、最大30万石になります。吸収していく地域が別個で、１回目は、現米原市内を流れ琵琶湖に注ぐ天の川から南が彦根藩領になりました。彦根市史に書かれている民俗行事がほとんどないというのは、実はこの地域なのです。天の川から南、いまの稲枝までの間に民俗行事がほとんどありません。

それに対して1633年の加増ののち、新たに彦根藩領となった２万６千石余の湖北地域、すなわち伊香郡、浅井郡はオコナイの実施率が極めて高い地域です。これは偶然なのでしょうか？　穿った見方をすれば彦根藩の統治は天

写真２　木之本町杉野中のオコナイのお花と餅

の川より北では「民俗儀礼の肥大化を抑え、倹約を奨励する方針ではなかった」ということになるのではないかと思います。これが事実であれば「オコナイは彦根の鬼門除けで井伊の殿様が奨励したそうですが？」という質問は、北東の魔除けである大洞弁財天堂の存在を考え併せると全否定はできないこととなります。

彦根藩主と「長浜曳山祭」

ユネスコ無形文化遺産となった長浜の曳山祭の存続には、彦根藩主が大きな功績を残しています。井伊直中の還暦祝い1825（文政８）年に長浜の曳山を彦根城内に曳き込んで狂言をおこなっています。大きな曳山をそのまま彦根まで引っ張ることは不可能なので、おそらく解体して船に載せて、長浜からこの彦根へ持ってきて、彦根城に入ったのだろうと推測できます。昔は、彦根城の周りは湖だったのでこうしたことができたのでしょう。

彦根藩主の前で曳山狂言を披露して喜ばれ、「長浜の曳山12基に能面を下賜する」とそれぞれ曳山の名前に合うような由緒の能面が贈られました。長浜では、これを大変大事にし、お祭りのときは、面箱に入れて、丁重に八幡宮へ持っていき、この能面が各曳山のシンボルとなっています。

彦根のお殿様は質実剛健と言われますが、記録によると、藩主や奥方が祭見物に行ったことが出てきます。曳山祭りだけでなく、米原の筑摩で行われている鍋釜祭も、14代藩主直亮が、1850（嘉永３）年に見ています。

さらに、直亮は、国友一貫斎が反射望遠鏡をつくったことを大変褒めており芸能だけではなく、いろいろな面で進んだ藩主が多かったのだろうと思われます。

旧長浜町は、秀吉から町屋敷年貢三百石免除の特権をもらうのですが、彦根藩の所領になったら、特権はもう取り上げられるかなと思ったら、実は、そのまま認めています。秀吉のときの政策も長浜曳山祭も認め、それ以上のメリットも長浜に感じていたのだろうと思います。

過疎化に沈む湖北の民俗芸能

湖北というと、当然、米原を含まなければならないのですが、ここでは現長浜市に焦点を絞ってお話をします。

滋賀県内の民俗芸能に関する国指定、県指定、市指定の無形民俗文化財は図１のとおりです。

この表から、長浜市内には民俗芸能が多く伝わっているものの、中止になっているものも多いことが判ります。７件のうちほぼ４件がもうやれなくなっています。外から見てみると、突然止めたという印象を受けますが、実はずっと予兆がありました。一つには、徐々に人口が減ってしまっている。特に、若者が流出する。そして、少子高齢化になってしまう。そうすると、祭りをする力がどんどんなくなって中止になってしまいます。

これは一朝一夕に進むのではなくて、実は、ずっと進んでいたのです。それが頂点に達し中止になるのですが、あれほど盛んにやっていた祭りを、なんで中止にするのという疑問が湧いてきます。でも、人口減とか、長浜市と合併し郷土に対する意識が希薄になったなど、いろいろな要素を重ね合わせて考えていくと、うなずけないでもないのです。

再び湖北を見ていただくと、一番上に、中河内の太鼓踊り付奴振りがありますが、指定15件のうち、太鼓踊り７件中の４件、中河内の太鼓踊り付奴振

※長浜市内の現在中止のもの

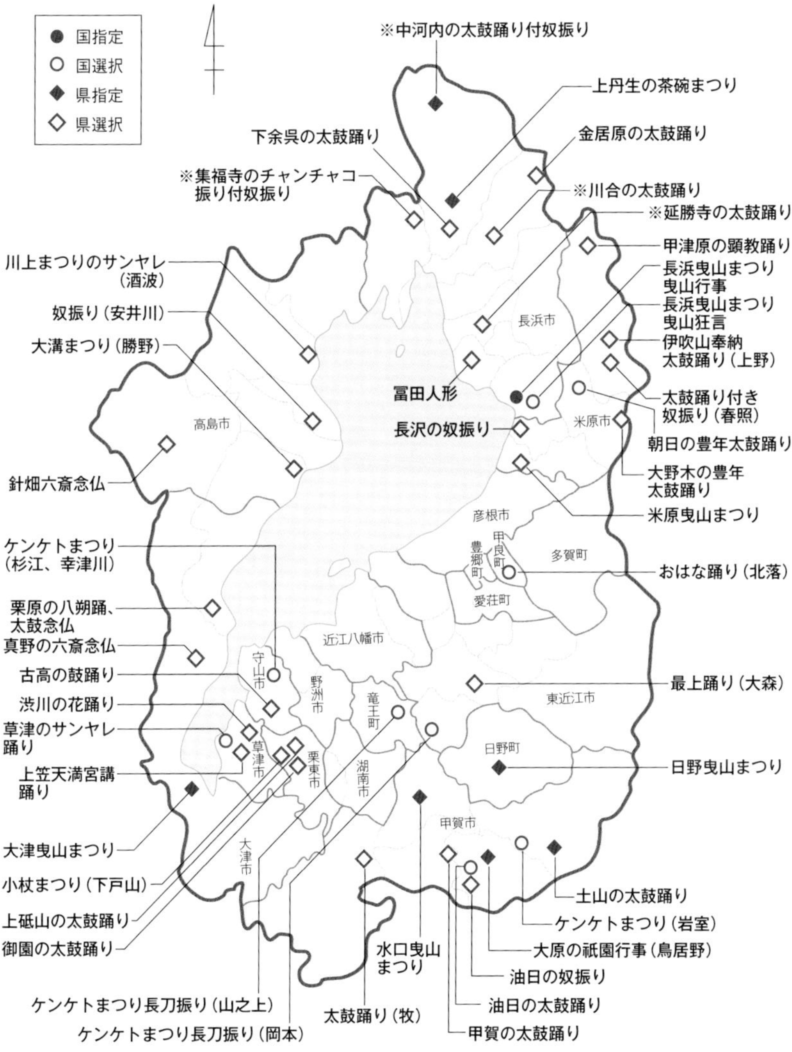

図1　滋賀県民俗芸能の分布図（無形民俗文化財）

写真３　余呉町中河内の太鼓踊り付奴振り

写真４　川合の太鼓踊り

写真5　余呉町上丹生の茶わん祭り

り、延勝寺の太鼓踊り、集福寺のチャンチャコ振り付奴振り踊り、川合の太鼓踊りが現在、中止です。長浜市の北部に位置する余呉町では、平成になってから著しく過疎化が進行してきました。

昭和の終わりに中河内の太鼓踊り付奴振りを見に行ったことがあります。そのとき、すでに中河内には演ずる若者がいなく、保存会も高齢化していました。「もう来年はできんかもしれんなあ」と話をされていました。案の定、平成に入ってから２回演じただけで、廃絶してしまいました。

「中河内の太鼓踊り付奴振り」は大変規模が大きな祭りで、沢山の人が必要です。ところが、1989年には126人だった中河内の人口が2020年に28人になっています。到底、あれだけの規模の太鼓踊りは復活できません。

文化財の担当者に言わせると、これは、廃絶ではなく中止だということです。廃絶というのは、自分たちが指定されているものをもうどうしようもないから、この文化財指定をお返ししますということです。

ところが、やっぱり文化財の担当者は、積極的に廃絶は勧めない。ずっと指定が続いていけば、何かのときに、例えば町制何周年とか、長浜市制何周年とか、そういう節目に、ぽっと起き上がるかもしれない。そういうかすかな望みもないとも言えないので、やっぱり解除はしないということだろうと思います。

確かに、日本全国から見てみたら、指定を返上する無形民俗文化財はかなりの数です。国指定無形民俗文化財で山・鉾・屋台のようなメジャーなものはつぶれないがそうでないものは継続していくことが難しいのです。人が減る、子どもが減る、若者がいなくなるということが大きな原因です。

もう一つは、祭りに興味がないという人が地元でかなり増えているということです。これはちょっと前まではあり得なかったことです。祭りが地元であったら参加するのが当たり前ということで、みんな参加していました。しかし、もうそれがすでに当たり前ではなくなったということだろうと思います。やる気がない、興味がないという人のパーセンテージがすごく高くなっていて、それも中止につながっていることが大きな要因と思われます。

余呉町内の茶わん祭りも規模が大きい祭りですが、いままで村の中の人だけでやることを特権としていたのを、ぐっと緩め参加しやすくしています。

もう一つの問題はジェンダーです。余呉の茶わん祭りの花奴は男子だけでやっていたのですが、ここに女性も参加するようにしました。あわせて、祭りの開催日を変えるなどいろんな試みが行われています。なんとかやっていきたい、まつりに興味を持ってもらいたいという気持ちが、不定期ではありますが、上丹生の茶わん祭りや下余呉の太鼓踊りの原動力となっています。

一元化される民俗芸能

長浜市（旧浅井町）の鍛冶屋町で最近、太鼓踊りが太閤踊りというネーミングでなんと20年ぶりに復活されました。このこと自体は非常にいいことです。これまで女人禁制だったのが、女性が参加するようになりました。女人禁制には理由があるのですが、その理由をも正確に伝承するということも大切なことです。ところが、最近の復活ではよくあるのですが、その始まりを有名人に一元化するという傾向が見られます。長浜で特にその傾向が強いのが、羽柴（のちの豊臣）秀吉です。

長浜の曳山祭は秀吉の子どもが長浜で生まれたので、そのお祝いに曳山をつくって、町衆たちが曳き回したという伝承があります。この伝承については、長浜城主時代の秀吉に子どもがいたかどうか分からない。それから、現在見られる曳山は、江戸時代の中ごろ以降のものなので、歴史的には、噛み合わない。しかし、気持ちとしては、天下人のやっぱり秀吉さんが絡むとうれしいというのは判ります。

2004年に長浜城歴史博物館で「神になった秀吉」という特別展示を担当しました。そのときに、この鍛冶屋の太鼓踊りを、太閤さんの賤ケ岳合戦での勝利を喜んで始めた踊りなのだと、くっつけてしまいました。以来良心の呵責はずっと続いています。

ところが、それを公式に見直さざるを得なくなった。というのは、地元情報誌『み〜な』から野神踊りについての原稿依頼があったからです。これまで講演会などでは「鍛冶屋の太鼓踊りも多分、野神踊りだと思います。現在はやっていませんが、なんとか復興したいですね」とお茶を濁していたのですが、その野神踊りがどんな理由でされていたかと聞かれると返答に窮してしまいました。原稿を書くためには調べるしかないということで、一から調べ直しをしました。そこで、いろいろなことが分かってきたのです。

実は「鍛冶屋町に鎮座する草野神社の祭神は、女の神様で草野姫といい、野神であり実に恐ろしい神、いわゆるツチノコの神様だった」ということが判ったのです。

地元の人にその話を聞いてみると、「鍛冶屋のタテミチと呼ばれる道を谷筋に上ると、嶺上(みあげ)に至る。そこには恐ろしいツチノコがいて、特に女性を嫌うので入ってはいけないと言っていた。ところがある日、そのタブーを破り登った女性が奇怪な生き物と遭遇。あまりの恐ろしさから口をつぐんだままとなり、病の床に伏した」というものでした。これは鍛冶屋だけの伝承かなと思っていたら、いろいろな地域にありました。

余呉町の余村の日計山(ひばかりやま)には五八寸(ごはっすん)というヘビがいて、ちょうどツチノコのような姿をしており、逃げても転がりながらこちらを追い掛け、噛まれるとひどい目に遭う、その日の内に死ぬということから、別名「ひばかり」と

写真６　鍛冶屋町太鼓踊り　―川瀬智久氏撮影―

もいわれるという伝承が確認できました。

だから、草野姫を祭神とする鍛冶屋の村に、ツチノコの伝説があっても当然です。草野神社があって、そこに祭られているのは草野姫です。草野姫は萱野姫ともいい、いわゆる野原の神様＝野神です。それに類似した伝承が鍛冶屋からずいぶん離れた余呉の余村にも伊吹にもあります。この伝承の広がりとはいったい何だろうかと考えました。

柳田國男が、炭焼き小五郎ということについて書いています。これは、炭焼きがいろいろな伝承を広げていったというのです。すると、このツチノコの伝承を広げたのは、いったい誰なのだろうかと考えている内に、思い出したことがあります。以前、鍛冶屋の鍛冶場を調査に行ったとき、そこに古いカレンダーが貼り付けてあり11月以降から３月の間、今日は何々村、次は何々村と、ずっと予定が書き込まれていました。

鍛冶屋の鍛冶屋は、いわゆる出鍛冶だったのです。「村の鍛冶屋」という歌に出てくる鍛冶屋は、村の中に定住していますが、ここの鍛冶屋の場合は、農閑期になると、道具を持っていって、その場ですきやくわを直したのです。その予定が３月まで書き込んであったのでした。鍛冶屋は行く先々で仕事の

写真７　鍛冶屋の仕事場

合い間に村の人と色んなことを語り合ったことは容易に想像できます。時には恐ろしいツチノコの話をしたかもしれません。こうしてツチノコの伝承は次第に広がりを見せていったのでしょう。

現在では、ツチノコについての話はほとんどもう残っておらず、高月町では、古木や野原を祀る野神祭りが盛んですが、地元の人に、「野神さんっていったい何ですか」と聞いても、答えは全然要領を得ない。たぶん元来は草野姫を祭っていたものが、伝承が途絶えて、いまでは古木とか野原にその信仰が残存しているということだろうと思います。

野原の神様というと平和で穏やかなイメージがありますが、実は祟り神の要素が強いのです。生活を営むために原野の開墾は必須です。その結果そこにいた野神は追い払われ、どこか特定の場所に祭らざるを得ない。それが現在の湖北地域、特に高月町に多く残っている野神というものだろうと思います。だから、地元の人は、その場所の古木や草原を絶対に切ることができない。何かあると祟る。そういう背景が野神信仰にはあるのだと思います。

そう考えると太閤踊りは秀吉ではなくて、背景には野神信仰があったのではないだろうかと思われます。実に変わった踊りです。「ばか」というのが先頭に立って滑稽な所作をし、卑猥なことを言う。いやらしいことを言えば言うほどよいとされています。

これは、滋賀県内に残っている山の神の信仰とも関係しています。山の神は、女神で卑猥なことを言うと非常に喜ぶという伝承が残っているところから、野神とも接点があるのだろうと思います。

ユネスコ無形文化遺産登録がもたらしたもの

グローカルという言葉を知ったのは、2017年に成城大学で「無形文化遺産をグローカルにみる」というシンポジウムのときでした。「地域の祭りから長浜の曳山祭、そして世界の祭りへ」というタイトルで話をしました。

さて、長浜曳山祭はグローカルな祭りでしょうか。

長浜曳山の製作者であった藤岡家は、もとをただせば長浜近郊の農村、三田の出身です。初代は神輿や仏壇製造を手掛け、４代目以降、代々長浜曳山の製作を行ってきました。

曳山のディテールに目をやれば、木彫は米原丹生の職人、随所にちりばめられた飾り金具は、旧長浜町近郊の国友鉄砲鍛冶や大津の膳所に住む名工奥村菅次の作品です。曳山の舞台障子や楽屋の絵画は、長浜の山縣岐鳳や京の絵師たちが腕を揮っています。そして曳山を飾る最大の工芸品である見送り幕の多くは、はるばるヨーロッパや中国からの舶載品なのです。

芸能に目を移せば曳山の舞台の上で演じられる子ども狂言があります。ここに必要な三役と呼ばれるのが、振り付け、大夫（浄瑠璃語り）、三味線弾きですが、これらにかかわる人々は長浜町の周辺の農村部をはじめ京、大坂など各地から招聘されていました。

祭りの随所で演奏されるしゃぎり、そして山を曳く人々もまた長浜近郊の農村部からやってきています。このように、長浜曳山祭に必要な物的、人的資源のほとんどは、長浜のまちの中心部ではなく、周辺の農村地域やほかの都市から賄われていたのです。

祭りを媒介とした人とモノの交流は、すでに江戸時代からローカルな長浜祭においてグローバルに行われおり、これが「長浜旦那祭」つまり、長浜祭

写真８　長浜曳山祭の子ども狂言（歌舞伎）

の原風景なのです。

今見る長浜曳山祭の姿は戦後のこと

このシステムが大きく変動するのはアジア・太平洋戦争後のことです。湖北地域の農村部への工場進出により兼業農家が増加、これによって農村部の芸事の嗜みは激減します。同時に子ども狂言に必須の存在である三役の調達にも暗雲が漂い始めたのです。

そのため1990年には、市民自らが大夫、三味線弾きを目ざす三役修業塾が発足し、現在では曳山の舞台で技を披露するまでになってきました。農村部の人たちが担った「しゃぎり」はすでに1971年には保存会を立ち上げ、今日に至っています。

戦後の旦那衆の没落は、長浜曳山祭の経済構造をも大きく変えました。曳山のある町に住む人たち（山組）が均等に祭りの費用を負担することになったのです。山組の人たちから長浜市に対し経済的支援を求める声が上がり、1950年の本格的復興の際には、長浜市観光協会から初めて補助金が出され、

写真９　長刀組長刀山

写真10　長刀組太刀渡り

1957年には、「長浜曳山祭」が滋賀県無形民俗文化財に選択、1970年には「長浜曳山狂言」が国選択無形民族文化財、1979年には「長浜曳山祭の曳山行事」が国指定重要無形民俗文化財となりました。そして1985年には、「長浜曳山祭の山車　附山蔵」が多数ある滋賀県の曳山の中で初めての県指定有形民俗文化財となったのでした。

こうして子ども狂言の開催や文化財になった曳山の修理に行政からの補助金が充てられるようになってきたのです。

江戸時代中期に建造され、後期には亭を載せ二階建てになり、明治、大正期まで幾多の意匠変更を行ってきた曳山は、指定文化財として不変の姿を後世に伝えることとなったのでした。

ユネスコ登録以後の町中の反応

そして2016年には、長浜市民待望のユネスコ無形文化遺産登録をうけました。すでに2010年から記録保存をおこない、推進会議を立ち上げ満を持してユネスコ登録を待ち望んでいただけに喜びもひとしおでした。ユネスコ登録になった以上、「祭りは今のままの形を子々孫々伝えていく義務が自分たち

写真11　曳山博物館内の修理ドック

写真12　曳山交代式

に課せられた」という思いは格段に強まったものの「子々孫々」すなわち祭りの後継者難という問題に直面しています。

平成に入ったころから長浜市の北部では、著しく過疎化が進行していましたが、長浜曳山祭を担う旧市街地も例外ではありません。曳山が巡行する大手の町並みは土産物屋が並び観光客で活況を呈しているものの、地元の人たちの人口は減少、山組によっては10数軒で維持しているところもあるのです。当然、長浜曳山祭の白眉「子ども狂言」に出演する子どもたちの数も減少しています。

現在では町内から子ども役者を出すのが恒例とされているのですが、実はずっとそうであったわけではありません。町の若い衆たちは常日頃から目配りして子ども狂言の役者を探しており、すでに江戸時代には芸の出来を優先して「借り役者」を他町や他県から招くこともしばしばありました。「見てもらう芸はいいものでないと」という現実的判断がそうさせたのでした。とはいえ近い将来、長浜曳山祭が人口減少の影響によって衰微していくのは避けなければならないと思います。

何故なら前述した「中河内の太鼓踊り付奴振り」のように民俗行事の衰微、消滅は、住民の自尊心と地域への愛着心をも奪うからです。村や町が一つの節目（祭り）を目標として住民の絆を強めることが人口減少を止める要であることは明白です。そしてこの課題は、今回、登録に際してユネスコが投げかけた「長浜曳山祭＝たぐいない価値」をどう後世に残すかという難問でもあり、各個の事情を持つ33団体が自分の置かれた状況を踏まえて方策を練る必要性を迫られたのです。

ユネスコ登録までの経緯

当初、すでに登録されていた「京都祇園祭の山鉾行事」「日立風流物」に続いて国指定重要無形民俗文化財の指定順に全32件のユネスコ無形文化遺産登録を進めていく予定でした。2011年には「秩父祭の屋台行事と神楽」および「高山祭の屋台行事」の登録を提案しました。ところが、無形文化遺産の登録数が増加して、すでに登録された行事と同じ分野の文化財を単独で登録することが難しくなっており、これら２件は「情報照会」とされて見送られたのです。また「高岡御車山の御車山行事」も単独登録を要望したのですが難しい状況となりました。そこで2014年国指定重要無形民俗文化財の32件をまとめて「山・鉾・屋台行事」として2015年の登録を目指して再提案し、2014年３月27日に正式に登録申請が決定しました。登録の可否は最短で2015年秋ごろの予定だったのでしたが、６月４日に登録申請を行ったところ、各国より61件もの登録申請が寄せられたため、登録審査は2016年の秋ごろとなりました。その後、国内では2015年３月２日には「大垣祭の軸行事」が新たに指定され33件として再提案、2016年11月30日、エチオピアのアディスアベバで開催されていたユネスコ無形文化遺産の保護に関する条約（無形文化遺産保護条約）第11回政府間委員会において、代表一覧表への記載（いわゆる無形文化遺産登録）の決議がなされたのです。なお大津祭は2016年３月２日指定のため間に合わず、以降、国指定無形民俗文化財「山・鉾・屋台行事」が５～10件程度増えれば再登録の予定ということになっています。

さて長い歴史を誇る長浜曳山祭も1936年から1947年までは中止を余儀なくされています。山組の「総当番記録」を読むと戦時体制下、庶民が楽しみにしていた祭りが、時代にそぐわないものと切り捨てられるようすがリアルに伝わってきます。そして終戦、折しも1948年は長浜市制５周年を迎える節目の年にあたり、人々のあいだに祭り復興の機運がいやがうえにも盛り上がっ

写真13　1948年丁野村（現在の長浜市小谷丁野町）の子どもたちが演じた戦後初の長浜曳山祭。向かって左奥は丁野出身の振付師、曳山は高砂山（八田林治氏提供）。

てきたのです。ところが肝心の子ども狂言が準備できない。その助け舟となったのは、他ならぬ湖北の農村部の子どもたち12人でした。彼らは経験豊かな村の振り付け師の指導のもと練習を積み、堂々と曳山の舞台で演技を披露、長浜曳山祭復興のきっかけづくりとなったのです。今回、ユネスコ無形文化遺産に登録されたほかの祭も長浜と同様にコミュニティの智恵を結集し、時代の苦難を乗り越え、平和の象徴として世界に認められることとなりました。国際平和と人類の福祉の促進を目的とした国際連合の専門機関、ユネスコが平和の象徴である日本の祭りに注目したのも頷けます。

長続きする祭りは、仕組みに知恵があるのです。ユネスコが注目したのは組織の力＝コミュニティだったと思います。長浜曳山祭の強みは参加する年齢層の幅が実に巧みに構成されていることです。伝えるだけでなく、常に叡智を幅広く掬い取り、現在に至っているのです。待ったなしの高齢化とそれに伴う少子化、グローバル化する社会、価値観の多様化等々、さらにはコロナ禍という思いがけない事態の中、伝統は清濁併せ呑みながら日々形成されていくものだと改めて感じています。

いまから問題になってくるのは、やはり子どもが少ないということです。長浜の黒壁の辺りは、観光客が多くて人が多いから、町の人もいっぱいいるだろうというのは、誤解です。ほとんどのお店は、よそから来て、町なかに住む人はどんどん少なくなっています。だから、当然、子どもの数も減ってくる。そういったときに、町中の男の子だけというふうなこだわり方をしていると、なかなか、ユネスコ無形文化遺産の永遠の継続というところが難しくなってくることだろうと思います。

博物館は祭り存続の主人公たるべし

ここからは手前味噌の話で恐縮ですが、現在、長浜市曳山博物館を運営管理するのは公益財団法人長浜曳山文化協会という指定管理者です。当館は2000年に開館、エアタイトケースによる曳山実物展示、解体のためのリフトを備え漆塗りに配慮した調湿可能な修理ドック、そして芸能の公開公演ができる伝承スタジオなどハード面でのきめ細やかな配慮がなされています。加えて大事なのはこれらを十分に活用できるスペシャリストである学芸員の存在です。当館の学芸員は、有形、無形両面からの祭りの展示、研究、保存そして記録撮影、時には祭りの警備、曳山の曳行など非常に幅広い範囲の役割を担っています。加えて山組からの祭礼に関する種々の相談や苦情処理などその職域は雑多となります。

ところがこれらの雑務を遂行することによって山組の信頼を獲得し、祭りのもう一つの当事者として祭りに不可欠の存在となり、その発信力も極めて重いものとなるのです。「祭りが生き残る術」を念頭に先人たちの種々の叡智と魂を結び付けるという使命、そして祭りを継続する意義を展示や講演会をはじめあらゆるメディアを通して、市民や来館者に発信し問いかけ続けることができるのです。それはとりもなおさず、ユネスコの「たぐいない価値を有する無形文化遺産を保護すること」につながる行為となります。祭り、すなわち無形文化遺産が住民に誇りを持たせ、地域への愛着心を涵養し、祭りを維持する自信を与えるという高次元ビジネスは博物館ならではのものといえます。

おわりに

以上縷々述べてきましたが、本講義の目的は、偏に直面する祭の諸課題が「明日は我が身という切迫した状況」であることをお伝えすることにあります 。現在、コロナ禍にあって祭の多くは、延期、中止、規模の縮小など様々な対処法を選択させられています。しかしこれらの対処法は、遅かれ早かれ多くの祭りが選択せざるを得ないものでした。特に湖北地域の過疎化・少子化は、祭の担い手がないという状況にまで追いやられており、それはユネスコ無形文化遺産である長浜曳山祭も例外ではありません。換言すればコロナ禍は、祭の担い手がいるいないにかかわらず均等に参加できないという状況を作り出し私たちに提示したのです。

（2021年６月11日講義）

世界遺産（文化遺産）保存の実例

姫路市教育委員会文化財課
福田　剛史

姫路城について

姫路市は兵庫県南西部の播磨地域に所在します。2006（平成18）年に瀬戸内の諸島を含めた近隣４町と合併し、いまの規模になっています。人口は約53万人、面積は534㎢。地場産業は、シェアの９割を占めるマッチ製造のほか、革製品もかなり多いのですが、鎖とかゼラチンなども地場産業としては目立ちます。あまりメジャーではないので、姫路市民に聞いても、地場産業としてこれらが挙げられることはあまりないと思いますが、観光地というと姫路城が筆頭に挙がってきます。

国宝の姫路城天守群は、大天守と三つの小天守、それらをつなぐ渡り櫓の合計８棟で構成され、連立式天守という言い方をしています。

数年前に大河ドラマで取り上げられた黒田官兵衛が、もともとここに陣を築いていました。それが西国への出兵に際し、羽柴秀吉に「この地を使ってください」と譲り渡し、秀吉は三層の天守を築いたとされています。その後、1601（慶長６）年、徳川の世になった後に、池田輝政がここにお城を築きました。これがいまの大天守等々の形になっています。それだけでは完成しなくて、西の丸などは、桑名の本多忠勝の息子の忠政が築きました。

その後、姫路城では代替わりが多く、池田、本多の次は、松平、榊原、その後も城主が入れ替わり、最終的には酒井家が明治維新まで城主を務めました。その後、残念ながら２回空襲を受け、姫路城の天守をはじめとする建造物は奇跡的に難を逃れたのですが、城下町はほぼ全て焼失しています。その後、姫路城は重要文化財や国宝に指定され、1956（昭和31）年の大天守の昭

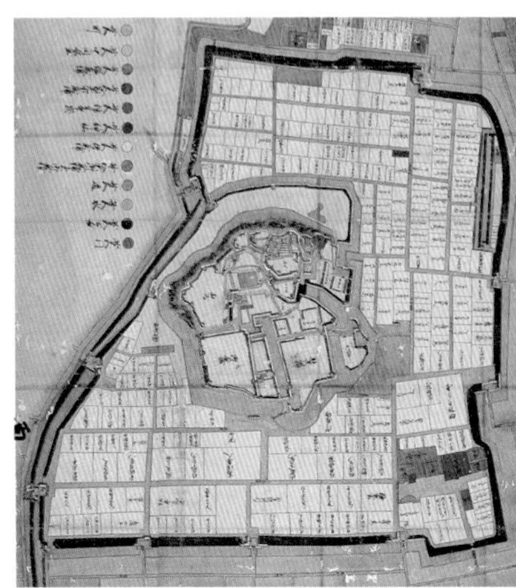
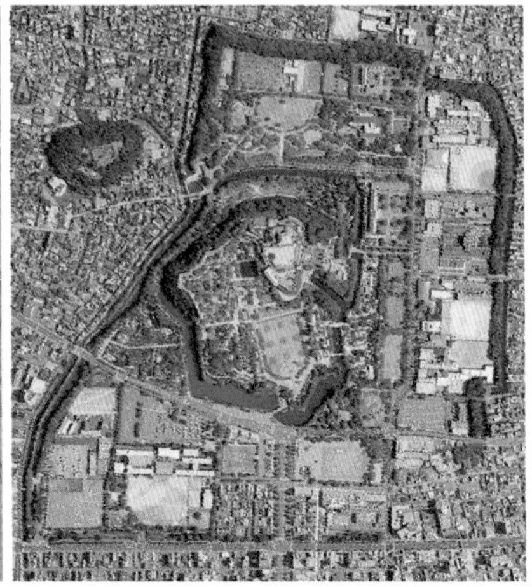

写真１　18世紀ごろの姫路城の絵図（左）と現在の姫路城（姫路市立城郭研究室提供）

和の大修理などを経て、1993（平成５）年に世界遺産に登録されました。これは法隆寺と共に日本初の登録です。

2006年に大天守の平成の保存修理工事が始まり、2015（平成27）年に完了しています。

写真１が姫路城の中堀以内の縄張りの絵図と現在の姫路城の航空写真です。絵図は、だいたい18世紀ごろの姫路城です。内曲輪、中曲輪、外曲輪という三層の構造になっています。それぞれ内堀、中堀、外堀で囲われて、一応らせん式の構造になっていると一般には説明しています。

現在、中堀の一部は埋め立てられ、国道２号線が走っていますが、２号線の脇には、いまだに土塁が残っています。中堀以内の中心部はほぼ同じような構造が残っています。写真１を見ると、その様子がわかります。城下町は、戦災によりほとんど焼けてしまいましたが、大天守等は奇跡的に残りました。

市街地は鉄筋コンクリート造の建物など、残ったものもありますが、ほとんど燃えてしまっています。ただ、街区はほぼそのまま残っていますので、都市の構造は江戸時代から引き継がれています。戦災後、この天守が残っているのを見て、市民はかなり勇気づけられたという話を聞いています。

▶世界遺産姫路城

姫路城の「世界遺産条約」による位置付けとして、基本的には以下の三つがOUVというものになります。

・天守群を中心に、櫓、門等の建築物、石垣、堀等の土木工作物が良好に保存されており、防御に工夫した日本独自の城郭の構成を最もよく示した城といえる。

・現存する最大の城郭建築であり、その壮麗な意匠は17世紀初頭の時代の特質をよく表している。大名たちが大規模な城郭を競って築いた時代の日本文化を理解する上で貴重な遺産といえる。

・単純な外観素材を用いつつ複雑な外観形態を構成しており、白鷺城の別称が示すように、その美的完成度は我が国の木造建築の中でも最高の位置にあり、世界的にも類を見ない優れたものである。

基準でいいますと、「人間の創造的才能を表す傑作」と「歴史上の重要な段階を物語る建築物、その集合体、科学技術の集合体、或いは景観を代表する顕著な見本」ということになっております。

図１は世界遺産の登録範囲を示したものです。薄いオレンジ色範囲が中曲輪、赤色範囲が外曲輪の区域です。姫路城は特別史跡に指定されていますが、この特別史跡は中曲輪の一部を除外したこの赤点線の範囲です。この中曲輪の一部を除いた特別史跡の範囲を世界遺産のコアゾーン、外曲輪の一部と周辺の地域を入れた青点線の範囲をバッファゾーンとしています。

世界遺産になったら求められるものが、先ほど説明いたしました保全状態の調査で、６年ごとに行われています。ちょうど前年度の2020（令和２）年度にこの調査が来て、日本語で回答して英語に訳したものを、文化庁に提出しました。その保全状態について世界遺産委員会の再審査を今年受けることになっています。

以前、姫路駅の東方に高さ100メートル近いホテルの建築計画が起こりました。大天守が建っている本丸、備前丸がおおむね海抜45メートル、大天守の一番上までの高さが46メートルです。なので、海抜91、92メートルぐらいの高さが大天守の最高点だったのですが、こんなところに100メートルの高さのものを建てられると、大天守より高くなってしまいます。しかもバッファゾーンの近傍ですので、下手をしたら危機遺産に挙げられてしまう恐れがあるということがありました。

ホテルと協議を進め、高さを抑えたかたちで計画が進むことになりました。これが45メートルぐらいの高さになったかと思います。そういう危機が常々あるのですが、幸いにも、今のところはその危機は事前に止めることができています。

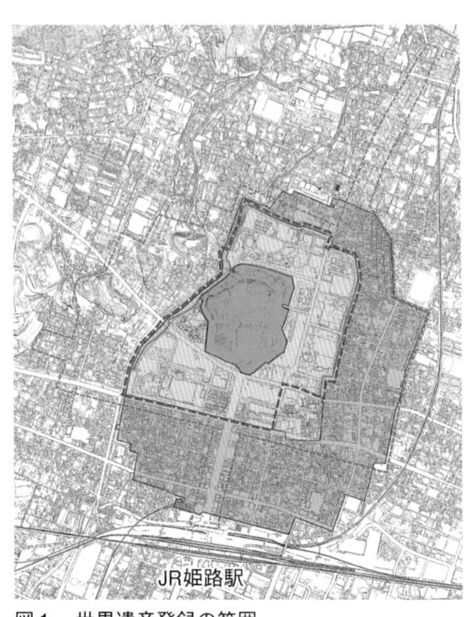

図１　世界遺産登録の範囲

姫路城を保存するための規制措置

姫路城に関わる法律として、一番コアとなるのが「文化財保護法」です。姫路城の建造物は、国宝と重要文化財に指定されています。その他、特別史跡に指定されています。この特別史跡をどう保全するかという計画を立てた、特別史跡姫路城跡整備基本計画というものがあります。これは、いま「文化財保護法」の法改正があり、整備基本計画にかわるものとして、保存活用計画の策定が法定化されたので、現在、改定作業中です。

その他の主なものとして「都市計画法」があります。「建築基準法」にも絡みますが、姫路城の指定建造物は「建築基準法」の適用除外になっています。姫路城の周辺は、基本的には住居系地域ですが、駅前に行くと商業系の地域があるので、その部分を放っておくと今以上の高層建物が建ってしまいます。今のところ大手前通りという姫路城の真正面の通りは、「高度地区」指定し、あまり高くならないようにコントロールをしています。

そして「景観法」関連。独自条例として景観条例を先駆けて制定しましたが、これによって、姫路城周辺の風景形成地域、中濠通り地区として規制を

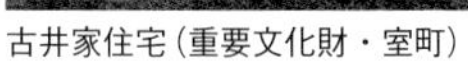

古井家住宅（重要文化財・室町）　三木家住宅（県指定・江戸）　美術館（登録文化財・明治）

写真２　姫路市所有の文化財

かけています。ほぼデザインコントロールみたいな感じになっていますが。

あと「都市公園法」。この特別史跡の範囲は、実は公園でもあります。

写真２は参考ですが、姫路市が所有している文化財の一部です。室町から近代まで、幅広く所有しています。姫路城の周辺には登録文化財の旧陸軍の兵器庫などがあります。姫路にお越しの際は、こういうものも見ていただければなと思います。旧兵器庫はお城のすぐ近傍にあります。ここに見えているのが姫路城の大天守です。現在は美術館として使っています。

では、保護の実態をみていきます。写真３は、姫路城の曲輪を示したものですが、内曲輪と中曲輪の一部を除いた部分が、いわゆる「土地の国宝」と言うべき特別史跡の指定範囲です。中曲輪、内曲輪ですね。ここが姫路城では一番形が残っているところで、姫路城の骨格たる部分を、現状変更をする際の規制などにより強固に保護しています。このほか、飛び地でこの辺にも何カ所か指定地があります。

中曲輪以内のおおむね108ヘクタール、東京ディズニーランドとユニバーサルスタジオジャパンを足したぐらいが特別史跡の面積です。その外周りの概ね125ヘクタールが外曲輪です。この全て233ヘクタールがいわゆる姫路城の範囲で、いわゆる総構えといわれるつくりです。ここにお城の中核があって、かつては武家町や商人町が並び、寺町があり、また外に武家町があるという、ちょっと変わった構造をしております。

図２は昭和５年ごろの中曲輪です。中曲輪は、先ほどのこの部分ですが、空襲が起こる前にすでに軍隊が駐屯していますので、江戸時代の建物などは残っていませんでした。ただ、この頃の軍の兵器庫として建てられた美術館

写真３　特別史跡の指定範囲

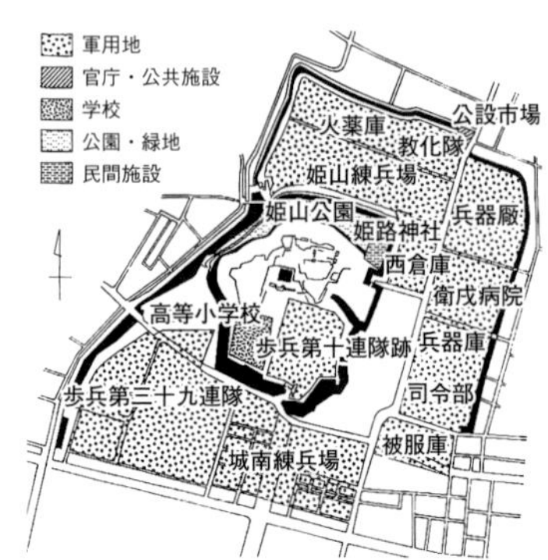

図２　昭和５年の姫路城周辺施設

は、いまだに残っているので、近代の姫路を構成するものとして保存をしております。

発掘調査では、堀の跡がそのままで出てきています。いまだに外堀の跡が地面の60センチぐらいを掘ったら出てきますので、保存はできなくとも、やはり記録保存として残していく必要はあります。その他、発掘によって、江戸時代の建物の跡とか、奈良時代の瓦が出てきています。写真４、５は、江戸時代の町屋建物の跡と、その構造面の下から出てきた、奈良時代の播磨国府関連とみられる建物の瓦です。

続いて建物の保護です。建物の数は非常に多くて、全部で82棟あります。８棟が国宝、74棟が重要文化財に指定されております。

法律では管理義務が課せられています。お城の所有は文部科学省ですが、姫路市が管理団体に指定されていますので、毎年の修理は姫路市が行っております。現状変更しようとする際には許可が必要です。変えることはほぼないのですが、変えようと思ったら許可が必要になってきます。

土地も建物も文化財保護法によってかなり強固に保存されていますが、それは本来の姫路城の一部、中曲輪より内側のみということになります。では、それ以外をどうやって保存していこうかというと、直接の保護ではないのですが、「都市計画法」によって網掛けしています。姫路城の周辺は住居地域

写真４　江戸時代の町屋跡

写真５　奈良時代の瓦

ですが、城下町は商業地域なので、これをほったらかしたままにしておくと、今以上の高層建物ができる可能性があります。併せて「景観法」によって姫路城周辺を保護しております。

これらの都市計画法や景観法などに基づき、高さ規定をかけています。法律によって高さを守ろうという範囲が、図３です。着色部分は法律ではなくて、特別史跡姫路城跡整備基本計画で高さを定めています。お城北側の「高度地区」は、「用途地域」にそのままかぶっているだけなので、あらためて指定された地区ではないのですが、高度の規制は一応かけてあります。「都市公園法」によっても規制しており、ここで物を建てるときには、都市公園の法律もクリアしなければならないというところがあります。「都市公園法」で関係してくるのは市ぐらいしかないので、あまり民間の方には関係ないですが、自らを規制するというところです。

先ほど100メートルのホテルが建つ計画が上がった話をしましたが、大手前通りは、真っすぐ見ると大天守がそびえています。この通りにもしかしたらとんでもなく高い建物ができるのではないかという危機感を持って、もう一度、高さ規制を見直してみました。いままでかかってきた高さ規制は、こ

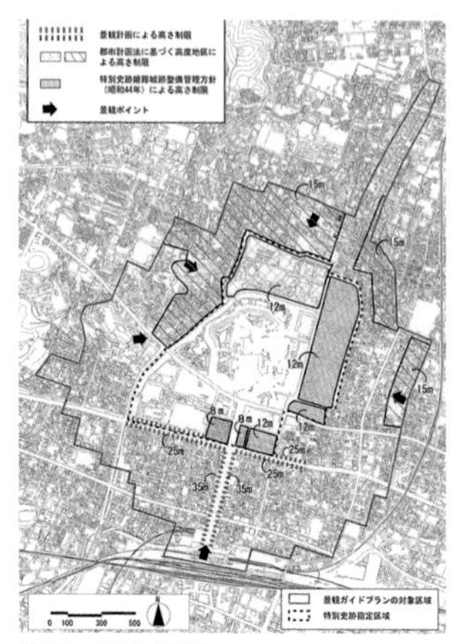

図３　高さ規制

図４　高さ規制の見直し

の大手前通りに直接面している建物に対してのみ、高さ35メートルと50メートルの高さ規制がかかるという、ちょっと緩やかなものでした。大手前通りに直接面していなければ、最大80メートルぐらいの高さものが建ってしまう恐れがあることが分かったので、この大手前通りに面していなくても規制をかけるよう見直したのが、図４です。

「保護法」以外の景観条例の方でつくっている景観ガイドプランは、お城周辺の地区に対する、こんな感じでつくってくださいねというお願いなので、これを無視しても罰則はないです。ただ、このとおりにやってくださいねということで、バッファゾーンの景観誘導を図っています。ただ、抜けが多いので、今年度から改訂をしていくところです。

姫路城の保存と活用にかかわる市の組織

姫路城を守るには、法律だけではなく組織の体制も関わってくると思いますので、軽くご紹介しておきます。姫路城の保存と活用に係る市の組織というのが、まず一つ、われわれ文化財課です。文化財課は価値の保存や規制など文化財保護行政をする部門です。世界遺産の担当がちょうど今年異動してしまいまして、私があらためて世界遺産の担当になりました。まだ３カ月ぐらいしかたっていませんが、建造物担当と史跡担当の２人体制でやっています。その他に城郭研究室と埋蔵文化財センターがあります。こちらは調査研究、発掘調査などを行う部署です。

観光系の部局に姫路城管理事務所というものがあります。この部署は内曲輪だけ、有料区域の維持管理をしています。内曲輪以外の中曲輪範囲は姫路城総合管理室の所管です。私は管理事務所も兼務しており、姫路城の保存修理の設計監理を行っています。観光振興とかイベント企画は、観光課がしています。都市局が、先ほどの「都市計画法」やまちづくりの景観条例を担当しています。大きく分けると、この文化財・観光・景観の三つの部局が姫路城の保存と活用にかかわる組織です。あまり、知られてはいないかもしれないのですが、文化財保護はかなり明確なヒエラルキーで行政運営しており、市の文化財課から県の文化財課を経由して文化庁と協議をするみたいに、ちょっと堅いです。というのも、権限がそれぞれ違うので、それぞれ段階を踏んでいく必要があるからです。私は数年程文化庁にいたので、直接相談することも時々ありますが、基本的には伝統的とも言える超縦割り行政です。

姫路城建造物保存修理について

文化財の修理には２種類の考え方があります。石造文化の保存は、永久的保存と言えると思います。存在そのものに価値を見る。これはヨーロッパなどで見られる考え方です。世界遺産の西洋の人たちは、この考え方が大部分なので、いかに日本の文化を説明するかは非常に苦心するところです。日本の文化財は、永久的ではなくて永続的保存という考え方と言えます。ちょっと難しいですが、木造文化は、ものそのものではなく、存在していることに価値を見ます。修理をしながら形式や技法、その精神などを継承していくことに意味を見るというのが木造文化の保存の考え方です。木材は腐ったりシロアリにやられたりして、100％昔のものが残っているということはほぼなく、絶対と言っていいほど、どこかを修理しています。

ただ、この木造文化の考え方は、なかなかヨーロッパの人に理解していた

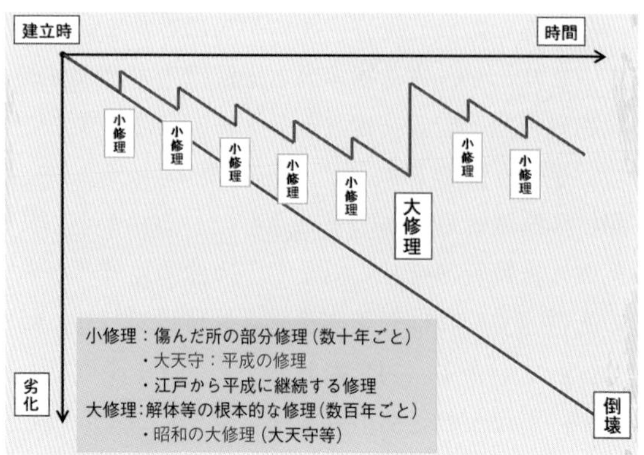

図５　文化財の修理サイクル

だくことが難しいものです。法隆寺ですら修理の手が加わっていますが、石造の文化の石は、木材ほど腐ったり傷んだりしません。壊れたままにしておく場合もあります。存在することだけで素晴らしいのだから、余計な手は入れなくていいというような考え方の中に、このアジア文化的な考え方で戦っていかなければならないので、結構大変です。

世界遺産委員会の中で、奈良ドキュメントとか、数年前にも姫路提言というものを出したのですが、その中でもやはり木造文化の大切さ、木造文化の保存の仕方は、議論の的になります。これは日本だけではなくてアジア圏では共有する話題です。ヨーロッパでも木造文化はありますが、これをいかに理解していただくかということが課題になります。

なぜ文化財を修理するのかというと、木造文化財は手を加えないと確実に消失してしまうからです。文化財の歴史は修理の歴史ともいえるのではないでしょうか。

太田博太郎さん（1912～2007　建築史家）が、日本人の建築観を「伝えようとするのは物自体ではなく、精神を担う形であり、物は結局精神を表すための手段であり、物それ自体は永久に残しえないものと観じていた。」と言っています。1900年代生まれ前の人ですが、その時代の人が、日本人の建物に対する感覚はこういうものだということを言っているのです。つまり、この

写真６　明治頃の大天守
（姫路市立城郭研究室提供）

写真７　明治頃のイの渡櫓
（姫路市立城郭研究室提供）
注）写真説明中の(イ)などは建物名称

木造文化の考え方は、日本古来、昔から続いている文化であるから、世界遺産の委員の人たちにはこういうことを理解していただかなくてはいけないというのは、日本の世界遺産の今後の課題になるかと思います。「物質なき精神は伝わらず、精神なき物質は残らず」ということで、ものとその考え方を総じて、文化として残っているということが言えます。

世界遺産というよりは、建物の保存を中心に見ていきます。図５が文化財の修理サイクルを示したものです。単純に建物が建ったときから時間がたつと、もちろん劣化度は進んでいきます。そのうち倒壊します。この倒壊に至るまでのある時点で修理すると、劣化度が改善されることになります。この維持修理を小修理をと言い、だいたい数十年に１回行うのが理想です。大天守でいうと平成の修理です。平成の修理はかなり大規模にやったのですが、修理の分類的には、実は小修理です。あとは、江戸時代から平成に継続する修理も小修理。実は、姫路城では毎年どこかの建物を修理しています。

この小修理をいくら重ねても、全体修理をしなければいけない、そうしないともたないという時期がくると、大修理をします。数百年単位に行う修理なのですが、これがいわゆる大天守の昭和の修理ということになります。大修理が50年前に終わったので、これからまた小修理をどんどん重ねていくということになります。こういう修理を重ねながら姫路城を守っていますが、彦根城も同じ考え方で守っていると思います。

早めに手を入れておかないから、こんなふうになってしまうという実例が、写真６、７です。これは明治頃の写真で、もう軒先は折れていますし、大天守もよく見ると草が生えています。もうボロボロです。こうなる前に修理を加えていかなくてはいけないというのがわかると思います。

おさらいしますと、大天守は350年ぶりに昭和に大修理をして、2015（平成27）年に終わった修理が小修理。今後は、半解体ぐらいの修理を一度挟むかもしれないですが、基本的には小修理を重ね、おそらく400年後ぐらいにもう一回大修理をするサイクルとなるのではないかと考えています。もちろん大修理をせずに小修理だけで重ねていくことが理想的ではあります。

大天守の修理サイクルとは別に、81棟の建物に対して平成中期保存修理計画というものを立て、修理を実施しています。81棟全部の修理をやっていますので、年間３棟程を修理しています。漆喰が概ね30年でぼろがくるので、29年計画で、30年目に次の修理ができるような計画を立てます。いま、次期修理のための、令和中期保存修理計画というものを策定中です。

この修理の意義は、大きく３つあります。まずは、過度な劣化進行の防止です。崩壊する前に修理しましょうということです。次に、伝統技術の保存・継承のため。これは職人の育成につながるわけです。そして、計画的修理の継続。この81棟を10年でやりましょうと言ったら、たぶんできます。だけど、あと20年は修理がありません。そうするとどうなるかというと、材料がなくなってしまうのですね。材料をつくる人がいないと文化財の修理もできません。この職人と材料というのは非常に重要です。こういうことを重ねながら、姫路城の価値を守っています。それが世界遺産を守るということにもつながっているわけです。

平成中期保存修理計画に基づく修理は、今年もやります。今年やるのは、菱の門という門です。今年の秋ぐらいに来ていただくと、修理する足場が掛かっている風景が見られます。来年には、きれいになっている様子が見られ

写真８　トの櫓（修理前）

写真９　トの櫓（修理後）

ます。

では修理の実態をみていきます。写真８は修理前の状況で、黒い部分はカビです。雨が当たると漆喰面にカビが生えてしまうのですが、これはだいたい30年経ったぐらいで、かなり劣化しています。もう塗り替えざるを得ないのです。塗り替えるとこういうふうにきれいになります、というのが、写真９の修理後の写真です。

大天守の修理が終わった後は、「白すぎ城」とすごく揶揄されました。インターネットで「白すぎ城」と入れると当時の記事が出てきます。当時は「白すぎて、古びた雰囲気の良さが分からない教育委員会は無能だ」などと言われましたが、この15年程前に行った小天守の修理、みんな意外と覚えていないです。写真10のように、大天守の修理後と同じように屋根が白いのですが、このときには何も言われていません。大天守はすごく目立つので、「白すぎ城」と揶揄されましたが、あまり気付かれてはいませんが、実は、毎年どこかが「白すぎ城」になっています。

写真11は、カの櫓北方土塀の修理後の写真です。ちょっと見にくいですが、屋根なども白くなっています。なぜ白く見えるかというと、これは姫路城の特徴ですが、屋根の瓦の継ぎ目にも漆喰を塗っているためです。これがカビで黒くなっていたのを、修理で塗り直すので白くなるのです。見る角度によっては屋根全体が真っ白に見えます。門は赤茶けている金物を塗り直すので壁などは黒っぽく見えますが、櫓や土塀は、屋根や壁下の黒くカビたところが

写真10　修理後の小天守

写真11　カの櫓北方土塀

白くなるので、全体が白く見えるようになります。

文化財の修理というのは、図6のように結構しっかりしたシステムで修理をしています。これは特に国宝・重要文化財の修理のやり方なのですが、誰でも直してもいいというわけではありません。基本的には、文化財建造物保存修理技術者に依頼します。保存修理の教育を受けた専門家ということで、いま姫路市では３人います。国宝を触れる上級主任と、重要文化財を触れる普通主任と、あと１人は修行中です。

いまの私は、この普通主任です。実務経験を積んで、さらに主任技術者講習を受けないとなれませんが、ここまでに10年程かかります。私は2018（平成30）年に講習を修了したのですが、この直後に、文化庁に「おまえ、来い」と呼ばれ、この３月まで勤務していました。上級主任になるには、普通主任からさらに５、６年はかかります。

所有者や管理者は、この修理の技術者に設計監理を依頼して、補助金を文化庁に申請するわけです。文化庁は補助金を出すとともに、指導助言をします。修理技術者は、文化庁と協議しながら建物の設計監理を行うということになります。これは全ての重要文化財の建造物、国宝などもこのシステムで修理が成り立っております。

ここから大天守の保存の実例を見ていきます。昭和の修理までの修理の履歴を見ると、いろんな補強材を入れていることが分かりました。柱が全部で189本あるのですが、それを支えるために100本支柱を入れていました。半分

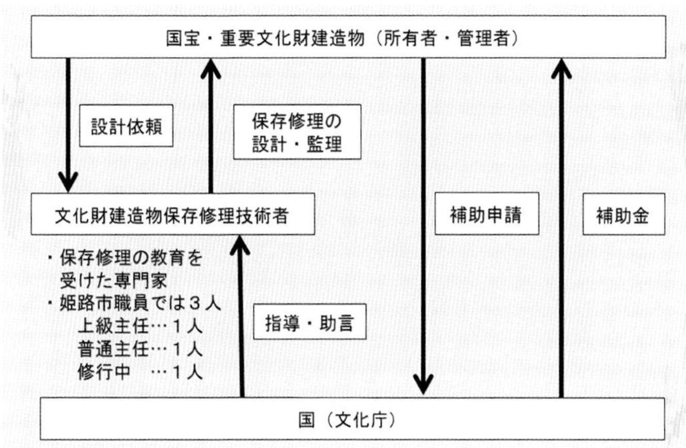

図６　文化財構造物の保存修理システム

ぐらい足しているというかたちです。この柱は、修理で撤去しましたので、いまはありません。でも、この柱で支えていかないと持たなかったというのが大天守でした。江戸時代にはずっとこういう修理をして、何とか持たせていたようです。巨大な筋違（すじかい）という斜め材も入れたりしていました。この修理の履歴から何が見えるかというと、建物の傾斜、床下の湿気や地盤の不同沈下、限度を超えた建物の重さなどの弱点です。実際、大天守は右手前に傾いていたのが実情です。

傾斜に関して伝説が残っています。この大天守を建てた棟梁の桜井源兵衛という人が、できた直後に大天守を見たときに、建物が右斜め前に傾いているのに気づいてしまいました。池田家は江戸が恋しいから、右斜め前、南東方向に傾いているのではないかと揶揄され、それを気に病んだ源兵衛は、最上階からノミを口にくわえて飛び降りたという逸話です。桜井源兵衛が飛び降りたというのはあくまでの伝説ですが、大天守は昔から斜めに傾いているといわれていたようです。

その弱点を克服しようとしたのが、昭和の大修理です。傾斜などは一旦解体し、組み直して修理しました。不同沈下などに対しては、コンクリートの基礎を入れ、重さで潰れた土台などは鉄板で補強しています。

写真12　組み直し（解体修理中の大天守）（姫路市立城郭研究室提供）

当時の工事の様子が写真12です。非常に大きな素屋根の中に大天守が収まって、修理が行われています。素屋根の中では、全部解体され、職人が一つ一つ手作業で組み直しています。大天守は２本の柱で支えられているのですが、そのうち西側の１本はこのときに取り換えています。

この時、石垣の下につくられた基礎のおかげで、地震が来てもほぼ大丈夫です。この石垣が崩れても、天守だけで自立する計算です。熊本城の大天守みたいな崩落の機構を示すと思います。正直言うと、熊本の地震は他人ごとではありません。いま、同じ規模の地震が来たら、姫路城も大きな被害が生じると思いますが、基礎の設置は、本当に重要なことでした。

大修理を経た後の平成の修理は、分類的には小修理なので実に簡易な修理をしました。簡易と言いながら約24億かかっています。工事内容は、屋根瓦の葺き直し、漆喰の塗り替え、そして構造補強を若干しています。延べ人数は３万3000人程度、おおむね５年半かけて修理をし、2015（平成27）年にオープンしました。

大天守は連立式の天守で、５層６階、地下１階、後期望楼型という分類になります。彦根城も後期望楼型だったと思うのですが、同じタイプです。下層部分の、こういう大屋根の上に物見の櫓、望楼が載っているというのが、大天守の構成です。犬山城はもっと分かりやすいです。上の望楼が小さいので、下層の建物の上に望楼が載っているなというのが、犬山城を見ると良く

写真13　平成の修理（修理前の大天守）

分かりますが、こちらは前期の望楼型と言われます。後期になると上下層が一体となっているようにみえます。

写真13を見ても、まだまだきれいに見えますよね。これは修理前の状況ですが、気付かれないところで色々と修理していました。実はよく見ると漆喰にひび割れとか剥落とか浮きとかが出ていまして、ぼろぼろだったので、修理をしようというのが、平成の修理の契機になっています。内部の壁もズレとかがいろいろ見えていましたので、いよいよ修理をしようとなりました。

葺き直した屋根瓦は約７万5000枚でしたが、調査したところ、だいたい８割ぐらいは再利用できました。

漆喰の塗り直しは、最上層の壁は下地の土壁からやり直して、それ以外は基本的に漆喰の上塗りだけ塗り替えております。だいたい5400平方メートルで、アメフトのフィールド１面分となります。

漆喰の塗り厚は、今は３センチぐらいで、壁厚全体は、上層は30センチ、下層は45センチあるので鉄砲を撃たれてもそうそう貫通できません。中には壁に瓦を埋め込んでいる櫓もあります。

構造補強を少しやりました。耐震の計算をすると、接続部のところが弱いと出たので、地階と１階の間のところに何カ所か補強を入れましたが、あえ

写真14　屋根の葺き方（本瓦）

写真15　保存修理工事の「常時公開施設」（日本初）

て取り外せるようにしています。というのも、将来的に新しい技術ができたら、これを取り外して、その技術を採用するということができるので、取り外せるようにしています。

修理の際には、この大天守をすっぽり覆う素屋根といわれる工事用の仮設足場の屋根の中に、常時公開の修理見学施設「天空の白鷺」を設置しました。修理の経過を動画に撮って、施設内で５分ぐらいのムービーを流したりしていました。やはり大天守が見られないというのは、観光面でとても打撃があるものと推計されましたので、何とかならないかと実施した施策です。修理中も大天守を見られるようにしようということです。大天守が見られないので、「その期間は閉めようかな」とか言っていたお店もあったらしいのですが、こういう観光の施策を一つ盛り込むことで、観光客減少になんとか歯止めをかけようと。実際、見学施設には184万人に入館していただけました（写真15）。これは見学施設に入った人だけなので、姫路城に来た人、有料区域に入った人はもっといると思います。大天守の修理後は年間286万人来たので、最大５時間待ち、ディズニーランドかと思うほど人が来ました。

姫路城で公開施設が成功したためか、いま重要文化財や国宝の修理するときは、現場公開や修理で得られた情報の公開などが義務付けられています。

姫路城の他の建物の修理でも、説明看板などをつくってPRしますので、工事中にお越しいただいても、それを見ていただければ、何をやっているか分かると思います。いまの課題は、英語で説明が書けないということです。

勉強しなければいけません。

修理見学施設の設置ともに、インターネットで工事の様子も紹介していました。竣工式にはブルーインパルスの飛行もありましたので、お城周りは見学者であふれました。一応、英語翻訳版のページもあるので、英語配信も兼ねて、海外向けにも工事の様子をPRしていたつもりです。いまほどインバウンド観光がどうとは言っていなかったのですが、先取りをして文化財修理工事を海外向けにPRをしていたことになるのかなと思います。

以下に修理の様子を写真でご紹介します。

（2021年６月18日講義）

写真16　クレーンを使っての素屋根の工事。昭和の修理時に作成した図面を基に、素屋根外壁シートに描いた線画が意外と好評だった。

写真17　解体した二重屋根の瓦の一部。７万5000枚全て、打診検査、清掃、寸法の計測を行い、瓦葺きの原寸図を作成した。作業には半年以上を要した。

写真18　昭和の修理の際の写真。木造足場、急勾配屋根の上での作業。足が震えるぐらいの高所だが、人力で５代目の鯱瓦を取り外している。（姫路市立城郭研究室提供）

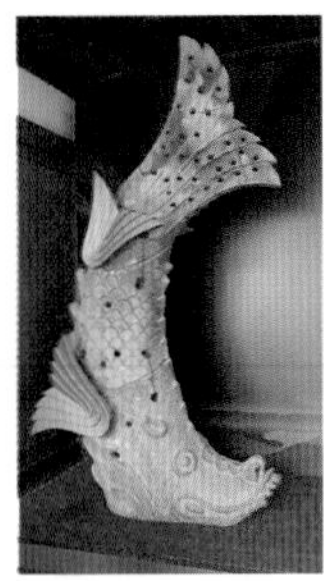

四代目
享和３年（1803年）

五代目
明治43年（1910年）

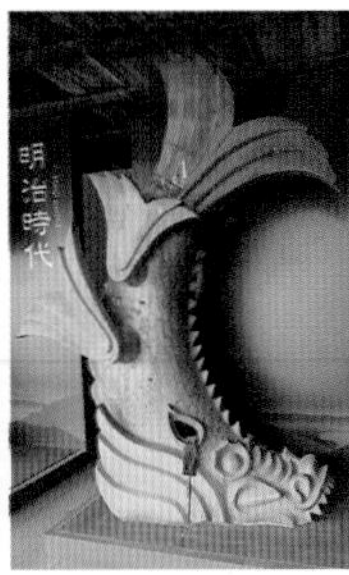

六代目
昭和35年（1960年）

写真19　歴代の鯱瓦。現在は、六代目の鯱瓦を模した七代目の鯱瓦が大天守を守っている。

写真20　修理前の屋根。屋根の目地漆喰に黒カビが発生し、全体が黒く見えている。

写真21　屋根の目地漆喰塗完了。遠くから見ると瓦の黒い部分が見えなくなり、全体的に真っ白に見える。

写真22　解体中の素屋根から撮影。大天守の姿が見え始め、「白すぎ城」と言われだした。下層建物の大屋根の上に物見櫓が載るという望楼型の構造がよくわかる。

写真23　完成記念式典ではブルーインパルスが祝賀飛行を行った。

世界遺産の保存
—危機にさらされている遺産をめぐって—

奈良大学名誉教授
西山　要一

危機にさらされている世界遺産

「ベネチアが危機遺産になるのでないか」というニュースが突然10日ほど前に日本でも流れてきました。「えっ、イタリアのベネチアが危機遺産になるのか」と思って、本当にびっくりしました。でも、よく考えてみますと、ベネチアはいままでに何度も危機にさらされています。ベネチア島の対岸の工業地帯では盛んに地下水をくみ上げていたので、地盤沈下がこのベネチア島にも及びました。

さらに高潮です。大潮のときには海面が高くなるので、サンマルコ寺院の前の広場は、膝よりも上ぐらいまでも水に沈んでいます。それを防ぐために、「モーゼ計画」というものを立て外海からの海水の流入を防いでいます。でも、これはまだ完成していないようで、これで三つの外海に通じる水路は閉じることができますが、他にも水路があるので完全に閉じるのは難しいのかなと思います。

そして、2020年９月初旬に伝わってきたのが、観光開発です。ベネチアは、水の都といわれますが、水路が道になっているので、水上バスに乗れば、普通のバスと一緒で、目的地に確実に着けます。この水路の周りの建物の１階部分が、大潮のときにはだいぶ水に洗われるのですが、この水路に面した建物の背後で盛んにホテルの建設や改築が始まっています。

世界遺産に登録するときの条件として、「登録された文化財は、オリジナルの姿をそのまま守ること」ということが決められており、もし、改装・改築や補強が必要であったとしても、オリジナルの部分は取り換えず、改修した部分が目立たないようにすることが「ベネチア憲章」というルールで決めていますが、今はそれに反するような改築などが、行われているようです。

世界遺産保護のための条約

危機にさらされている遺産を、略して「危機遺産」と言います。

文化財の保存については、1954年に定められた「武力紛争の際の文化財の保護のための条約」(「ハーグ条約」)があり、これは戦争や紛争のときでも、決められた文化財の所在地を攻撃したり、軍事基地にしてはいけないという国際条約です。

また、「文化財の不法な輸入・輸出および所有権譲渡の禁止および防止の手段に関する条約」(1970年)があります。これは、戦争や紛争のときに文化財が盗まれ、それが闇ルートを通じて世界に売買されることを禁止しています。人類の歴史が始まって以来、いまでいう不法な入手や、あるいは売買があったのですが、その文化財の重要性・意義を見るならば、現在の考え方では不法なことで、あってはならないのだということで、条約が結ばれました。

この条約が結ばれる以前には、例えばエジプト、中東あるいは中国の文化財が世界中に売買されており、日本にも渡ってきていますが、この条約ができてから、日本に渡ってきたものを元の国に返還するという運動も始まっております。

そして、「世界の文化遺産及び自然遺産の保護に関する条約」(世界遺産条約)が1972年に採択されています。

「ハーグ条約」と「文化財の不法な輸出入禁止条約」は戦争や紛争があったときに、文化財を守る条約です。しかし、これだけでは不十分です。文化財の盗難や売買は、容易に防ぐことができないのです。そこで日常から、大切な文化財を守るという国際条約が必要であろうということでつくられたのが、この「世界遺産条約」です。

その後、文化財という物の形としてあるもの、建物、美術工芸品、あるいは自然の動物や植物、そういう目に見えるものだけではなくて、芸能や演劇のような無形文化遺産といわれるものについても条約がつくられました。

さらに口承、口伝えのようなものも文化遺産に含めていこうと、いろいろと世界条約が結ばれてきています。

危機遺産とは「世界遺産条約」の第11条第４項に述べられていますが、「世界遺産に登録されたが、その中で都市開発や紛争、あるいは自然災害によって、その遺産の意義が損なわれそうになった、損なわれる危機に瀕している、あるいは一部がもうすでに損害を受けている、というものを危機遺産とし、それをリストに登載して、世界中に周知し、それをどうすれば守り続けられるかということを考えてみましょう、実際に修理が必要ならば修理をしましょう、原状復元をしましょう」ということです。

世界遺産といいますと、歴史的にも、文化的にも、あるいは自然景観にとっても、あるいは動植物などにとっても、貴重で、人類や、地球の歴史の中で普遍的な価値を持つものであるということは言うまでもありませんが、その意義が損なわれる可能性のあるものは、「一緒に考えて、それを防ぎましょう。損壊したら元に戻しましょう」というのが、この危機遺産なのです。

世界中の、それぞれの国が定めている文化財を保護する法律の中にも、危機に瀕しているものを特に取り上げようということはないでしょうから、危機遺産登録は「世界遺産条約」の特徴とする部分なのです。

また「世界遺産条約」では、「負の遺産」というものがあります。例えば、広島の原爆ドームやポーランドのアウシュビッツの強制収容所、原子爆弾の実験場のビキニ環礁も世界遺産に登録されています。

普通、歴史で語られるのは、素晴らしく、華やかな文化財が取り上げられますが、世界遺産の中には、「人類もこんなこともしてきたのか。こんなことは思い出したくもない」という文化財を歴史の教訓として、登録しているのも「世界遺産条約」の大きな特色です。

危機遺産

2019年４月25日、「世界遺産・パリのセーヌ河畔」の１つのノートルダム大聖堂が炎上した様子は、テレビ画面が突然切り替わって、炎上している画面が現れ、びっくりしました。よもやこんなことが起こるなんて、誰も想像していませんでした。ノートルダム大聖堂は火災に遭って、ずいぶんと損傷を受けましたが、危機遺産には登録されていないようです。間を置かずに、フランス政府が自力で修復するということでしょうか、どれだけ素晴らしい世界遺産であっても、あるいは管理が常々行き届いているところでも、こういうことが起こり得るという大きな教訓だったと思います。

さて、危機遺産と呼ばれる文化財をいくつか紹介します。

「エルサレムの旧市街とその城壁群」といわれる世界遺産があります。この世界遺産は、1982年に危機遺産リストに登録されており、現在も危機遺産リストのトップに出てきています。最近もここでいろいろ事件が起こっています。黄金のドームはイスラム教のモスク、その前の壁は古代イスラエルの宮殿と城壁の一部だといわれ、ユダヤ教にとっては非常に大切なものです。

このエルサレムは、イスラム教、キリスト教、ユダヤ教などの聖地になっており、アラブ人、ユダヤ人をはじめいろいろな人がここで生活をしているのですが、いったん政治にさらされると紛争の地になってしまうのです。もう長いことユダヤの人たちは迫害され、世界にちりぢりになっていた人たちがここに帰ってきて、イスラエルを建国しました。建国する前は、そこにはアラブ人がたくさん住んでいました。そのアラブ人の中には、もちろんユダヤ教徒もイスラム教徒も、キリスト教徒もいるのですが、アラブ人を追い出して、イスラエル人の国をつくったのがきっかけで、紛争が起こっています。いまもそれが続いているのです。

エルサレムの旧市街では、アラブ人が住んでいる商店や住宅がどんどん壊されて、新しい建物が建てられ、市街地そのものが改変され、いまも解決されていない危機遺産になっています。

記憶に新しいところですが、2001年にアフガニスタンのバーミヤン渓谷の大仏、東西の大きな石仏が爆破されるということがありました。仏教にとっては、大変大切なところで、仏教が発祥地から世界に広まっていく一部を表していますが、これをイスラム原理主義のタリバンが爆破するという事件が起こりました。その後、アフガニスタンの政情が落ち着いてきたところで、

写真１　破壊されたシリア・パルミラ遺跡（istok提供）

「バーミヤン渓谷の文化的景観」として世界遺産に登録されることになりました。世界遺産に登録するのが、この爆破される前であったらよかったのにと思いますが、残念ながら爆破された後の登録となりました。

現在は国際的協力の下に修復が進んでおり、日本からも博物館の再建や研究者の養成に協力をしています。

シリアの内戦では、国内にある世界遺産６件の破壊が進んでいるようです。イスラム教のモスクは、いろいろな色のタイルで壁面が覆われる美しい建物です。ところが、内戦になると、そういう信仰の場であっても容赦なく壊されてしまうのが現実です。

シリアのパルミラ遺跡（写真１）もそうです。神殿の中心部分が爆破されて、もうすでに崩れ去っています。奈良県の調査団がこのパルミラ遺跡の地下にあるローマ時代のお墓の調査と修復をしていました。砂漠の中に埋もれていた地下の墓を発掘して、埋葬された人をかたどった彫刻や、碑文を見つけています。それを修復して、いつでも見学ができるようなかたちにしたのでしたが、その後、ＩＳ（イスラム国）がここを占領すると、せっかく修復したものもことごとく破壊されてしまいました。博物館に収蔵していて移動することができるものは、秘密の場所に収蔵したのですが、館長がその場所を教えないのでその館長は殺害されました。それが、いま、やっと元に戻ってきつつあります。

写真２　イラン・バムとその文化的景観
（㈳日本ユネスコ連盟編『ユネスコ世界遺産年報』より）

それら文化遺産以外に自然遺産も多く危機遺産に登録されています。これから地球温暖化で気候が変動していきますから、大きな影響を受けることと思われますが、それだけではなく、森林の伐採であるとか、人間が森林に出入りすることによって森林が衰えて、さらに自然遺産の危機が進んでいく可能性があります。

ソロモン諸島の東レンネルはサンゴ礁の島で、固有の植物や海洋生物、動物がいるのですが、ここも森林伐採のためにずいぶんと様相が変わってきているとの理由で危機遺産に登録されています。

危機を脱出した遺産

さて、危機遺産に登録されても、その後、所在地の人々の努力や、国際的な協力によって修復され危機遺産を脱した事例もあります。

「イラン・バムとその文化的景観」（写真２）はその１例です。ここの建物は、砂漠のちょっと粘り気のある土を取ってきて、それを水でこねて、四角い木箱の中に押し詰めて乾かす、日干し煉瓦を積み上げて作り、この町が出来上がっています。

日干し煉瓦は、焼いた煉瓦ではないので、脆弱なのです。それを積み上げ

写真３　カンボジア・アンコール遺跡を覆う樹木

るときにも間に泥を挟んでいるだけです。何事もなければ、それはそれで維持されるのですが、外壁などは、どんどん浸食されていきます。イランも地震大国なので2004年の大きな地震で崩壊してしまいました。それでもイランの国の威信を賭けた修復が進んでいます。もちろん国際協力も得て進めているのですが、やっと最近、元の姿がうかがえるように戻ってきたので、危機遺産リストから除かれ、世界遺産によみがえったという例です。

アンコールワットもその１例です。カンボジアのアンコール遺跡群は、アンコール王朝やクメール王朝の都だったのですが、14王朝が滅んだ後は放置されて密林になり500年後の1860年にフランスの探検家によって、密林の中に石像が発見され、それ以来、建物や彫刻なども世界的に知れ渡ることになりました（写真３）。1931年にパリで行われた国際植民地博覧会では、この建物を模して大きなパビリオンをつくって、そこでアンコール遺跡の彫刻なども展示されたこともありました。

ところがその後、カンボジア内戦があり、アンコール遺跡も戦場になって弾痕が彫刻の中に残っていたり、あるいは不安定な社会に乗じて盗み取られるということも頻繁に起こりました。女神像の顔は剥ぎ取られて（写真４）、どこかに売り飛ばされてしまうことなどが起こり、内戦が原因で傷めつけられたので、1992年に危機遺産に登録されました。内戦が終った後、国際的な

写真４　カンボジア・アンコール遺跡

写真５　ドイツ・ケルン大聖堂

協力を得て、もちろん日本も協力をして、研究や修復を進め世界遺産に復帰したという例です。

カンボジアの内戦が20年ほど続いたので、その間、カンボジアにおける歴史の研究や教育が途絶えてしまっています。ですから、歴史研究者を養成するところから始まり、そして遺跡の修復も行っているのです。今も息の長い修復プロジェクトが続けられています。

ところが最近、また大きな問題が起こってきました。アンコール遺跡は国際的に有名なものですから、観光客が増え、このジャングルの中の環境が変わってしまうのです。ジャングルは、一つの閉じ込められた空間です。そこに人間が入っていくと、人間は体温が高いものですから、ジャングルの中の温度が上昇します。温度が上昇すると、湿度が下がるのです。そういう変化で、石像などがその影響を受けて崩れ始めるということも起こっていますし、何よりも観光客が多く来るものですから、排出されるごみが半端じゃありません。ゴミを燃やす、そこから大気汚染物質が出てくるということもあり、また新たな大きな課題を抱え込んでいます。

次に、大都会や、先進国でも起こるということの例です。

ドイツのケルン大聖堂はまさしくケルンの象徴で130メートルもある大きな２本の塔があり、さらに小さな塔が数限りなくあります。これらは、凝灰岩でできていますのでピンクがかった白色なのですが、近くにあるルール工業地帯から排出される大気汚染物質によって、すっかり汚れ、黒くなっています（写真５）。こうしたことが繰り返されることによって、建物壁面の表面が層状に薄く剥がれ落ちてしまうということが起こっています。ケルン大聖堂は、独自の修理工房を持っており、常に傷んだところは新しい材料と取り換え修理していますが、それもなかなか追いつかない状況です。

さらに新たな問題が起こってきたのは、ライン川の対岸に大きなビルを建設するという計画が立ち上がったことです。ビルが建つと、ケルンの景観を損なってしまうということで、2004年にケルン大聖堂は危機遺産に登録されました。

その後、ケルン市と世界遺産委員会が協議した結果、新しいビルの設計を変更するということで話が落ち着いて、危機遺産リストから除かれ元の世界遺産に戻ったのでした。ところがビルが出来上がってみますと、一件落着したと言えるのかなという疑問が残るような景観になっています。

フィリピンのコルディリェーラの棚田群も危機遺産に登録されたことがありました。周辺は木々に覆われて、斜面に段々畑がつくられているきれいな風景で世界遺産に登録されました。

ところが、この棚田の管理がなかなか行き届かなくなってきたので、危機遺産に登録されることになりました。周辺の木々が伐採されました。地下には、「地中のダム」といわれる水をためておく役割が非常に大きいですが、木を切ってしまいますと、そういう役割が果たせなくなって、地下水がどんどん少なくなってきます。さらに大きなことには、ここで農業を営んでいた家族の若い人たちが、都会に流出してしまうことが顕著になってきました。それで棚田が維持できなくなり、棚田の石垣が崩れ落ちる、さらにここには長さ30センチぐらいの大きいミミズがいるのですが、崩れた石垣の間から頭を出して、土をどんどん壊していくということがあるのです。

フィリピン政府が力を入れ、ぜひともこの棚田を維持しなければならないということで、若者のＵターンを図りさらには、農業を営むことに伴って、さまざまなお祭りが復活されるようになり、あるいは新しいお祭りも行われるようになって、なんとか棚田が維持できるようになったので、危機遺産を脱して通常の世界遺産に復帰しました。

危機遺産から世界遺産削除

危機遺産になり、そのまま世界遺産リストから削除されたのは2007年のアラビアオリックス保護区、そしてドイツのドレスデン・エルベ渓谷です。

ドレスデンは第２次世界大戦で壊滅的な被害を受け、建物のほとんどが崩れ去った町です。この町を復活させたのが、町の人たちの熱意です。崩れ落ちた石を一つ一つ拾い上げて、それを元の建物のこの位置にと積み上げて復活させた町なのです。

エルベ川の河岸にあり、エルベ川を含んできれいな景観なので世界遺産になっていたのでした。

ところが、この町は近年、エルベ川の対岸に新しい市街地ができ、新市街地から仕事に通う人たちが旧市街にやってきます。彼らは、古くからの石橋を使って通っていたのですが、交通渋滞が日常的になったので、もう一つ新しい橋をつくりたいと要請し、ドレスデン市は橋をつくる計画を立てたのです。ところが、それは世界遺産としての価値を損なうことになるので、それはやめてほしいという人も出てきて、ドレスデン市では住民投票が行われました。１回目の住民投票では､「世界遺産を守るために橋は断念しましょう」ということになったのですが、どうしたことか２回目の住民投票では橋を新設する方が良いとする人が多くなってしまいました。橋をつくることになったのでした。

ユネスコの世界遺産委員会は､「住民の意向ならば仕方がないが、まだ工夫の余地はあるだろう、川の下を潜るトンネル式の道はどうだろう」と提案したのですが、ドレスデン市は「そんなにお金がかかることはできません」と､鉄の橋を作ることになりました。いままで､鉄の橋がエルベ川には架かっていませんでした。それができたことで、景観を損なうということで、2009

写真６　レバノン・ビブロス遺跡

Early Phoenician forms	Early Greek forms

写真７　フェニキア文字の部分

年世界遺産リストから削除されることになったのです。

環境保護先進国のドイツとしては、ちょっと恥ずかしいのではないかなと思います。さまざまな価値観を持っている人がいて、住民投票で決まったなら仕方ないのですが、世界遺産登録から抹消されたのは残念なことです。

世界遺産の中には、危機遺産に登録されて、いまも復旧、復興のために努力しているところもあれば、危機遺産から脱して元の世界遺産に戻った例もあります。そして、ドレスデン・エルベ渓谷のように世界遺産リストから外されてしまうことも起こっているのです。

常に危うい世界遺産

最初に、「世界遺産というのは、よくよく見てみると、なにがしか危機に瀕しているのではないか」ということを話しましたが、それについて、いくつか例をお話ししてみたいと思います。

私は2002年からレバノンに10年ほど地下墓の調査・修復に行っていました。１年に30日か40日ぐらいラマダンが明けたころに行っていました。

レバノンは地中海の東、中東の国の一つです。中東の国というと砂漠の国を連想してしまいますが、地中海を渡ってくる風には湿気がたくさん含まれています。海岸に沿って高さ3000メートルほどのレバノン山脈が南北に走っ

写真８　パールバック遺跡のジュピター神殿

ていますので海から湿気の多い、水分の多い風がこの山脈に当たると雲ができて雨を降らせ、レバノン山脈には雪が積もります。

レバノン山脈の西麓には青々とした森が茂り、有名なレバノン杉があります。レバノン山脈の東側にはベカー谷があり、山脈を越えてきた空気は比較的乾燥していますので、ここでは、ブドウや小麦の栽培が盛んに行われています。ベカー谷の東にはもう一つの山脈、アンチレバノン山脈があって、この背後がシリアです。アンチレバノン山脈を越えた空気は乾燥しきっていますので、その東側は砂漠になります。

レバノンを特徴づけるのは、フェニキア文化の発祥の地であることです（写真６）。まず文字を見ますと、写真７の左列がフェニキア文字で右列がギリシャ文字です。フェニキア文字がギリシャ文字になって、やがてアルファベットになっていきます。アルファベットの発祥になった文字を持っていた民族であり土地です。

ビブロスという遺跡ですが、「ビブロス（Byblos）―ビブリア（Biblia）―バイブル（Bible）」と言ってみますと、どうでしょうか。「バイブル（Bible）」という言葉にたどり着きませんか。ここでアルファベットのもとが考え出されたのです。

当時エジプトには象形文字があったし、イラクの辺りには楔形（きっけい）文字がありましたが、それらは、専門家でないと書けないし、読めない文字でした。ところが、フェニキア文字は20数文字で文書をつくってしまうことができる、非常に簡単なもので、これはフェニキア民族がつくりました。フェニキアは土地が狭く、資源もあまりないので、地中海を股に掛けて交易を盛んにやっていました。そしてこの交易にフェニキア文字が非常に役立ったのでした。

写真８は、ベカー谷にあるバールベック遺跡です。世界一大きな神殿跡だといわれるのがジュピター神殿です。バッカス神殿というお酒の神様を祀っているところは、いまもそのまままきれいに残っています。これらは、ローマ時代の遺構ですが、もともとギリシャ時代にも神殿があって、その前のフェニキアの時代にも、この辺りには神殿があったといわれています。フェニキアの人たちは、文字を考え出したこと以外に、レバノン杉を使って建築物や船も盛んに作っていました。

古代のイスラエル国では、城壁の上につくられた神殿はレバノン杉であったと『旧約聖書』に載っています。古代イスラエルには建築技術がなかったので、フェニキアの人たちが木とともに技術も提供したといわれています。

フェニキアのもう一つの特徴が、染色の技術で、布を赤く染めることができました。レバノンの海岸には、赤い染料のもとになる分泌物を出すミュレックスという巻貝が採れます。その貝を採って、分泌物を集めて赤や紫色の布に染め上げることが盛んに行われていました。紫は特に「皇帝紫」と言われています。フェニキア人たちは、皇帝や貴族でないと身に着けることができない赤や紫の染色を産業としていたのでした。

ローマ時代の探検家・ストラボンの「地理誌」にも、このことが載っています。「レバノンにやって来た時、案内人が、ティールの町に入ろうとさそったのでした。ところが大変な臭いに閉口した探検家が拒んだところ、素晴らしいものがあると執拗に迫る案内人の先導で、行きついたのが染め物工場でした。赤く染められた布を見て感嘆した。」というものです。

フェニキア人は、文字を発明して、レバノン杉を輸出して、赤や紫の染め物もできた。これが、資源の少ないフェニキアが交易で成り立つ古代の姿なのです。

ヨーロッパの人たちは、自分たちの文化の源はエジプトではなく中東であり、レバノンや、シリアや、その辺りとして注目しています。ですから、イギリスやフランスは、レバノンにそれぞれの国が設立した研究所を持ち、いまもずっと研究活動を続けているのです。

1975年から15年間、レバノンでは内戦があり、ベイルート港近くの平和のブロンズ像には穴があき、建物も壊され、多くの文化財が被害を受けました。ベイルート国立博物館に展示されていた石棺はコンクリートの壁で周りを固めましたが、地下の収蔵庫の文書類、遺物などはどうしようもなかったので、そのまま置いておきました。内戦が終わって、1995年に調査に入ると、地下の資料類は目も当てられないように傷んでいました。内戦が終わった後、石棺を守っていたコンクリートの壁を取り外し、それから５年たった2000年にやっとベイルートの国立博物館が再開されることになりました。

あえてレバノンを取り上げたのは、レバノンの四つの世界文化遺産は、この内戦中に登録されたからです。

通常、世界遺産登録するためには、その国や地域が世界遺産にしようとする物件を十分に守ることができる、管理することができることが原則ですが、レバノンは内戦中ですから、そんなことはできないと誰でもが思います。ところが、思い切ってレバノンが申請して登録されたのです。これは内戦から文化財を守るのだという強い決意があったからこそ実現したのでした。

戦争と世界遺産

写真９は、「ハーグ条約」で決められている標識で、ブルーシールド(Blue Shield)といいます。「青い盾」ということです。この標識を立てているところは、軍事基地にしてはいけません、軍事目標にしてはいけませんと「ハーグ条約」で決められた守るべき遺跡です。

レバノン、テール遺跡にあるこの標識は、ちょっと傷があるぐらいですが、別の場所にある標識は銃弾の穴がいっぱい開いています。こういう標識があって、国際条約があっても、時として文化財を守りきることができない例は、ここでも見ることができるのです。

写真９　レバノン　ティール遺跡に立つブルーシールド

私達奈良大学の地下墓の調査、修復では頭上をイスラエルの戦闘機が飛んでいました。日本では体験できないような緊張感があり、国際的な条約、国際的なルールが守られないこともあると実感させられました。2006年にはレバノンにイスラエルが侵攻しました。私たちが調査しているすぐそばのアパートが爆撃されて何人も亡くなりました。この年はさすがに調査に行くことができませんでした。

大気汚染などによる世界遺産の損傷

もっと身近にも世界遺産を脅かす要因があることを紹介します。日本初の世界遺産が奈良にはありますが、奈良は観光地ですから、春と秋には自動車がたくさんやってきて、至る所に大気汚染の被害が出ます。車が排出する排気ガスなどの影響です。

東大寺の大仏殿の正面階段を上がっていくと欄干の上に擬宝珠があります。江戸時代に再々建されたときに取り付けられたものですが、軒下のものは雨にあたっていないので灰色なのですが、雨にあたるところは酸性雨によって黄緑色にさびています。正面にある八角灯籠は、奈良時代創建当初のもので、国宝なのですが、やっぱり黄緑色にさびています。また、この灯籠の「羽目板」（写真10）には透かし彫りの音声菩薩があり、これがこの灯籠を有名に

写真10　東大寺八角灯籠の羽目板。左は1960年代にとりはずされたもの

しているのですが、これもさびがひどくなってきています。

ご覧になってのとおり、写真左の音声菩薩のお顔なんかは金色に光っていますね。これは奈良時代につくられたときの金色、つまり鍍金がまだきれいに残っているもので、1960年代に東大寺の図書館に収蔵されて、いまは東大寺ミュージアムに常設展示されています。

ところが、写真右の1995年までそのままで原位置にあった羽目板は、こんなにさびてしまいました。わずか30年ぐらいの間に、こんなに急激にさびが進んでしまっているのです。奈良の大気汚染は、大阪や東京に比べるとはるかに濃度は低いのですが、いくら汚染濃度が低くても、長い時間がたてば影響が積み重なり、こんなに変わってしまうのです。

毎年８月７日に東大寺の大仏様のお身拭いの行事があります。白装束に身を固めて、大仏様のお体や頭上にたまった埃を全て拭い落とす行事です。

このときに拭い落とした埃を頂戴し分析してみました。すると、その埃の中に二酸化硫黄や塩化物イオンが大量に含まれていることが分かりました。つまりは、これら酸性物質は金属をさびさせる作用のあるものです。１年間降り積もった埃を拭い落とすのがお身拭いですから、これは大仏様を守るための保存処置をしている、こういう年中行事も大気汚染の影響を防ぐ役割を果たしていて、注目に値する事柄だと思います。

それから、校倉造りの建物は大気汚染の影響を防ぐことも分かってきました。正倉院では、「唐櫃（からびつ）」という木の箱が置いてあり、その箱の中に宝物をしまっています。校倉という木造の建物があって、さらにその中に唐櫃という木でできた箱がある。いわば二重の木の箱に宝物は保存されてきました。この宝物がきれいな形で守られてきた要因も調べてみました。

東大寺の校倉（経庫）外と中と木箱の中を調べてみると、校倉の中は大気汚染物質が外気の10分の１ぐらい、唐櫃の中では、場合によっては外気の100分の１ぐらいの濃度になっていたのでした。こういう伝統的な保存の方法も、これから参考にしていったらいいのではないかと思います。

東大寺では、お身拭いと同じ日に、屋根の上から防火水が散布される装置を作動させる、防火訓練が行われています。訓練や、お身拭いのような行事が、世界遺産を守っていく力になるのです。

▶古都奈良の文化財に異変

奈良の興福寺の南方の丘には登録文化財の奈良ホテルがあります。その傍に荒池がありますが、ここに2015年、アイオオアカウキクサが大繁殖して池の表面が血の池地獄みたいに真っ赤になってしまいました。７月頃から10月まで続き、見かねた奈良県は収集廃棄したのでしたが、正倉院の南の大仏池でも同じようなことが起こりました。

それから、春日大社の背後の春日山原始林は、世界遺産に登録されていますが、遠目にはきれいな山々ですが、目をこらして見ると、立ち枯れした木がたくさん見受けられます。

温暖化も影響しているでしょうし、虫、カミキリムシや特殊な菌類が繁殖して木を立ち枯れさせているのではないかと言われていますが、こういう変化が近年広く見られるようになってきています。

さらに、奈良では観光客が多くなると、いたずらが増えてきます。2017年に新聞で「三月堂（法華堂）の欄干に、釘で文字が書かれてしまった」と報じられました。南大門でも、油を仁王さんに掛けられた事件があります。全国でこういう被害がたびたび起こります。

こういう人為的ないたずらを防止するのは、なかなか難しく、決め手に欠けるところですが、啓発活動も、大変重要なことです。

▶バッファーゾーンの開発

奈良県の例が続きますが、世界遺産に登録されているところは周囲にはバッファゾーン（緩衝地帯）が設けられて、そのバッファゾーンの中も、現在の景観のままに残すよう努力しましょうという申し合わせをしています。奈良では、世界遺産に登録されているところをつなぐようにして、バッファゾーン、あるいは風致地区で保存するところを決めて、守るようにしているのですが、バッファゾーンになっているところに、県が開発をかけました。ここは風致地区になっていますから、本来、日本の法律でも改変してはいけないところです。ところが、行政はしたたかですね。まず、そういう地区から除外する手続きをして、その後、開発に着手し、富裕層向けのホテルができました。１泊１食で最低７万円はかかり庶民には利用できません。世界遺産に登録されているから守られている、あるいはバッファゾーンの中だから守られるのかというと、必ずしもそううまくはいかないのです。このような例はまだまだあります。

原爆ドームも「広島平和記念碑」の名で世界遺産に登録されています。負の遺産として登録されているのですが、その背後に高層マンションができました。ここもバッファゾーンで、住民の反対運動があったのですが、結局マンションが出来上がってしまいました。あるいは宇治の平等院の背後にも反対運動にもかかわらず高層マンションができてしまいました。鳳凰堂に焦点を当てて見ている間はいいけれども、ちょっと目を背後に移すと、マンションがあり目ざわりです。

世界遺産を登録するのも、もちろん大きな努力が必要ですが、守るのにも同様あるいはそれ以上に大きな努力が要るのです。

先ほどお尋ねしますと、彦根城はもう30年来いろいろと世界遺産登録の運動をなされているようですね。なかなか実現に至っていない。それを実現させるのは非常に大きな努力が必要ですが、実現した後も、それを守っていく、

写真11　頭ケ島教会

保存する、あるいは活用するにしても、元の姿を守り通す覚悟も同時に必要なのです。

世界遺産から学ぶこと　世界遺産とともにある生活

長崎の潜伏キリシタンに関する教会などが世界遺産に登録されています。長崎の大浦天主堂などは観光客も多く、守るのにも心配はないでしょうが、五島列島の頭ヶ島教会（写真11）などは、世界遺産には登録されても、この教会を守っている信者さんは、わずか現在10数名です。建物を維持保存するための補助は、国、あるいは県、市がしてくれるでしょうけれども、信仰は、行政が行うことではなくて、そこに住んでいる人たちが信仰の場を守っていくということが重要なことになります。その方たちにとっては信仰の場である、あるいは日常の生活の中に世界遺産があるのです。ごくごく自然な姿として世界遺産があるのが一番理想的なのではないかなと思っています。

世界遺産は特別のものと思いがちですけれども、これから長く守っていくには、あるいはそこで生活し続けようと思ったら、生活の中にごく自然な形で世界遺産がある、自然なかたちで世界遺産を捉えることができたらいいのではないかなと思います。（2021年７月２日講義）

世界遺産登録前後の石見銀山

島根大学法文学部教授
小林　准士

1997年に島根大学に赴任しているのですが、ちょうどそのころから島根県の中で石見銀山を世界遺産にしようという動きが始まっており、赴任した直後から石見銀山関係の文献調査にも従事しています。当時、滋賀県立大学におられた脇田晴子先生がこちらの調査・整備委員会の委員も務められており、私は、文献調査団の一員として活動していました。その後、脇田先生の後を継いで委員を務めて、世界遺産登録に至るまでの調査とか会議にも参加しています。

石見銀山の歴史的概要

石見銀山がユネスコの世界文化遺産に登録されたのは、2007年の７月２日で、日本の世界遺産としては14番目、産業遺産としては初めてでした。

今日は、世界遺産登録に至るまでの経緯とその後の状況、それから世界遺産としての石見銀山遺跡の性格と抱える問題をお話していこうと思います。その前提として、まずそもそも石見銀山とは何かというところからお話をしていきます。

石見銀山は、島根県の大田市大森町、島根県のちょうど真ん中くらいで、江戸時代まで石見国邇摩郡佐摩村と呼ばれていた地域です。

文献資料からうかがえる情報から判断すると、16世紀の前半、1527（大永７）年ごろから開発が始まったと考えられます。かつては大永６年と『銀山旧記』という資料などからいわれていたのですが、その後、文献調査によって石見銀山の中にある寺院の棟札などが見つかったことから、いまは大永７

写真１　大森集落上空から

年で認識が定着しつつあります。

1533（天文２）年ごろから灰吹法という銀の精錬技術が導入され、現地で採掘される銀鉱石から銀が精錬されるようになったといわれています。これも後世の文献資料からの推測ということになるのですが、灰吹法が導入されたことは発掘調査などからも間違いないだろうと考えられています。

銀は鉱石の中にごくわずか含まれて存在します。その鉱石を粉々に砕いて、水の中に入れて比重選考をしてより分けたものから、まず鉛と銀鉱石の合金をつくっていきます。鉛と銀は結び付きやすい性質にありますので、その性質を利用して銀を多く含む鉱石と鉛やマンガンなどを溶かして熱すると、貴鉛という銀と鉛の合金ができます。それを灰の上で加熱すると、融点の低い鉛の方が先に溶けて銀が得られるというのが、灰吹法という精錬法です。これが導入されたことで、現地で大量に銀が生産されるようになったと考えられています。灰吹という言葉は灰の上に貴鉛を載せて熱することからきています。

石見銀山が開発された後、間もなく兵庫県では生野銀山、新潟県佐渡島の佐渡金銀山などが開発されていきます。全国に主要な銀山がいくつかあるのですが、日本列島で本格的に開発された銀山としては、この石見銀山が始まりで、銀山開発の端緒という意義が石見銀山にはあるのです。

この石見銀山の開発をきっかけに日本国内で次々と銀山が開発されることになり、日本で大量に銀が生産され、世界有数の銀産国になっていきます。

当時の日本の中では貨幣は主に銅銭が用いられていたので、開発当初は国内で銀が貨幣として用いられることはなかったのですが、中国の明王朝の方では銀が貨幣として非常にたくさん用いられ、朝鮮半島や中国にこれらの銀が輸出されるという情勢が生まれます。そのことをきっかけに日本は世界有数の銀産国、銀輸出国ということになるのですが、この輸出によって特に中国との間で貿易が非常に盛んになり、そこへポルトガルというヨーロッパの勢力などが加わり、東西の経済的、文化的交流の条件が形づくられることになっていったのでした。そのような事情により、石見銀山の開発に歴史的な意義が認められているということになります。

具体的に言うと、16世紀の前半は戦国時代に当たります。室町時代には、足利将軍家が日本国王に冊封されて、明に朝貢するかたちで貿易を行っていたのですが、戦国期になると将軍家が直接貿易に携わるのではなく、細川氏とか周防国の山口に拠点を置く大内氏が実質的に貿易に関わってきます。

石見国邇摩郡は、当時、大内氏が支配をしていたところで、この石見銀山には大内氏が深く関与し、大内氏と日明貿易に従事していた博多の商人が結び付いて、銀山の開発に携わるということになりました。そういう関係で、石見銀山で採掘され、精錬された銀は、日本国内で流通するよりも、朝鮮半島や明へ輸出されるというかたちで利用されることになります。

その結果、貿易が盛んになり、付随して倭寇と呼ばれる人たちの活動が盛んになります。後期の倭寇は、日本人というよりも中国人の密貿易従事者が多いのですが、日本列島を拠点に倭寇の活動が盛んになります。

やがてヨーロッパの方からポルトガル人が参入してきて、中国と日本との間の貿易活動に従事し、結果、日本から銀が輸出されることによって、生糸とか絹織物というような中国産品が大量に日本に輸入されることになったとともに、ポルトガルが貿易に参入することで、これに付随して日本に鉄砲やキリスト教が伝来したのです。そういう意味では、銀が生産され始めたことによって、次々と重要な歴史的な事象が起こっていったということになると

写真２　安原伝兵衛が開発した釜屋間歩

思います。

世界史全体の流れの始まりの起点になった石見銀山の開発なのですが、鉱山としては16世紀の末から17世紀半ばが一番盛期だったと考えられ、銀の生産量が一番多かった時期だということになります。安土桃山時代から江戸時代の初期ということになろうかと思います。

しかし17世紀半ば以降は、銀の産出量が減っていきます。これは石見銀山に限らず日本国内の他の銀山も同様の傾向にあったといわれ、17世紀後半には、長崎貿易や対馬の宗氏などが輸出のために用いていた銀が削減され、銀を用いた貿易は縮小傾向になっていくのでした。

石見銀山の最初の開発に深く携わった大内氏は、16世紀半ばに滅亡します。その後、支配は一時期、出雲国に拠点を置く尼子氏が行うこともあったのですが、基本的には中国地方全体に影響力を及ぼした毛利氏が石見銀山を支配していきます。しかし関ヶ原の合戦で毛利輝元が西軍に加わり、これを機に出雲国とか石見国といった地域が没収された結果、石見国はまず全体が幕領になり、その後、浜田藩とか津和野藩が成立していくのですが、石見国の中にあった銀山や銅山、あるいは鉛山は幕府直轄領として残されます。このために石見銀山を中心とする地域は、銀山附御料という名前で、幕領のまま江戸時代の終わりまで続くということになりました。

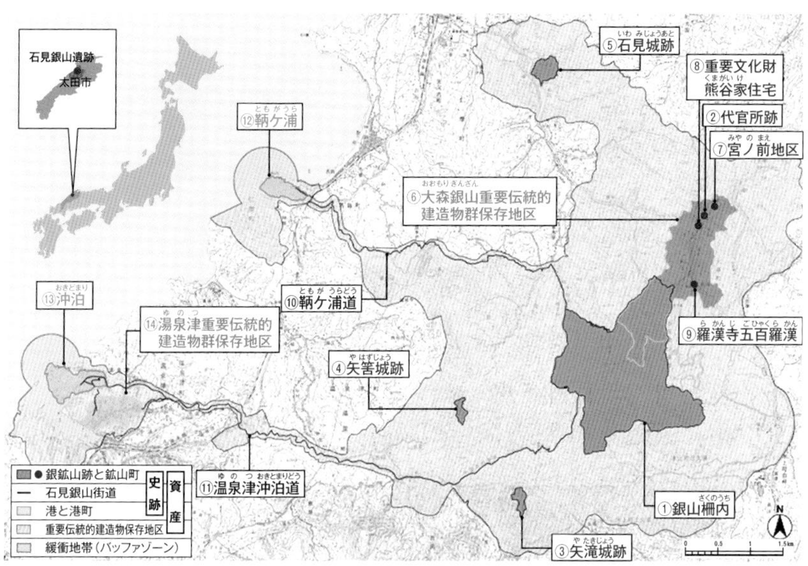

図1　構成遺産の図（島根県ホームページを参照して作成）

近代になっても鉱山として経営されますが、基本的には銅山として経営されています。すでに江戸時代の終わりごろ、19世紀ごろになると、銀の生産よりも銅の生産の方が圧倒的に多くなっています。

明治期になって銀山としての経営も続けようと、清水谷精錬所をつくるのですが、結局、銀鉱石の採掘は軌道に乗らずに銀山としての経営はすぐに諦め、以後は専ら銅山として経営されています。石見銀山というと銀のイメージが強いと思いますけれども、実際には銅山としての側面を有しているということになります。近代になってからは、藤田組に経営が移管され、現在、この企業は同和鉱業として存続しています。

世界遺産の構成資産

図1は島根県が制作した世界遺産の構成資産を示したものです。この赤い線で囲われた地域を柵内（さくのうち）といっています。江戸時代の初期には、柵が巡らされていて、出入りがコントロールされていたエリアです。基本的には、この

写真３　温泉津

柵内の中で銀の鉱石が採られていました。主な六つの谷筋沿いに集落、町が展開していて、その周辺に間歩（まぶ）と呼ばれる坑道がある区域や、銀の精錬施設などが展開していて、それが遺跡として残っているのです。

この柵内の北側に隣接する大森町は、江戸時代になってからできた町で、大森代官の陣屋の前に展開しています。陣屋町としての性格があり、ここと柵内の一部を含めて重要伝統的建造物群保存地区に選定されています。

そしてこれら構成資産の周辺がバッファゾーンになっています。グレーみたいな色のところが世界遺産としてのバッファゾーンで、緩衝地域ということになり、重要文化財の熊谷家や、大森代官の役所跡、あるいは精錬遺跡や宗教施設が展開しています。

世界遺産としての構成資産はそれだけではなく、16世紀から17世紀の初めにかけて、銀鉱石や銀そのものが搬出された街道が構成資産に入っているという特徴があります。鞆ヶ浦や温泉津・沖泊という港から銀が搬出されて輸出に回されたということが記録に残っているので、この街道と港も含めて構成資産のうちに入っています。

銀山周辺の中世の山城である、矢滝城、矢筈城や石見城も併せて構成資産となり、大きく分けると三つの要素からなっています。ひとつは銀鉱山跡と鉱山町ということで、銀の採掘や精錬が行われた現場ですね。これら一帯が史跡として整備されて、世界遺産の構成資産にも含まれているということに

写真４　整備前の柳原家

写真５　整備後の柳原家

なります。

それから銀が搬出された街道として鞆ヶ浦道と温泉津・沖泊道の二筋が設定されています。このうち鞆ヶ浦道に接続している港が鞆ヶ浦です。それから温泉津・沖泊道につながる港が沖泊、温泉津。このセットで構成資産に設定されているのです。これらの構成資産を設定して、石見銀山遺跡は文化的景観というかたちで世界遺産登録されました。ところが登録までには紆余曲折があり、イコモスという諮問機関から登録延期勧告が出て、その後本番の会議で逆転登録になったのですが、延期勧告では世界遺産登録申請時の推薦理由の妥当性が問題になったのでした。

世界遺産登録申請時の推薦理由

石見銀山が推薦された理由について言うと、一つは、ユネスコの世界遺産の登録基準の(ii)に該当するということで、石見銀山の歴史的役割ということが強調されていました。つまり東アジアとポルトガルに代表されるヨーロッパとの商業的・文化的交流がなされることになったという点がまず強調されていました。

それから、遺跡の遺存状況が良好であるという点が強調されていました。坑道や、灰吹法という精錬を行う施設の跡がよく残っていて、灰吹法を実際に用いていた、灰を敷き詰めた鉄鍋なども考古学的な発掘調査によって見つかり、銀の採掘から銀の精錬に至る技術全体を伝える遺構が残っている点が主な理由の二つ目です。

街道、集落、港といった、銀の採掘から運び出し、出荷といった一連の営為に関わるものも土地利用の跡として残っており、全体の景観がよく残っているというところが、世界遺産登録申請時に特に強調された理由だということになっていました。

ところが、そういう日本からの推薦理由の提示を受けて、イコモスの委員が実際に石見銀山にやって来て調査され、それを踏まえて出した勧告が、「延期勧告」だったのです。イコモスによる指摘内容は

・一つの文化圏及び、全世界において、当該銀山遺跡が時代を超えてどのように人類の価値の重要な交換を表してきたのかを証明する物証が示されていない。

・中央アジア・東アジアの鉱山遺跡との比較研究が見られない。

・集落建築の多くは採掘活動の最盛期以後のもので、それらの真実性は低いというものでした。

比較がないといわれると厳しく、彦根城もこれが引っかかってくるのではないかと思います。世界遺産として、一つ同じようなものがあると二つ目はだいたい認められないということになります。姫路城があると他の天守は認められにくいのでしょう。そもそも他の鉱山がどうなっているのかよく分からないので、珍しいものなのかどうか分からないという指摘を受けたのでした。

⒤の基準は、歴史上の重要な段階を物語る建築物、集合体、科学技術の集合体、あるいは景観を代表する顕著な見本であるという基準です。文化的景観ということで、推薦書では大森の方の伝建地区とか建物の遺存のことなどがいわれていたわけです。だけど、この点についてイコモスの方は、「集落建築の多くは採掘活動が盛んだった時期以後のもので真実性が低い」と、手厳しい評価でした。

確かに、これは事実です。残っている建築はほとんど18世紀、19世紀以降のものなので、銀の生産が多く東西の交流をもたらしていった時期とずれています。その辺を突かれました。

イコモスはユネスコの世界遺産の登録の基準に則して妥当かどうかという判断をしたのですが、なかなか厳しい評価になったのです。

特に(ii)の基準などは、想定していることがちょっとずれていたと思います。(ii)の基準は、建築とか技術とか記念碑などが伝播していき、影響を与えているということを想定している基準だと思うのですが、石見銀山の場合は地銀です。それが貨幣として用いられて、経済交流を及ぼし、結果的に世界史の動向に影響を及ぼすという、そういう事案なので、この(ii)の基準でそのことを主張したのだけれども、イコモス側としてはちょっと想定している趣旨と違ったということが本音ではないかと思います。

イコモスからは厳しい勧告を受けたのでしたが、結果としては逆転登録ということになりました。ただ、イコモスの指摘は比較研究など無理難題的なところもあったのですが、まったく妥当性がないというわけではないので、登録された後も、指摘された課題をどうクリアしていくかということが関係者に課されたということになっています。

世界遺産と地域遺産

世界遺産への登録前の段階からも、「石見銀山をなぜ世界遺産に？」という意見もあったことは事実です。そういう意味では、非常に分かりにくいという課題を最初から抱えていたということになります。そのあたりをどういうふうに分かりやすくしていくかが、登録後も課題になっています。

分かりにくさの原因は、史跡としての性格が関係しています。まず銀山が盛んに銀を産出していた時期の遺跡は、ほとんどが埋蔵文化財の状態です。特に採掘の遺構とか精錬遺構は、遺跡としてしか残っていません。ただ、銀を採掘するために山の中に掘られたトンネルは、地上によく見えるかたちで存在していますが、それも実は古い時代のものはなかなか見られず、近代になってから拡幅されて、元の坑道の状態から広げられており、当時のものではありません。逆に江戸時代以前のもともとの坑道は、非常に細く、小さいものが多く、見えてもなかなか観光の対象になりにくいのです。実際に龍源寺間歩という坑道が見られるようになっているのですが、人が通れるような

写真６　大森のまちなみ（重要伝統的建造物群保存地区）

ところは、基本的に近代に広げている部分で、よく解説を聞かないと、どこがもともとの古い部分なのかというのは、実は分からないということになります。

一番多い勘違いは、トンネルというのはまさに銀を掘り進めるために掘っていると思われるのですが実は違います。見られる坑道というのは、鉱脈に沿って掘られているわけではなく、鉱脈に垂直になるように掘っていて、トンネルを掘っていたところで鉱脈に当たって、鉱脈に当たったところから横に広げて銀を掘っていき、鉱石を掘っていくということなので、そういう坑道の性格もよくよく説明を聞かないと分からないのです。ここでは、遺跡そのものの性格が持っている分かりにくさというものがあります。

もう一つは、世界遺産として史跡整備されたという事情に伴う問題点もあります。世界遺産の推薦に当たっては登録基準のⅱに則して、いかに重要な世界史的な役割を果たしたかというところを強調したので、該当する時期が16世紀から17世紀半ばまでということになります。

ところがイコモスから指摘されたように、見られる遺跡や遺産は、後代のものに限られています。近世後期以降は鉱山としては衰退期の局面にあったので、近代になってから大規模な開発を免れているというところはプラス評価にはなるのですが、ただ、人が全然いなくなってしまっているので、鉱山関係の労働者とか技術者が住んでいた鉱山町はほぼ消滅しています。

現在、石見銀山に町は残っているのですが、それは幕領陣屋町としての大森町です。あとは、温泉津があります。温泉津も温泉町としてその後も存続するので、ここから銀が積み込まれたのは、ごく一時期にすぎないのです。また、江戸時代には西廻り航路の寄港地であり、あとは北前船などの寄港地でした。それと同時に温泉町であるという町並みの性格なので、現在、残っている町並みの性格と、世界遺産として推薦するときに強調されたときの町の性格がちょっとずれているのは事実です。

そのあたりが、世界遺産として構成資産を関連づけて説明することによって起こった分かりにくさの問題でした。現在、見えているものと説明の枠組みがずれているということで、かえって分かりにくくなってしまうという問題が生じたのです。

そのあたりについては、10年前『日本歴史』という雑誌で指摘したことがあります。石見銀山は確かに世界遺産として登録されてよかったわけですが、やはりそれだけではどうしても現地の状況とずれがあります。そのずれは、世界遺産としてだけではなく、やはりもう一方で地域遺産として捉えて、地域遺産としての関連文化財群みたいなものを世界遺産と同様に設定して、整備していく必要があるのではないか。

ちょうどそのころから文化庁で文化財の総合的把握ということが提唱され、「自治体ごとにその中にあるさまざまな種類の文化財を関連づけて、全体として把握しなさい。」といわれるようになり、それを受けて自治体で歴史文化基本構想というものをつくったらどうかということになってきていました。そういうことも受けて、書いたのでした。

関連する文化財群をセットで整備していくということは、世界遺産的な発想です。特に石見銀山の場合は、これではどうしても説明しきれない部分が残ってしまうので、それは地域遺産として見て、関連づけて整備していくべきではないかということを提唱したのでした。

その後、文化財の総合的把握や関連文化財群の設定などの文化庁の取り組みは、日本遺産というかたちで現在は展開し、石見銀山も2020年、「石見の火山が伝える悠久の歴史」として日本遺産の一つとして認められました。

大田市の主要観光地の一つとして、火山である三瓶山があります。三瓶山の草原では放牧なども行われていますし、温泉があるので宿泊施設も整っています。大田市は、これと銀山を結び付けて日本遺産に設定しました。

一方、石見銀山が絡んだ日本遺産の申請としてはもう一つ「石見銀山街道を往かん」というものが2019年、申請されました。こちらは、広島県下の自治体と島根県下の自治体が関わっています。

石見銀山街道は、先ほども出てきて構成資産に名前が使われていますが、こちらは日本海に向けての街道です。この街道は、銀が運ばれたルートとしてはごく一時期、江戸時代の初めくらいまでしか機能していません。銀山で精錬された銀を直接海まで持って行って、そこから船で運ぶという輸送のされ方をしていたのは、おそらく毛利の時代が主で、江戸時代、17世紀半ばごろから大坂や京都の銀座の方に全部運んで行くので、瀬戸内海に回していきます。

だから、実は銀が運ばれた街道としては、年数だけ言うと、尾道の方に抜ける街道の方が圧倒的に長く使われていました。推薦の枠組みが先ほど述べたとおりですから、もう最盛期ではない時期の街道というのは、世界遺産の方に入っていません。逆にそこを日本遺産としてフォローするという意味合いをこちらの方の取り組みは持っていることになると思います。

美郷町でそういう取り組みがされています。石見銀山から尾道に抜ける街道沿い、銀を運んだ街道があるので、そちらを史跡として整備しようという動きがあります。これは、石見銀山が世界遺産に登録されたことで、これらの自治体の方でも、「うちの方も」というかたちで動いたということで、実際に調査は登録後に本格化するということになっています。

特に美郷町などが中心となって、この銀山街道の史跡調査が進展して整備されていき、そのことを前提に、これを日本遺産に申請しましたが、三瓶山とつなげる枠組みとは違って、尾道まで抜ける街道は、日本遺産としては認定されませんでした。

2011年に地域遺産として関連文化財群を設定して整備していくと言ったのですが、その後、自治体の動きとして調査を進めるような動きがありながらも世界遺産の枠組みから漏れたり、世界遺産のロジックとは違った論理で保存・活用を図っていくという動きが展開していることになっています。

あくまで設定の仕方としては、ごく部分的だというところはあるので、今後も世界遺産の推薦理由とは異なる観点からの文化財の関連づけや、総合的な把握が求められる状況に依然としてあるのではないかと考えています。

登録までの経緯と登録後の動向

登録後、観光客が増えて現在どうなっているかというところの問題も含めて最後にお話をしていこうと思います。

石見銀山の世界遺産登録は、1995年、当時の澄田信義島根県知事が登録を目指すと言ったことが発端です。実は、島根県としては、日本が「世界遺産条約」に入ることによって、世界遺産というものが申請され始めていた時期に、まず検討されたのは別の場所出雲大社でした。ただ、そちらの方がそれを受け入れなかったので、じゃあどこにしようかということで、知事の政治判断的なところもあって、県央部、石見地域の地域振興という枠組みで石見銀山の登録を目指そうということになったのです。それを受けて、すぐに遺跡の発掘調査委員会や遺跡の整備推進本部などが設置されて、まずは調査ということで本格化していきました。

それで、2001年1月には、島根県の文化財課の中に世界遺産の登録推進室が設置されます。私もこのころからだんだんと本格的に関わるようになり、『銀山旧記』という資料の解説を書いたり、文献調査をするようになりました。2001年4月には、日本国内での暫定リストにも登載され、本格化して、2007年7月に登録されたのでした。

登録直前の経緯は、イコモスから調査不十分、説明不十分だということで、延期勧告がなされましたので、逆転して登録されたとはいえ、その点をどうすべきかというところで課題が残されたということになります。

そのために石見銀山の場合は、登録に至るまでの間でなされていた調査の枠組みを、基本的には登録後も維持するということになっています。

私も依然として文献調査のグループに入っているので、登録されてから14

年、まだ調査を続けているのです。

詳しくは、こちらのホームページですね。石見銀山世界遺産センターのウェブサイト石見銀山世界遺産センター（島根県大田市大森町）／https://ginzan.city.oda.lg.jp に、現在どのような調査が依然として継続しているかということについて詳しく説明してあります。

総合調査とテーマ別調査に分かれて、総合調査の方は調査前に行われていた調査を継続するという色彩が濃いです。遺跡の発掘調査や石造物調査です。それから私も関与している文献調査があり、鉱石とか鉱物を含めた科学調査、街道調査、町並み保存地区の調査、港湾の集落調査というようなことがあり、現在も続いています。

テーマ別調査は、登録後にこの枠組みはつくられました。総合調査だけではなく、重点を絞って調査・研究を進めようということで、こちらは特にイコモスの指摘をかなり意識したかたちで展開しています。登録基準ⅱに則して東西交流の物証が不足しているということがあったので、最盛期の石見銀山がどういう姿だったのかというところに重点を置いた研究です。

それから、イコモスの指摘で登録基準ⅲに関わって、中央アジアとか東アジアの鉱山遺跡との比較研究がないということでしたので、それも意識して東アジア鉱山の比較研究というものが行われています。これもまだ続いており、当初よりは状況がだいぶ詳しく分かってきたと思います。中国とか台湾の鉱山の調査研究などもこの間、されています。

港町温泉津の景観と変遷というのは、わりと最近、新たに設定されました。このように適宜期間を設けてテーマ別調査をしていくというかたちで調査を続行しています。

一方、総合調査の方は基本的に継続的にやっているということです。基礎的な総合調査と重点を置いたテーマ別調査ということで、この２本柱でイコモスの勧告で指摘されたような改善点に引き続き取り組んでいるのです。

最近の動きとしては、石見銀山研究会が結成され、2021年３月に第１回例会が開催されました。民間も巻き込んだかたちで研究活動をしていこうということが新たに始まりました。

写真７　整備前の大久保間歩入口

写真８　整備後の大久保間歩

写真９　2005年、整備前の町並み

写真10　2010年、整備後の町並み

また、遺跡整備ということで、来てもらった人に分かりやすく見てもらえるようにしようと、現地の整備が進んでいます。2007年の登録までは、この遺跡整備は、十分なところまで進んでいませんでした。登録を実現するための調査の方に重心があり、膨大な広さのエリアの、ごく一部しか調査されていなかったものですから、発掘調査にまい進しています。観光客の受け入れ態勢などは十分に整っていなかったという面は否めないと思います。

それで、町並みなども本当に登録の準備をする過程で整備されていきました。大森という陣屋町の中には、銀山附役人という下級武士の屋敷などもあるのですが、私が最初のころに調査していたところでは、屋根に穴が開いていました。大森町の有力な町人である熊谷家も非常に傷んだ状態で残されていたのですが、現在、かなり整備されてきました（写真５）。

一番大きな坑道で大久保間歩というものがあります。非常に大規模な坑道ですが、整備前は写真７のような感じで、入ったら側面から石が崩れていて、非常に危なく、入り口はあるけれども、そもそも入れないという状態だったのですが、いまはもう非常にきれいに整備されて入れるようになっています(写真８)。

町並みも2005年時点では写真９のとおりで、まだ電柱が立っている状況ですが、2010年の時点では電柱の埋設が進んで、写真10のような町並みになっています。

このように登録後に整備が進んだというのは否めないと思います。ガイダンス施設、先ほどもちょっと触れた石見銀山の世界遺産センターなども、登録時点では、まだつくっている途中という状況でした。大久保間歩なども見られない状態でした。それから、銀の積み出しの港で鞆ヶ浦という場所があるのですが、そこには何もなくて、ただごく数軒の家が建つ集落だけだったのですが、そこにもサテライト施設ができています。

登録後に観光客が激増してちょっと混乱したのですが、一応、登録前から方式として検討されていたパーク＆ライド方式が、登録後に本格的に定着しました。

山頂部に石銀集落という場所があるのですが、いままで見られなかった初期の、16世紀末とか17世紀の本当に初期の集落も登録後に整備されました。清水谷精錬所という近代の精錬施設に関しても、登録時は全然整備されていなかったのですが、かなりきれいに整備されて、最近はアプリで当時の状況が見られるような仕組みをつくったりしています。

したがって整備は登録後に本格化して進んだということが実情かと思います。重伝建地区の家屋改修などもそういう傾向があります。

登録後に、石見銀山基金ができました。NPO法人石見銀山協働会議があってそこが基金をつくっていて、文化財の修復事業で税金を投入する際に、小規模な神社のように資金が投入しにくいところに補助金を給付して、修復などに充ててもらうような使われ方もするようになっています。経緯から言うと、2007年の登録後の方が史跡としては圧倒的に見やすくなっていると思います。

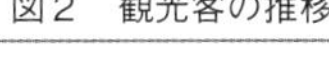
図２　観光客の推移

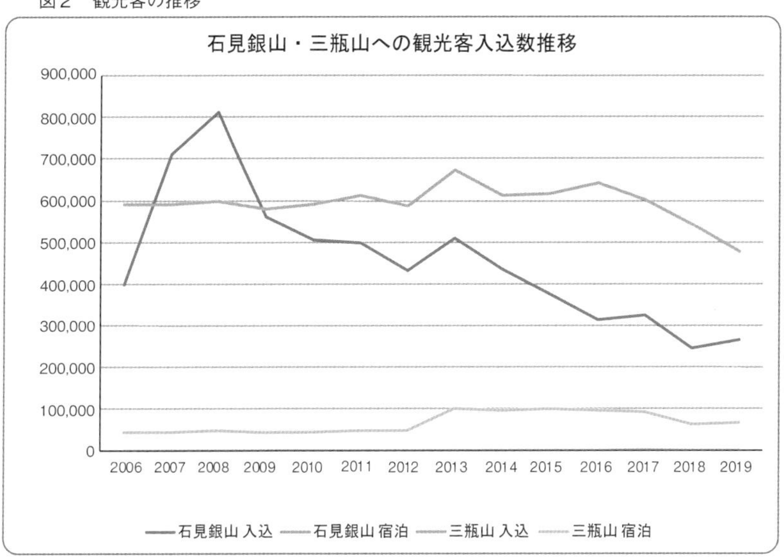

にもかかわらず、観光客数の推移は図２のとおりです。緑の線が三瓶山。温泉とか高原の観光客の入込で、ここ15年くらいあまり変わっていないです。石見銀山は青です。2007年の登録時前後からぐんぐん上がって、一時期は80万人くらいまでいったのですが、その後、下がってきてしまいました。2019年で25万人強というところです。直近ではコロナの影響もあって、落ち込みがかなり甚だしいです。

銀山ではほとんど宿泊客がいません。ずっと通過型観光ですが、三瓶山の方は宿泊施設などがあり一定数の宿泊客がいます。一方、石見銀山への入り込み客数は去年は20万人を切ってしまって、大森町という銀山に隣接してある町並みの飲食店が次々と閉鎖し、観光客の受け入れは、かなり厳しい状況になっていることは否めません。

石見銀山がある大森町には全国レベルで活動している企業として、中村ブレイスと群言堂という企業があります。この中村ブレイスは、義足とか義肢などを生産しているところで、かなりの売り上げ実績があるように聞いてい

写真11　群言堂

ます。群言堂は、特に中高年くらいがターゲットの婦人服販売ですが、全国各地のデパートなどにも店舗を持つようなアパレルになっていて、それが結構な売り上げがあります。

この二つの企業が出資者となって古民家の改修活動を盛んにされています。中村ブレイスは、この間、60軒以上改修しドイツパンの店を入れたり、あるいは社員を住まわせたりして利用しています。群言堂も同じような活動をしており、こうした活動は、島根県などから表彰され、情報誌やテレビ取材があるなど注目を集める企業です。地元の企業が頑張って観光に頼らないようなかたちで町並み景観を維持し、実際に住んで暮らすなど、そういうことで大森町の中でむしろ人は増えているのです。

確かに観光は厳しい状況ですが、町並みとしては伝建地区としての改修も進み、なおかつこういうかたちで地元企業が改修に携わって、人も住むというかたちで、維持されつつあるのです。

世界遺産に登録された直後に「石見銀山　大森町住民憲章」がつくられているのですが、暮らしということが重視されていて、暮らしながら守るということをアピールしています。観光客が来るというのは賑わいの創出ですが、穏やかさと両立させながら遺跡を守って、町も維持していく、暮らしを維持していくということをめざして、自治会協議会として憲章というものが定められたのでした。それに沿った、特に伝建地区の維持がなされているのだと思います。

最後にまとめておきます。

世界遺産として登録されて、関連する文化財が構成資産として位置付けられたことで、有名になって整備が進んだという良い面もありますが、一方で世界遺産という枠組みがちょっと重荷になっているところがあって、逆に分かりにくさにもつながっているということもあります。そういったところを地域遺産という見方で関連づけて整備していくことが必要ではないかと思います。

関連づけにはいくつもの視点があり得るわけなのですが、それは重層的な枠組みで、単層的ではないかたちでやっていくことが必要ではないかと思います。

それから、世界遺産に登録されるということで、マスコミに報道されて有名になって、観光客がどっと押し寄せたのですが、そのころよりも、いまの方が整備がはるかに進んでいますし、調査も継続していますので、展示施設の状況などで見る内容も、現在の方が見応えがあると思います。

登録後、観光客の減少をどうやって回復させるかというところは確かに課題ですが、一方で地域住民の取り組みによって暮らしの維持と文化財の保護というのは進展しています。その点については、文化財保護の在り方として、きちんと見て、位置付けておかなければならないと思っています。

・文化財（構成資産）の関連づけ：重層的枠組の必要性

・登録直後よりも調査や整備が進んだ現在のほうが見応えがある。

・観光客は減少したが「暮らし」の維持と文化財の保護は進展している。

以上、３点を指摘して、私の講義を終わります。

（2021年７月９日講義）

世界文化遺産としての富士山の「危機」と存続に向けて

滋賀大学経済学部教授
青柳　周一

コロナ禍での「危機」について

この世界遺産学の連続講義では、世界遺産の危機と継承というテーマで、これまで講師の皆さんに話をしていただいてきました。自分自身が富士山について取り上げるにあたって、世界文化遺産としての富士山の危機とは何だろうと考えたとき、それは、現在のコロナ禍にあっては、富士山そのものの危機というよりは、地元の地域社会における人々の生活の危機であったのだろうと思うに至りました。2020年７月ころ、静岡・山梨両県の富士山登山道が全面閉鎖するという事態になりました。現在の富士山の登山道は、山梨県側の吉田ルート、静岡県側の須走ルート。それと、富士宮ルートと、近代になって開かれた御殿場ルートと、４ルートあるわけですが、これらが全て閉鎖されるという事態となりました。

ご存じのとおり、富士山は１年のうち山頂付近に積雪が見られる時期が多い山で、その積雪が消える夏、つまり７月上旬から９月上旬のみ、年に約２カ月しか登頂ができません。すなわち、そこが登山シーズンであって観光シーズンであるわけですが、その時期に登山道を全面閉鎖するという事態は、少なくとも記録で残っている限りでは、1960年以降初めてのことでした。

そのさらに１年前、2019年の富士登山の状況はどうであったか。まず富士山は山梨県と静岡県側に分かれているので、それぞれの登山客の受け入れ方は県ごとに異なります。ですから、開山日も異なります。それぞれの開山日（７月）から９月10日までの登山者の合計数は、約23万6000人であったよう

写真1　葛飾北斎「富嶽三十六景」より「江都駿河町三井見世略図」
（すみだ北斎美術館蔵・DNPアートコミュニケーション提供）

です。

インバウンドもかなり多く、山梨県側の吉田ルートに限って見ても、2015年段階で週末には2割、平日には3割をインバウンドが占めるという状況でした（「住宅新報」2018年）。説明が前後しましたが、現在、富士山は、一合目から五合目までは車で行けます。その五合目に、大勢の登山者が集中する状況が2019年まではありました。五合目からは車は入れません。徒歩での登山ということになります。

観光地としての富士山が、このように大勢の人を集める要因としては、江戸時代以来そうなのですが、江戸すなわち現在の東京から近いということがあります。

富士山を描いた浮世絵はたくさんあります。写真1は江戸日本橋から富士山が見えるという図ですが、このような構図が成立するように、江戸の町は富士山を借景としていたのです。江戸の町なかのかなりの場所から富士山が見えるぐらいの距離感だったのです。

実際、江戸から富士山まで行くには、当時の人は健脚なので途中数泊しながら徒歩で富士山の近くまでたどり着いて、そこから登山をして山中1泊して登頂するといったようなコースでしたから、近距離の観光地だったのです。

現在は徒歩旅行ではありませんが、こうした関係性は東京にも受け継がれています。

それと、登山が比較的容易である。「日本で一番高い山なのに登山が簡単って、どういうこと」と思うかもしれませんが、富士山はかつて活火山であって、何回も噴火を繰り返していて、溶岩や火山礫に覆われたなだらかな山体を形成しています。

そして、登山をやる人には醍醐味でもある、オーバーハングだとか難しいポイントがほとんどないのです。だから、ひたすら我慢して登り続けていれば山頂に着くという山で、こういった意味では登山が比較的容易であるのです。このあたり、登山道が開発され整備が進められていった歴史とも関わるのですが、それはまた後で説明します。

2013年に世界遺産に認定され、知名度が高まったことなどを背景として、インバウンドも含め、富士山への登山客は23万人以上を迎えるに至っていました。これが2020年には、まったく登山客が来なくなるという状況に陥ります。特にインバウンドが激減しています。

五合目辺りにあるお土産物屋さんでは、売り上げが例年の１％、すなわち99％ダウンという、とんでもない数字に陥ったという新聞記事が「山梨日日新聞」などに載っておりました。さらに山中の山小屋は、登山客にとっては、そこで休憩したり、宿泊したり、緊急の際には避難したりするという大事な施設ですが、これもまた全面休業する事態になり、地域経済への打撃は非常に大きいものとなりました。

富士山は、山梨県、静岡県にまたがって存在します。そのため、経済面でも県によって、打撃のありようが異なります。

山梨県全体で見ると、観光収入源としては、富士山の世界遺産の構成資産が存在する市町に観光客が集中する傾向があります。だから、富士山に客が来ないということは、山梨県全体の観光収入に影響します。

静岡県の場合はどうかというと、こちらは県全体より地域社会単位となってきて、静岡県内で特に富士山への依存度が高いところとしては、富士宮市、裾野市、小山町須走などがあります。

こういった地域の人々は、富士山にさまざまなかたちで生活を依存しており、富士山に関わる生業に就いている人が比較的多いということができます。住民と生業について「静岡新聞」(2020年９月２日)は、世界遺産と絡めて以下のような文章を載せていました。

「富士山は、山小屋や運搬業者、ガイド、交通、麓の宿泊・観光施設など多様な関係者が支え、どれが欠けても世界遺産の重要な要素である登拝文化は維持できない」。住民の生業の危機とは、実は世界遺産としての富士山の根底にある文化の危機であると述べているのです。

「富士山の顕著な普遍的な価値」について説明した文章があります。これは、第37回の世界遺産会議で富士山を世界遺産一覧表に記載することになったときの決議内容の、文化庁及び山梨県・静岡県による仮訳です。

その摘要がありまして、この中で富士山のさまざまな価値が語られています。以下はその一部引用です。

「古来、長い杖を持った巡礼者が山麓の浅間神社の境内から出発し、神道の神である浅間大神の居処とされた頂上の噴火口へと達した。頂上では、彼らは『お鉢めぐり』と呼ぶ修行を行い、噴火口の壁に沿って巡り歩いた。巡礼者には２つの類型、山岳修験者に導かれた人々と、より多かったのが17世紀以降、繁栄と安定の時代であった江戸時代に盛んとなった富士講に所属した人々、があった。18世紀以降に巡礼がさらに大衆化したことから、巡礼者の支度を支援するための組織が設けられ、登山道が拓かれ、山小屋が準備され、神社や仏教施設が建てられた」

この文中に出てくる登山道や神社、仏教施設というものが、実は世界遺産としての富士山の構成資産になっています。

富士山が世界遺産になるにあたっては評価基準(登録基準)のⅲとⅵが適用されていまして、そのうちの基準ⅲ、文化的伝統、文明の証拠のところで「登拝」という言葉が出てきています。

「山頂への登拝と山麓の霊地への巡礼を通じて、巡礼者はそこを居処とする神仏の神聖な力が我が身に吹き込まれることを願った」ということで、この登拝というものが富士山登山の原形です。それら登拝の実態を表す文化財、さまざまな資産というものが、富士山とその周辺にはさまざまに存在していて、それらを含めて世界遺産になっているのです。

その登拝文化とは、図１の構成資産分布図、これら全てによって総体的に示されます。それぞれ山麓の集落や地域社会に存在しているわけですが、これらを伝統的に支えてきたのは地域の住民であり、先ほど述べたような山小屋、運搬業者、ガイド、交通といった富士山に関わる生業に就いてきた人々が歴史の中で生み出して、継承してきた文化財です。

富士山の登拝文化とは、先に引用した「静岡新聞」の記事のとおり、地元地域の関係者が支えてきたものであって、それは過去から現在に至るまで住民の生活や生業と深く関連しているのです。

つまり、この授業でもしばしば話題になってきた、環境と経済の関係、この双方がハードツーリズムのようなかたちで対立する局面というものがしばしば問題とされてきましたが、富士山においては、観光と経済、地域社会の生活というのは歴史上、ほぼ一体のものとしてありました。もちろん観光客の増加による環境への負荷は無視できません。しかし、そこには独特な、しかも深い結び付きがあり、それを現在コロナが脅かしています。登山者が来ないという状況は、地域社会の生活および登拝文化の危機であるということになるのです。

歴史にみる富士登山と地域社会

登拝文化というものの歴史を少したどってみることにします。

先ほどの「富士山の顕著な普遍的な価値」のところで「富士山の登頂を行って」といった文章がありましたが、私は「人々が富士山に登山するようになって、山頂にまで到達するのは、だいたいいつごろの時代だと思いますか」というクイズをいつも、こういった話をするときにはやります。今日はちょっと答えを聞いている時間がないので先に言ってしまいますが、山中で修行などを行う専門の宗教者に限って言えば、1132（長承元）年に富士上人末代が富士山の山頂に到達したとされるので、いまからおおよそ900年くらい前には、人々は山頂に至って活動していました。

図1　富士山の構成資産分布図
(富士山世界文化遺産登録推進両県合同会議パンフレット『世界遺産富士山』より)

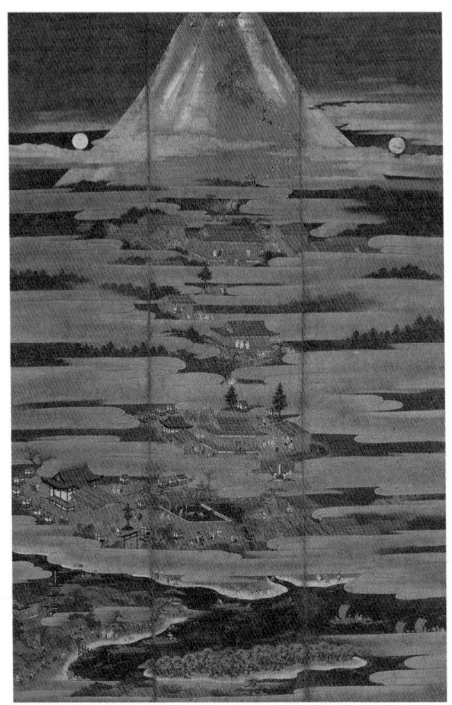

写真2　「富士参詣曼荼羅図」（富士山本宮浅間神社蔵）

初期の富士山周辺の宗教者が拠点としていたのが村山というところで、こうした集落を拠点として、修験と呼ばれる宗教者が次第に展開をしていきます。

修験とは別名を山伏とも言います。彼らは、山中に入って、その山の神、富士山も含めて山には神仏がすむといい、それらを崇めながら山中で修行する。このような宗教者のことを修験と呼びます。

村山というところは、その修験がだんだんと活動の拠点としていき、やがて集住するようになった場所です。彼ら修験は地元で修行に励むだけではなく、次第に廻国、つまり全国各地に出掛けていって修行を行いつつ、各地の人々に富士山の信仰を広めるようになっていきます。

このように信仰に導かれて全国各地から、修験の案内によって富士山を訪れて、富士山に登山するという人々が次第に現れ始めます。そういった様子

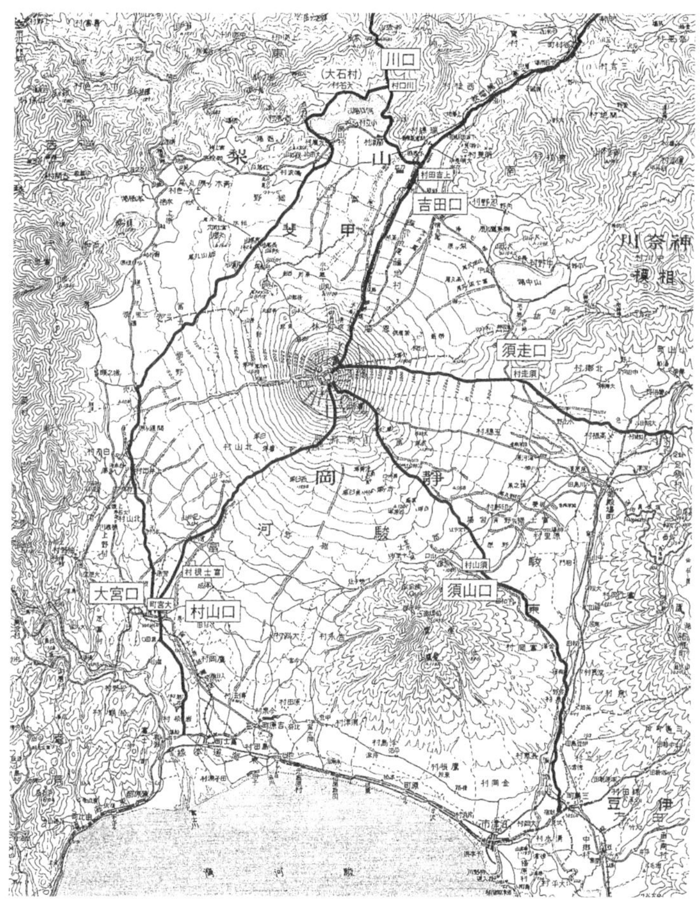

図２　富士山の登山口と登山道（静岡県富士山世界遺産センター編集・発行『富士山巡礼路調査報告書　須走口登山道』2018年より）

を描いたのが写真２で、「富士参詣曼荼羅図」といいます。

現在の富士宮市にある浅間（せんげん）神社の神体は富士山です。富士山を崇める神社の脇から出ている登山道を人々が、修験などに導かれて登っていくのです。山頂には仏様が３体見えていて、ここで仏様と一体になる。ここは天上界であるという、そういう信仰の在り方だったのです。この絵は室町時代の作と

写真３　仮名垣魯文『滑稽富士詣』二編下（国会図書館蔵）

言われ、ここに示されているとおり、専門の宗教者以外の人々が富士登山をして、なおかつ山頂に到達するようになるのは15世紀の末、室町時代の後半ころだと言われています。

このころになると、この大宮口の登山道をはじめとして、富士山の周辺には複数の登山道が成立するようになっていきます。図２には江戸時代までの登山道が示されています。だから、まだ御殿場口がありません。北から吉田口登山道、須走口登山道、須山口登山道、大宮口登山道があります。

複数の登山道が成立してきて、登山口に隣接する集落では登山者（以下、登拝を目的とするので参詣者と呼ぶ）を迎え入れて世話をする生業が発達してきます。こうした集落があるのは富士山だけとは限らずに、例えば木曽の御嶽山、東北の出羽三山、九州の英彦山のように登拝が行われる山には、だいたい似たような集落が成立しています。

信仰対象の山岳へ登拝する拠点となり、住民による参詣者相手の生業が発達した集落を、私は信仰登山集落と呼んでいますが、甲斐国すなわち山梨県の側に上吉田村と、河口湖の辺りに河口（川口）村があって、そこからも登山ができました。河口からの登山道は、途中で吉田口登山道と合流します。

それと、駿河国すなわち静岡県側の須走村と須山村と村山、大宮といった集落が挙げられます。室町時代後期から戦国時代の史料にも、富士参詣者の記録は現れるのですが、富士登山がそれ以上に活発に行われたと思われるのが、さらに参詣者が増えた江戸時代です。

江戸時代には国内旅行が発達してきました。富士山は江戸から近いので、幕府のお膝元として巨大都市化した江戸から富士山へ向かう参詣者が非常に多くなり、富士講という富士登山を行う信仰集団なども結成されてきました。

江戸時代の滑稽本『滑稽富士詣』には、当時の伝統的な富士登山の格好をした人々が、上吉田の村にたどり着いて、御師のところに泊まろうとすると、御師の手代が出迎えにくる、登山に来たお客と地元の人々の出会いの場面が描かれています（写真３）。大勢の客を迎えるようになって、信仰登山集落が富士登山の拠点としてさらに繁栄していくのです。私は信仰登山集落のうち、須走村の研究をしばらくやっておりました。写真４は、江戸時代の須走村が富士登山の宣伝のために作成して頒布した絵図です。

江戸時代の須走村は、家の数は60から80だから、それほど大きな規模の村ではありません。その村の中に御師と呼ばれる人々が17軒ほど居住していました。この御師と浅間神社や寺院、一般の宿屋も10軒ぐらいあったようですが、これらが参詣者相手の宿泊業を経営していました。宿泊業の比重の大きな村と言うことができますが、それ以外の村人たちも、山中での石室と呼ばれる山小屋であったり、茶屋などの経営だとか、あるいは強力、いまの言葉で言えばシェルパですか、荷物を背負って登山道を案内する、そういったさまざまな生業に従事していました。

富士山御師というのは、各集落の浅間神社に所属する宗教者で、富士登山にやって来た参詣者に宿坊を提供して、山に登る前に祈祷を行ったり、あるいは、神楽などを奉納するということを行いつつ代金を徴収していたのです。

また一方で、御師は村の外にも盛んに出掛けていきます。先ほどの修験と同じように、定期的に村から出掛けていって富士山信仰を広めるのですが、そうした中で、ある御師と富士山信仰に関わる固定的な関係を結ぶ人々（檀那）が現れてきます。そうなると御師は毎年、檀那の住む村などに通ってお札を配ったり、また富士山の神に捧げる初穂を徴収することを生業にしていきます。

さらに御師は、全国各地のそういう檀那を巡りながら、人々を富士登山に勧誘します。勧誘して、自分の村から富士山にお登りなさいという、そうすると檀那たちは須走村にやってきて、その御師の家に泊まって神楽を上げ、須走口登山道から登っていくのです。須走口登山道には村の人々が途中で山小屋とか茶屋を経営しているから、勢い、そこの人々の収入源にもなっていきます。

江戸時代に安定して大勢の富士参詣者が訪れた背景には、この御師の活動が支えていた部分が大きいと言えます。現代風の言葉で言うと、富士山御師というのは、富士山近くに居住しているホテル経営者兼ツアーコンダクターです。そのように言ってしまうと、イメージがいくらかつかめるかなと思います。

こういった人々が、実は全国各地の大きな寺院や神社には存在していて、一番有名なのは伊勢神宮の伊勢御師です。伊勢の御師だけ「おんし」と言って、他の寺社にいるのは「おし」と言います。あと熊野や相模大山などにも御師がいましたが、こういった人々が江戸時代の旅行文化を根っこの方で支えていました。

このようにして、各地から定期的に富士山を参詣者が訪れるようになり、御師の宿泊業は、これら檀那を重要な顧客として経営を存続することができたのです。同様の状況が、上吉田だとか須山といった集落にもありました。

富士山へ向かう参詣者は、信仰登山集落の人々の生活を潤すだけではなくて、富士山にたどり着くまでの道沿いの人々にも、さまざまな稼ぎの機会を与えました。旅行する人に馬を貸す人、かごに乗せる人、あるいは道沿いの茶店。そういったところにさまざまな収入の機会を与えていたわけで、ある種、非常に複合的な産業体のようなかたちで、富士登山を巡る経済の構造というものが出来上がっていたのです。

参詣者の受け入れと富士山中・山麓地域

参詣者の受け入れと富士山中・山麓地域の様子を、詳しく見ていきます。須走村ですが、この辺りの地域は御厨地方と呼ばれました。現在の地名で言

写真４　「須走中心富士細密絵図」（静岡県富士山世界遺産センター蔵）

うと静岡県駿東郡小山町、御殿場市、裾野市です。この辺りは、現在に至っても富士山に対する生活上の依存度が高いとされた地域です。

御厨地方の富士山に近い村々は標高が高い。つまり平均気温が低いのです。さらに、富士山は、現在は休火山ですが、かつては活火山でした。噴火を繰り返した歴史があって、火山灰が山裾には厚く堆積しており、そのため須走村がある一帯は農作業に向きませんでした。

江戸時代の村では、基本的に田畑を耕作し、そこでの収穫によって生活を維持し、領主へ年貢を納めていました。その田畑を持たずに、いったいどうやって生活してきたのだということになりますが、須走村を支えていたのが富士山参詣者です。夏の間だけやって来る参詣者から、さまざまなかたちで収入を得て、生活を営んできたのでした。

そんな須走村ですが、1707（宝永４）年、富士山が噴火しました。宝永噴火と言い、大量の灰を地域にまき散らし、その灰は江戸の方まで到達したのですが、この直撃を受けたのが御厨地方でした。

この噴火災害により、富士山に最も近い村だった須走村は完全に集落が埋

写真５　五合目の図（『江戸時代参詣絵巻 富士山真景之図』（名著出版、1985年）より転載）

写真６　七合五勺の図（同左）

まったのです。時を経て、やがて集落は復興していくのですが、須走村ではそれまでわずかにあった耕地もまったくなくなりました。ちなみに、この火山灰に埋まった須走村の遺構について、最近、発掘調査が行われて、言い伝えのとおりに、現在の須走の真下に埋没している遺構があるということが発見されてきています。

このような須走村ですが、江戸時代の後期である1803（享和２）年の様子を、和久田寅（叔寅）という人が『富岳雪譜』に書いているので、該当箇所を現代語訳しました。

「（須走村では）市場の店のように道の両側に軒を連ねて、多くは旅人を宿泊させることを生業としている。旅人といっても富士参詣以外の者は１人もいない。…そもそもこの須走の里には家が数多くあるが、周囲はすべて不毛の地で作物は実らない。…登山シーズンの６・７月（旧暦）に各地から訪れる参詣者を宿泊させ、または強力をし、山中の石室で茶や食事を販売するなどして得た収入で、年間の生活を営む。」

写真４は須走村が各地から、特に江戸方面から登山客を勧誘するために頒布した絵図の一つですが、この絵の真ん中に大きめに描かれているのが須走村。本当は、こんなに大きくないですけど。

そこから、いったいどんな地域に道が広がっていたのかを詳しく描いています。だから、こういった地域からも登山のために須走村にやって来ること

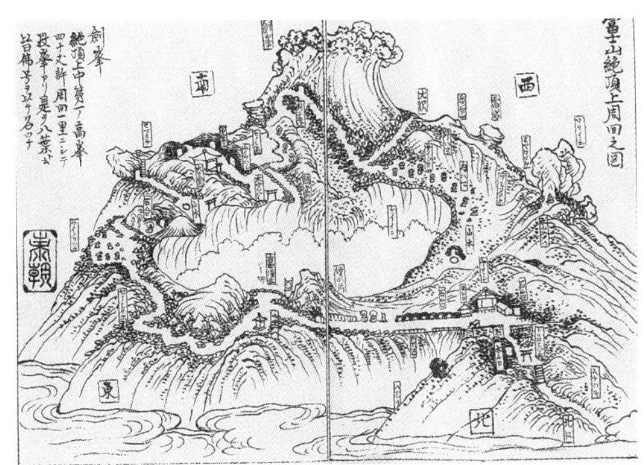

写真7　富士山頂の図（同左）

ができるのである、やって来てねというメッセージも込められた絵なのです。そして実際、登山シーズンになると参詣者が大勢、各地から集まってくるのです。

須走村の話をしてきましたが、上吉田村でも似たような景観の集落が成立していて、こちらの方が規模が大きいです。江戸からの参詣者の多くは上吉田を目指して富士山へ向かったので、須走をさらに何倍かしたような参詣者の数を迎えていました。

富士山中には、石室と呼ばれる山小屋が点在していて、そこに参詣者たちが宿泊したりするのですが、江戸時代になると、これが山中に林立してきます。吉田口の五合目辺りは、まだそんなに気象条件が厳しくないので木製の茶屋が幾つかありますが、七合目辺りに行くと石室になります。（写真５，６）

富士山の山頂の入り口のところにも、石室が並び建っています（写真７）。富士山の山頂は結構広くて、火口の周りには道が切り開かれています。その周回道のポイントごとに、仏を祀るお堂であったり、あるいは石室などが点在していて、かなり開発が進んでいる様子がうかがわれると思います。このような茶屋とか石室で、山麓の信仰登山集落などの住民たちが仕事をして収入を得ているのです。

他の信仰登山集落でも、生計を参詣者に依存しており、同じような状況があるために、各信仰登山集落では、登山道の整備をはじめ、参詣者受け入れ体制の構築を進めていくことになります。

そのあたりの様子が分かるのが、1796（寛政８）年に須山村で定められた「掟取り極め連判帳」です。本当は全10条あるのですが、そのうちの４条だけを紹介します（菊池邦彦「富士山信仰における須山口の位置」（『裾野市史研究』13　2001年）、現代語訳は青柳による）。

・富士登山道の整備と道の草刈りは、これまで通り怠りなく行う。
・国元から決まった御師を指名してきた参詣者を、別の御師へ案内してはいけない。
・登山案内をする先達や強力が、決められた賃銭以外に「お山祝い」などと称して強請（ゆすり）のようなことをしてはならない。違反者は山での稼ぎを禁止する。
・石室や茶屋などで商いをする者は、値段をつりあげたりせず、品物の値段は相場に照らして決めること。

１条目では登山道を整備する、道の草を刈って登りやすくするといったことを、山麓の集落が行っていることがうかがわれます。

２条目は、御師が各地で持っている固定客、檀那ですね。それを別の御師が横取りしてはならないという、客の来訪に伴うトラブル回避の条文です。

３条目は、参詣者から規定以上の料金を取ってはならないという規定であり、快適で、不愉快な思いをしない登山を実現するべきだといったような意味があったと思います。４条目では、山中での商売で商品の値段をつり上げてはいけないとある。

江戸時代、これは1796（寛政８）年のことですが、かなりサービス業者としての自覚が出てきていると思いませんか。江戸時代における、こういった村の生業というのは、サービス業の原型のようなものになりつつあったわけです。

かくて、江戸時代において参詣者は増えていき、拾い上げられる数字だけをみても、須走村では1789（寛政元）年に１万人。1800（寛政12）年には２万3700人に到達します。江戸時代に、すでに万単位での登山客がいた。須山村

写真８　歌川芳幾「富士山北口女人登山之図」(静岡県立美術館蔵)

では若干少なく、5398人ですが、先ほど紹介した上吉田では、これらを優に上回る人数が来ていたので、富士山全体で言うと、５～６万人以上はいくのではないかという気がします。

そして、江戸時代になると参詣者の中に女性も増え始めます。江戸時代後期から幕末には、女性による登山禁制も緩和されていきます。前近代の寺院や神社など宗教施設では、女性は穢れた存在として見なされ、その出入りを拒絶したり制限したりするケースが多く、霊山と言われるところも同様でした。

富士山でも女人禁制は行われていたのですが、江戸時代後期になると、山麓の集落では、むしろ女性を登らせようとしていきます。それはおそらく、山麓の集落にとっては、女性でも男性でも、大事な収入を与えてくれる客であることは一緒だったからです。ある種、極めて客観的な、人々を迎える立場としてのサービス業者のありようになっていくのでした。

写真８は、江戸時代終わりごろ、1860(万延元)年に刷られた浮世絵ですが、富士参詣者が山麓から、ずらっと登山をしていて、よく見ると、その中には女性が含まれています。この年に、いかに女性の登山者が多かったかを表しています。

1882(明治15)年になると、アーネスト・サトウが「最近は女性の登山者がだいぶ多くなり、富士は婦人の山といってもよさそうだ」とディキンズへ送った手紙の中に書いています。若干、洒落のようですが、このように江戸時代を通じて登拝文化が隆盛を極めていくのです。

富士山の構成資産の中には、富士吉田の御師住宅があります。御師は富士山の登拝文化を、まさに支えた存在であって、その住宅が世界遺産に指定されています。また、須走ほか各集落の浅間神社は、御師が所属していて富士山信仰を守り伝えた場所ということで、これも世界遺産となっています。

こういった構成資産のありようを見ても、登拝文化というのは、富士山における山麓の地域の文化そのものであって、その地域の文化、地域の歴史が、ある種、まるごと評価されているのが富士山の世界文化遺産としての内実であると考えられます。

戦中・戦後の富士山での「危機」

近代になって富士山の登山者は、基本的には、交通状況が発達するのでさらに数が増えていきます。ただ1886（明治19）年はコレラが流行し、現在のコロナ禍と似ていますが、客が激減して地域の人々は大変困ったという新聞記事があります。コロナ禍以前に富士登山者が激減した時期は、おそらく戦争末期から戦後にかけてだろうと思われます。戦前にはある種、戦争の必勝祈願みたいなことで富士登山者が爆発的に増えたことがあり、戦時中の1942（昭和17）年に須走口の登山者が21万人という、ちょっと信じられない数字が見られたりもします。これは2019年の富士山全体に迫るような数字ですが、その後、激減します。

戦争の長期化により、昭和20年には御殿場口登山道が営業を中止する事態に追い込まれ、その同じ年の８月に敗戦を迎え、この年には完全に客足が途絶えるという状況になりました。

コロナ禍での存続と継承に向けて

2020年の富士山では、戦中・戦後以来の登山者激減の危機にさらされたと言えそうですが、2021年は、富士山の登山ルートについては五合目から山頂

写真９　静岡県富士山世界遺産センター

まで全面開通することが決定しています。山梨側の吉田ルートでは７月１日、静岡側の３ルートでは７月10日に、すでに山開きが行われています。

ただし、コロナ禍以前には、富士山頂付近ではかなり登山者が混雑する状況でしたので、これを再現してはいけないということで、現地ではさまざまな取り組みがされています。

静岡県・山梨県及び関係市町等で構成する「富士山世界文化遺産協議会」では、富士登山の混雑を緩和することを目的として、2017年度より混雑予想カレンダーを作成し、登山の分散を促しています。2021年度からは動画「分散登山のススメ」も YouTube で公開し、「With コロナ時代の新しい富士登山マナーについて」も「富士山における適正利用推進協議会」で策定・公表しています。

それと、石見銀山では、世界遺産に登録された後に文化財の調査研究が進んだという話がありましたが、富士山もそういったところの一つです。富士山の歴史文化の調査研究について、世界遺産委員会からの指摘・勧告を受けて、山梨・静岡両県に「富士山世界遺産センター」が設立されています。巡礼路というのは富士山に訪れた人々が利用した道々ですが、その歴史を中心に研究を行っています。

静岡の「富士山世界遺産センター」での調査研究活動について学芸員の方に伺ったところ、コロナ禍であった2020年も順調に継続しています。2021年

３月には大宮・村山口の登山道に関する調査報告書を刊行し、調査結果は、一般の人々にも積極的に公表しています。調査結果の速報展といったかたちでの公開も行い、情報発信にも力を入れています。富士山に直接登らなくとも世界遺産としての魅力を知ることができる、ビジターセンターとして山麓に開かれたという性格にもよるのですが、富士山に登ることができなくなった2020年、現地への来訪が制限される中で、国内外に向けた富士山の情報と魅力の発信をいよいよ強化しております。

静岡県富士山世界遺産センターでは、この他に、2020年度に行った事業としてメール会員があります。これは、ホームページを開設しているだけだと、ホームページにアクセスしなくては情報が得られないので、センターの方から会員にどんどんメールを発信して情報を伝えていこうという取り組みだそうです。僕も会員になりました。

コロナ禍ではあっても、その中で、いかに無理なく登山客を迎えていくか、あるいは、世界文化遺産としての富士山の魅力と情報をいかに発信していくかということで、現場では工夫を凝らし続けています。

富士山世界文化遺産協議会では、2014年に、ユネスコの勧告を受けて「世界文化遺産富士山ヴィジョン」というものを定めています。そこには、以下のような文章があります。

「富士山の裾野を含む山麓の区域は、長く人々の暮らしや生業の場となり、日本の代表的な観光・レクリエーションの目的地として利用されてきた歴史を持つ。また、火山と共生してきた人々の知恵も込められている。そのような歴史を踏まえ、望ましい土地利用の在り方を展望し、富士山が持つ顕著な普遍的価値の継承を前提として、『ひとつの文化的景観（a cultural landscape）』としての管理を行い、人間と富士山との持続可能で良好な関係を築くため、各種の戦略・方法を定める。」「特に『ひとつの文化的景観（a cultural landscape）』の観点から上記の取り組み・施策を息長く続けていくためには、地域社会（コミュニティ）における不断の議論・実践・点検が求められる。」

コロナ禍の中で登山客が減る、そういう状況の中で、コミュニティとして富士山に関わる。富士山に関わりながらどうやって生きていこう。コロナ禍が収まったら、どういう地域社会であるべきなのだろう。それは、富士山と共に生きるこの場所にあって考えなければいけない課題として、いよいよ大きく突き付けられているのではないかと思います。

これは、大筋では他の地域においても一緒だと思います。地域に存在する、その世界遺産とどう関わるべきなのか。コロナ禍にあって、なぜ世界遺産と関わっているのか。それを考えることが非常に重要だろうと思います。

レジリエンスという概念も、この授業の中でたびたび出ましたが、僕はレジリエンスの訳については、「しなやかさ」より「打たれ強さ」という訳の方が好きです。打たれても蹴られても、形が変わっても生き延びるのがレジリエンスです。地域社会がレジリエンスを発揮しようとするときに、その基盤というか核になり得るのが、実は地域に昔からある文化財である。

その地域はどんな地域であるのか、どういう歴史を背負っているのか、どんな景観の地域であったのか。地域への思い入れや愛着とは、地域の歴史や文化、景観といったものに根差していることが、実際には多いのではないでしょうか。だからここに住んで、この地域で暮らしていくのだという、そういった思いを下の方で支えているのは、地域の歴史であり文化であって、それを象徴するのが文化財であり、あえて言えば世界遺産ということにもなります。コロナ禍のような危機に直面した時、地域がレジリエンスを発揮することと世界遺産がそこにあることとの関係というのは、結構大きいものがあるだろうと思っています。

世界遺産の存続と継承を目指すには、コミュニティの存在が非常に重要です。これは石見銀山でもそうでしたし、彦根城でもきっとそうなるでしょう。世界遺産をめぐって、地域の住民とどうコミュニケーションを取っていくのか、議論に加わってもらうのか。地域の住民を広く巻き込みながら不断の議論・実践・点検を実現すること。これが、世界遺産を継承していく上で、危機を乗り越える上で一番重要なことではないかと、あらためて思います。

（2021年７月16日講義）

世界の文化遺産及び自然遺産の保護に関する条約

平成４（1992）年９月28日 条約第７号
平成４（1992）年９月30日 発効（平成４外務省告示460）

国際連合教育科学文化機関の総会は、1972年10月17日から11月21日までパリにおいてその第17回会期として会合し、文化遺産及び自然遺産が、衰亡という在来の原因によるのみでなく、一層深刻な損傷又は破壊という現象を伴って事態を悪化させている社会的及び経済的状況の変化によっても、ますます破壊の脅威にさらされていることに留意し、文化遺産及び自然遺産のいずれかの物件が損壊し又は滅失することも、世界のすべての国民の遺産の憂うべき貧困化を意味することを考慮し、これらの遺産の国内的保護に多額の資金を必要とするため並びに保護の対象となる物件の存在する国の有する経済的、学術的及び技術的な能力が十分でないため、国内的保護が不完全なものになりがちであることを考慮し、国際連合教育科学文化機関憲章が、同機関が世界の遺産の保存及び保護を確保し、かつ、関係諸国民に対して必要な国際条約を勧告することにより、知識を維持し、増進し及び普及することを想定していることを想起し、文化財及び自然の財に関する現存の国際条約、国際的な勧告及び国際的な決議が、この無類のかけがいのない物件（いずれの国民に属するものであるかを問わない。）を保護することが世界のすべての国民のために重要であることを明らかにしていることを考慮し、文化遺産及び自然遺産の中には、特別の重要性を有しており、したがって、人類全体のための世界の遺産の一部として保存する必要があるものがあることを考慮し、このような文化遺産及び自然遺産を脅かす新たな危険の大きさ及び重大さにかんがみ、当該国がとる措置の代わりにはならないまでも有効な補足的手段となる集団的な援助を供与することによって、顕著な普遍的価値を有する文化遺産及び自然遺産の保護に参加することが、国際社会全体の任務であることを考慮し、このため、顕著な普遍的価値を有する文化遺産及び自然遺産を集団で保護するための効果的な体制であって、常設的に、かつ、現代の科学的方法により組織されたものを確立する新たな措置を、条約の形式で採択することが重要であることを考慮し、総会の第16会期においてこの問題が国際条約の対象となるべきことを決定して、この条約を1972年11月16日に採択する。

Ⅰ　文化遺産及び自然遺産の定義

第１条　この条約の適用上、「文化遺産」とは、次のものをいう。

記念工作物　建築物、記念的意義を有する彫刻及び絵画、考古学的な性質の物件及び構造物、金石文、洞穴住居並びにこれらの物件の組合せであって歴史上、芸術上又は学術上顕著な普遍的価値を有するもの

建造物群　独立し又は連続した建造物の群であって、その建築様式、均質性又は景観内の位置のために、歴史上、芸術上又は学術上顕著な普遍的価値を有するもの

遺跡　人工の所産（自然と結合したものを含む。）及び考古学的遺跡を含む区域であって、歴史上、芸術上、民俗学上又は人類学上顕著な普遍的価値を有するもの

第２条　この条約の適用上、「自然遺産」とは、次のものをいう。

無生物又は生物の生成物又は生成物群から成る特徴のある自然の地域であって、鑑賞上又は学術上顕著な普遍的価値を有するもの

地質学的又は地形学的形成物及び脅威にさらされている動物又は植物の種の生息地又は自生地として区域が明確に定められている地域であって、学術上又は保存上顕著な普遍的価値を有するもの

自然の風景地及び区域が明確に定められている自然の地域であって、学術上、保存上又は景観上顕著な普遍的価値を有するもの

第３条　前２条に規定する種々の物件で自国の領域内に存在するものを認定し及びその区域を定めることは、締約国の役割である。

Ⅱ　文化遺産及び自然遺産の国内的及び国際的保護

第４条　締約国は、第１条及び第２条に規定する文化遺産及び自然遺産で自国の領域内に存在するものを認定し、保護し、保存し、整備し及び将来の世代へ伝えることを確保することが第一義的には自国に課された義務であることを認識する。このため、締約国は、自国の有するすべての能力を用いて並びに適用な場合には取得し得る国際的な援助及び協力、特に、財政上、芸術上、学術上及び技術上の援助及び協力を得て、最善を尽くすものとする。

第５条　締約国は、自国の領域内に存在する文化遺産及び自然遺産の保護、保存及び整備のための効果的かつ積極的な措置がとられることを確保するため、可能な範囲内で、かつ、自国にとって適当な場合には、次のことを行うよう努める。

(a)文化遺産及び自然遺産に対し社会生活における役割を与え並びにこれらの遺産の保護を総合的な計画の中に組み入れるための一般的な

政策をとること。

(b)文化遺産及び自然遺産の保護、保存及び整備のための機関が存在しない場合には、適当な職員を有し、かつ、任務の遂行に必要な手段を有する1又は2以上の機関を自国の領域内に設置すること。

(c)学術的及び技術的な研究を発展させること並びに自国の文化遺産及び自然遺産を脅かす危険に対処することを可能にする実施方法を開発すること。

(d)文化遺産及び自然遺産の認定、保護、保存、整備及び活用のために必要な立法上、学術上、技術上、行政上及び財政上の適当な措置をとること。

(e)文化遺産及び自然遺産の保護、保存及び整備の分野における全国的又は地域的な研修センターの設置又は発展を促進し、並びにこれらの分野における学術的調査を奨励すること。

第6条

1　締約国は、第1条及び第2条に規定する文化遺産及び自然遺産が世界の遺産であること並びにこれらの遺産の保護について協力することが国際社会全体の義務であることを認識する。この場合において、これらの遺産が領域内に存在する国の主権は、これを十分に尊重するものとし、また、国内法令に定める財産権は、これを害するものではない。

2　締約国は、この条約に従い、第11条の2及び4に規定する文化遺産及び自然遺産の認定、保護、保存及び整備につき、当該遺産が領域内に存在する国の要請に応じて援助を与えることを約束する。

3　締約国は、締約国は、第1条及び第2条に規定する文化遺産及び自然遺産で自国の領域内に存在するものを直接又は間接に損傷することを意図した措置をとらないことを約束する。

第7条　この条約において、世界の文化遺産及び自然遺産の国際的保護とは、締約国がその文化遺産及び自然遺産を保存し及び認定するために努力することを支援するための国際的な協力及び援助の体制を確立することであると了解される。

Ⅲ　世界の文化遺産及び自然遺産の保護のための政府間委員会

第8条

1　この条約により国際連合教育科学文化機関に、顕著な普遍的価値を有する文化遺産及び自然遺産の保護のための政府間委員会(以下「世界遺産委員会」という。)を設置する。同委員会は、同機関の総会の通常会期の間に開催される締約国会議において締約国により選出された十五の締約国によって構成される。同委員会の構成国の数は、この条約が少なくとも40の国について効力を生じた後における最初の総会の通常会期からは21とする。

2　世界遺産委員会の構成国の選出に当たっては、世界の異なる地域及び文化が衡平に代表されることを確保する。

3　世界遺産委員会の会議には、文化財の保存及び修復の研究のための国際センター（ローマ・センター）の代表１人、記念物及び遺跡に関する国際会議（ICOMOS）の代表１人及び自然及び天然資源の保全に関する国際同盟（IUCN）の代表１人が、顧問の資格で出席できるものとし、国際連合教育科学文化機関の総会の通常会期の間に開催される締約国会議における締約国の要請により、同様の目的を有する他の政府間機関又は非政府間機関の代表も、顧問の資格で出席することができる。

第９条

1　世界遺産委員会の構成国の任期は、当該構成国が選出された時に開催されている国際連合教育科学文化機関の総会の通常会期の終わりから当該通常会期の後に開催される三回目の通常会期の終わりまでとする。

2　もっとも、最初の選挙において選出された世界遺産委員会の構成国の３分の１の任期は当該選挙が行なわれた総会の通常会期の後に開催される最初の通常会期の終わりに、また、同時に選出された世界遺産委員会の構成国の他の３分の１の任期は当該選挙が行なわれた総会の通常会期の後に開催される２回目の通常会期の終わりに、終了する。これらの構成国は、最初の選挙の後に国際連合教育科学文化機関の総会議長によりくじ引で選ばれる。

3　世界遺産委員会の構成国は、自国の代表として文化遺産又は自然遺産の分野において資格のある者を選定する。

第10条

1　世界遺産委員会は、その手続規則を採択する。

2　世界遺産委員会は、特定の問題について協議するため、公私の機関又は個人に対し会議に出席するよういつでも招請することができる。

3　世界遺産委員会は、その任務を遂行するために同委員会が必要と認める諮問機関を設置することができる。

第11条

1　締約国は、できる限り、文化遺産又は自然遺産の一部を構成する物件で、自国の領域内に存在し、かつ、２に規定する一覧表に記載することが適当であるものの目録を世界遺産委員会に提出する。この目録は、すべてを網羅したものとはみなされないものとし、当該物件の所在地及び重要性に関する資料を含む。

2　世界遺産委員会は、１の規定に

従って締約国が提出する目録に基づき、第１条及び第２条に規定する文化遺産又は自然遺産の一部を構成する物件であって、同委員会が自己の定めた基準に照らして顕著な普遍的価値を有すると認めるものの一覧表を「世界遺産一覧表」の表題の下に作成し、常時最新のものとし及び公表する。最新の一覧表は、少なくとも２年に１回は配布される。

3　世界遺産一覧表に物件を記載するに当たっては、当該国の同意を必要とする。２以上の国が主権又は管轄権を主張している領域内にある物件を記載することは、その紛争の当事国の権利にいかなる影響も及ぼすものではない。

4　世界遺産委員会は、事情により必要とされる場合には、世界遺産一覧表に記載されている物件であって、保存のために大規模な作業が必要とされ、かつ、この条約の規定に基づいて援助が要請されているものの一覧表を「危険にさらされている世界遺産一覧表」の表題の下に作成し、常時最新のものとし及び公表する。危険にさらされている世界遺産一覧表には、当該作業に要する経費の見積りを含むものとし、文化遺産又は自然遺産の一部を構成する物件であって、重大かつ特別な危険にさらされているもののみを記載することができる。このような危険には、急速にに進む損壊、大規模な公共事業若しくは民間事業又は急激な都市開発事業若しくは観光開発事業に起因する滅失の危険、土地の利用又は所有権の変更に起因する破壊、原因が不明である大規模な変化、理由のいかんを問わない放棄、武力紛争の発生及びそのおそれ、大規模な災害及び異変、大火、地震及び地滑り、噴火並びに水位の変化、洪水及び津波が含まれる。同委員会は、緊急の必要がある場合にはいつでも、危険にさらされている世界遺産一覧表に新たな物件の記載を行うことができるものとし、その記載について直ちに公表することができる。

5　世界遺産委員会は、文化遺産又は自然遺産を構成する物件が２及び４に規定する一覧表のいずれかに記載されるための基準を定める。

6　世界遺産委員会は、２及び４に規定する一覧表のいずれかへの記載の要請を拒否する前に、当該文化遺産又は自然遺産が領域内に存在する締約国と協議する。

7　世界遺産委員会は、当該国の同意を得て、２及び４に規定する一覧表の作成に必要な研究及び調査を調整し及び奨励する。

第12条　文化遺産又は自然遺産を構成する物件が前条の２及び４に規定する一覧表のいずれにも記載されなかったという事実は、いかなる場合においいても、これらの一覧表に記載されることによって生ずる効果は別として、それ以外の点について顕著な普遍的価値を有しないという意味に解してはならない。

第13条

1　世界遺産委員会は、文化遺産又は自然遺産の一部を構成する物件であって締約国の領域内に存在し、かつ、第11条の２及び４に規定する一覧表に記載されており又は記載されることが適当であるがまだ記載されていないものにつき、当該締約国が表明する国際的援助の要請を受理し、検討する。当該要請は、当該物件を保護し、保存し、整備し又は活用することを確保するために行うことができる。

2　１の国際的援助の要請は、また、予備調査の結果更に調査を行うことが必要と認められる場合には、第一条及び第二条に規定する文化遺産又は自然遺産を認定するためにも行うことができる。

3　世界遺産委員会は、これらの要請についてとられる措置並びに適当な場合には援助の性質及び範囲を決定するとし、同委員会のための当該政府との間の必要な取極の締結を承認する。

4　世界遺産委員会は、その活動の優先順位を決定するものとし、その優先順位の決定に当たり、保護を必要とする物件が世界の文化遺産及び自然遺産において有する重要性、自然環境又は世界の諸国民の特質及び歴史を最もよく代表する物件に対して国際的援助を与えることの必要性、実施すべき作業の緊急性並びに脅威にさらされている物件が領域内に存在する国の利用し得る能力、特に、当該国が当該物件を自力で保護することができる程度を考慮する。

5　世界遺産委員会は、国際的援助が供与された物件の一覧表を作成し、常時最新のものとし及び公表する。

6　世界遺産委員会は、第15条の規定によって設立される基金の資金の使途を決定する。同委員会は、当該資金を増額するための方法を追求し、及びこのためすべての有用な措置をとる。

7　世界遺産委員会は、この条約の目的と同様の目的を有する政府間国際機関及び国際的な非政府間機関並びに国内の政府機関及び非政府機関と協力する。同委員会は、その計画及び事業を実施するため、これらの機関、特に、文化財の保存及び修復の研究のための国際センター（ローマ・センター）、記念物及び遺跡に関する国際会議（ICOMOS）及び自然及び天然資源の保全に関する国際同盟（IUCN）、公私の機関並びに個人の援助を求めることができる。

8　世界遺産委員会の決定は、出席し

かつ投票する構成国の三分の二以上の多数による議決で行う。同委員会の会合においては、過半数の構成国が出席していなければならない。

第14条

1　世界遺産委員会は、国際連合教育科学文化機関事務局長が任命する事務局の補佐を受ける。

2　国際連合教育科学文化機関事務局長は、文化財の保存及び修復の研究のための国際センター(ローマ・センター)、記念物及び遺跡に関する国際会議(ICOMOS)及び自然及び天然資源の保全に関する国際同盟(IUCN)の各自の専門の分野及び能力の範囲における活動を最大限に利用して、世界遺産委員会の書類及び会議の議事日程を作成し、並びに同委員会の決定の実施について責任を負う。

以下第38条まで略

無形文化遺産の保護に関する条約

平成18(2006)年4月14日 条約第3号
平成18(2006)年4月20日 発効(平成4外務省告示233)

国際連合教育科学文化機関(以下「ユネスコ」という。)の総会は、2003年9月29日から10月17日までパリにおいてその第1212回会期として会合し人権に関する既存の国際文書、特に1948年の世界人権宣言、1966年の経済的、社会的及び文化的権利に関する国際規約及び1966年の市民的及び政治的権利に関する国際規約に言及し、1989年の伝統的文化及び民間伝承の保護に関するユネスコの勧告、2001年の文化の多様性に関するユネスコの世界宣言及び2002年の第3回文化大臣円卓会議で採択されたイスタンブール宣言により強調された、文化の多様性を推進し及び持続可能な開発を保証するものとしての無形文化遺産の重要性を考慮し、無形文化遺産と有形文化遺産及び自然遺産との間の深い相互依存関係を考慮し、地球規模化及び社会の変容の過程は、社会間の新たな対話のための状況を作り出すと同時に、不寛容の現象と同様に、特に無形文化遺産の保護のための資源の不足により、無形文化遺産の衰退、消滅及び破壊の重大な脅威をもたらすことを認識し、人類の無形文化遺産の保護に対する普遍的な意思及び共通の関心を認識し、社会(特に原住民

の社会)、集団及び場合により個人が無形文化遺産の創出、保護、維持及び再現に重要な役割を果たすことにより、文化の多様性及び人類の創造性を高めることに役立っていることを認識し、文化遺産を保護するための規範的な文書(特に1972年の世界の文化遺産及び自然遺産の保護に関する条約)の作成におけるユネスコの活動の広範な影響に留意し、さらに、無形文化遺産の保護のための拘束力を有する多数国間の文書はいまだ存在しないことに留意し、文化遺産及び自然遺産に関する既存の国際協定、勧告及び決議が、無形文化遺産に関する新たな規定により、効果的に高められ及び補足される必要があることを考慮し、特に若い世代間において、無形文化遺産及びその保護の重要性に関する意識を一層高めることの必要性を考慮し、国際社会は、この条約の締約国とともに、協力及び相互の援助の精神をもって、無形文化遺産の保護に関して貢献すべきであることを考慮し、無形文化遺産に関するユネスコの事業、特に人類の口承及び無形遺産に関する傑作の宣言を考慮し、人々をより緊密にさせ並びに人々の間の交流及び理解を確保する要素としての無形文化遺産の極めて重な役割を考慮し、この条約を2003年10月17日に採択する。

Ⅰ　一般規定

第1条　条約の目的

この条約の目的は、次のとおりとする。

(a)無形文化遺産を保護すること。
(b)関係のある社会、集団及び個人の無形文化遺産を尊直することを確保すること。
(c)無形文化遺産の重要性及び無形文化遺産を相互に評価することを確保することの重要性に関する意識を地域的、国内的及び国際的に高めること。
(d)国際的な協力及び援助について規定すること。

第2条　定義

この条約の適用上、

1 「無形文化遺産」とは、慣習、描写、表現、知識及び技術並びにそれらに関連する器具、物品、加工品及び文化的空間であって、社会、集団及び場合によっては個人が自己の文化遺産の一部として認めるものをいう。この無形文化遺産は、世代から世代へと伝承され、社会及び集団が自己の環境、自然との相互作用及び歴史に対応して絶えず再現し、かつ、当該社会及び集団に同一性及び継続性の認識を与えることにより、文化の多様性及び人類の創造性に対する尊重を助長するものである。この条約の適用上、無形文化遺産については、既存の人権に関する国際文書並びに社会、集団及び個人間の相互尊重並びに持続可能な開発の要請と両立するものにのみ考慮を払う。

2　1に定義する「無形文化遺産」は、特に、次の分野において明示される。

(a)口承による伝統及び表現（無形文化遺産の伝達手段としての言語を含む。）

(b)芸能

(c)社会的慣習、儀式及び祭礼行事

(d)自然及び万物に関する知識及び慣習

(e)伝統工芸技術

3　「保護」とは、無形文化遺産の存続を確保するための措置（認定、記録の作成、研究、保存、保護、促進、拡充、伝承（特に正規の又は正規でない教育を通じたもの）及び無形文化遺産の種々の側面の再活性化を含む。）をいう。

4　「締約国」とは、この条約に拘束され、かつ、自国についてこの条約の効力が生じている国をいう。

5　この条約は、第33条に規定する地域であって、同条の条件に従ってこの条約の当事者となるものについて準用し、その限度において「締約国」というときは、当該地域を含む。

第３条　他の国際文書との関係

この条約のいかなる規定も、次のように解してはならない。

(a)無形文化遺産が直接関連する世界遺産を構成する物件に関し、1972年の世界の文化遺産及び自然遺産の保護に関する条約の下での地位を変更し又は保護の水準を低下させる。

(b)締約国が知的財産権又は生物学的及び生態学的な資源の利用に関する国際文書の当事国であることにより生ずる権利及び義務に影響を及ぼす。

Ⅱ　条約の機関

第４条　締約国会議

1　この条約により、締約国会議を設置する。締約国会議は、この条約の最高機関である。

2　締約国会議は、通常会期として11年ごとに会合する。締約国会議は、自ら決定するとき又は無形文化遺産の保護のための政府間委員会若しくは締約国の少なくとも３分の１の要請に基づき、臨時会期として会合することができる。

3　締約国会議は、その手続規則を採択する。

第５条　無形文化遺産の保護のための政府間委員会

1　この条約により、ユネスコに無形文化遺産の保護のための政府間委員会（以下「委員会」という。）を設置する。委員会は、第34条に基づきこの条約が効力を生じた後は、締約国会議に出席する締約国により選出される18の締約国の代表者によって構成される。

2　委員会の構成国の数は、この条約

の締約国の数が50に達した後は、24に増加する。

第6条　委員会の構成国の選出及び任期

1　委員会の構成国の選出は、衡平な地理的代表及び輪番の原則に従う。

2　委員会の構成国は、締約国会議に出席するこの条約の締約国により4年の任期で選出される。

3　もっとも、最初の選挙において選出された委員会の構成国の2分の1の任期は、2年に限定される。これらの国は、最初の選挙において、くじ引で選ばれる。

4　締約国会議は、2年ごとに、委員会の構成国の2分の1を更新する。

5　締約国会議は、また、空席を補充するために必要とされる委員会の構成国を選出する。

6　委員会の構成国は、連続する2の任期について選出されない。

7　委員会の構成国は、自国の代表として無形文化遺産の種々の分野における専門家を選定する。

第7条　委員会の任務

委員会の任務は、次のとおりとする。ただし、この条約により与えられる他の権限を害するものではない。

(a)条約の目的を促進し並びにその実施を奨励し及び監視すること。

(b)無形文化遺産を保護するための最良の実例に関する指針を提供し及びそのための措置の勧告を行うこと。

(c)第25条に従って、基金の資金の使途に関する計画案を作成し及び承認を得るため締約国会議に提出すること。

(d)第25条に従って、基金の資金を増額するための方法を追求し及びこのために必要な措置をとること。

(e)この条約の実施のための運用指示書を作成し及びその承認を得るため締約国会議に提出すること。

(f)第29条に従って締約国が提出する報告を検討し及び締約国会議のために当該報告を要約すること。

(g)締約国が提出する次の要請について、検討し並びに委員会が定め及び締約国会議が承認する客観的な選考基準に従って決定すること。

(i)第16条、第17条及び第18条に規定する一覧表への記載及び提案

(ii)第22条による国際的な援助の供与

第8条　委員会の活動方法

1　委員会は、締約国会議に対して責任を負う。委員会は、そのすべての活動及び決定を締約国会議に報告する。

2　委員会は、その構成国の3分の2以上の多数による議決で、その手続規則を採択する。

3　委員会は、その任務を遂行するために必要と認める特別の諮問機関を一時的に設置することができる。

4　委員会は、特定の事項について協

議するため、無形文化遺産の種々の分野において能力を認められた公私の機関及び個人を会議に招請することができる。

第９条　助言団体の認定

1　委員会は、無形文化遺産の分野において能力を認められた民間団体の認定を締約国会議に提案する。当該民間団体は、委員会の顧問の資格で行動する。

2　委員会は、また、締約国会議にその認定の基準及び方法を提案する。

第10条　事務局

1　委員会は、ユネスコ事務局の補佐を受ける。

2　事務局は、締約国会議及び委員会の文書並びにそれらの会合の議題案を作成し、並びに締約国会議及び委員会の決定の実施を確保する。

Ⅲ　無形文化遺産の国内的保護

第11条　締約国の役割

締約国は、次のことを行う。

(a)自国の領域内に存在する無形文化遺産の保護を確保するために必要な措置をとること

(b)第２条３に規定する保護のための措置のうち自国の領域内に存在する種々の無形文化遺産の認定を社会、集団及び関連のある民間団体の参加を得て、行うこと。

第12条　目録

1　締約国は、保護を目的とした認定を確保するため、各国の状況に適合した方法により、自国の領域内に存在する無形文化遺産について１又は２以上の目録を作成する。これらの目録は、定期的に更新する。

2　締約国は、第29条に従って定期的に委員会に報告を提出する場合、当該目録についての関連情報を提供する。

第13条　保護のための他の措置

締約国は、自国の領域内に存在する無形文化遺産の保護、発展及び振興のために次のことを行うよう努める。

(a)社会における無形文化遺産の役割を促進し及び計画の中に無形文化遺産の保護を組み入れるための一般的な政策をとること。

(b)自国の領域内に存在する無形文化遺産の保護のため、１又は２以上の権限のある機関を指定し又は設置すること。

(c)無形文化遺産、特に危険にさらされている無形文化追産を効果的に保護するため、学術的、技術的及び芸術的な研究並びに調査の方法を促進すること。

(d)次のことを目的とする立法上、技術上、行政上及び財政上の適当な措置をとること。

(i)無形文化遺産の管理に係る訓練を行う機関の設立又は強化を促進し並びに無形文化追産の実演又は表現のための場及び空間を

通じた無形文化遺産の伝承を促進すること。

(ii)無形文化遺産の特定の側面へのアクセスを規律する慣行を尊重した上で無形文化遺産へのアクセスを確保すること。

(iii)無形文化遺産の記録の作成のための機関を設置し及びその機関の利用を促進すること。

第14条　教育、意識の向上及び能力形成

締約国は、すべての適当な手段により、次のことを行うよう努める。

(a)特に次の手段を通じて、社会における無形文化遺産の認識、尊重及び拡充を確保すること。

(i)一般公衆、特に若年層を対象とした教育、意識の向上及び広報に関する事業計画

(ii)関係する社会及び集団内における特定の教育及び訓練に関する計画

(iii)無形文化遺産の保護のための能力を形成する活動(特に管理及び学術研究のためのもの)

(iv)知識の伝承についての正式な手段以外のもの

(b)無形文化遺産を脅かす危険及びこの条約に従って実施される活動を公衆に周知させること。

(c)自然の空間及び記念の場所であって無形文化遺産を表現するためにその存在が必要なものの保護のための教育を促進すること。

第15条　社会、集団及び個人の参加

締約国は、無形文化遺産の保護に関する活動の枠組みの中で、無形文化遺産を創出し、維持し及び伝承する社会、集団及び適当な場合には個人のできる限り広範な参加を確保するよう努め並びにこれらのものをその管理に積極的に参加させるよう努める。

Ⅳ　無形文化遺産の国際的保護

第16条　人類の無形文化遺産の代表的な一覧表

1　委員会は、無形文化遺産の一層の認知及びその重要性についての意識の向上を確保するため並びに文化の多様性を尊重する対話を奨励するため、関係する締約国の提案に基づき、人類の無形文化遺産の代表的な一覧表を作成し、常時最新のものとし及び公表する。

2　委員会は、この代表的な一覧表の作成、更新及び公表のための基準を定め並びにその基準を承認のため締約国会議に提出する。

第17条　緊急に保護する必要がある無形文化遺産の一覧表

1　委員会は、適当な保護のための措置をとるため、緊急に保護する必要がある無形文化遺産の一覧表を作成し、常時最新のものとし及び公表し並びに関係する締約国の要請に基づいて当該一覧表にそのような遺産を

記載する。

2　委員会は、この一覧表の作成、更新及び公表のための基準を定め並びにその基準を承認のため締約国会議に提出する。

3　極めて緊急の場合（その客観的基準は、委員会の提案に基づいて締約国会議が承認する。）には、委員会は、関係する締約国と協議した上で、1に規定する一覧表に関係する遺産を記載することができる。

第18条　無形文化遺産の保護のための計画、事業及び活動

1　委員会は、締約国の提案に基づき並びに委員会が定め及び締約国会議が承認する基準に従って、また、発展途上国の特別のニーズを考慮して、無形文化遺産を保護するための国家的、小地域的及び地域的な計画、事業及び活動であってこの条約の原則及び目的を最も反映していると判断するものを定期的に選定し並びに促進する。

2　このため、委員会は、このような提案の準備のための締約国からの国際的な援助の要請を受領し、検討し及び承認する。

3　委員会は、そのような計画、事業及び活動を実施する場合、自らが決定した方法により最良の実例を普及させる。

V　国際的な協力及び援助

第19条　協力

1　この条約の適用上、国際的な協力には、特に、情報及び経験の交換、共同の自発的活動並びに締約国による無形文化遺産を保護するための努力を支援するための制度を設けることを含む。

2　締約国は、国内法令、慣習法及び慣行の適用を妨げることなく、無形文化遺産の保護が人類にとって一般的な利益であることを認識し、そのため、2国間で並びに小地域的、地域的及び国際的に協力することを約束する。

第20条　国際的な援助の目的

国際的な援助は、次の目的のために供与することができる。

(a)緊急に保護する必要がある無形文化遺産の一覧表に記載されている遺産の保護

(b)第11条及び第12条における目録の作成

(c)無形文化遺産の保護を目的とする国家的、小地域的及び地域的に実施される計画、事業及び活動への支援

(d)委員会が必要と認める他の目的

以下第40条まで略

文化財保護法

昭和25年 法律第214号

第1章　総則

（この法律の目的）

第1条　この法律は、文化財を保存し、且つ、その活用を図り、もつて国民の文化的向上に資するとともに、世界文化の進歩に貢献することを目的とする。

（文化財の定義）

第2条　この法律で「文化財」とは、次に掲げるものをいう。

一　建造物、絵画、彫刻、工芸品、書跡、典籍、古文書その他の有形の文化的所産で我が国にとつて歴史上又は芸術上価値の高いもの（これらのものと一体をなしてその価値を形成している土地その他の物件を含む。）並びに考古資料及びその他の学術上価値の高い歴史資料（以下「有形文化財」という。）

二　演劇、音楽、工芸技術その他の無形の文化的所産で我が国にとつて歴史上又は芸術上価値の高いもの（以下「無形文化財」という。）

三　衣食住、生業、信仰、年中行事等に関する風俗慣習、民俗芸能、民俗技術及びこれらに用いられる衣服、器具、家屋その他の物件で我が国民の生活の推移の理解のため欠くことのできないもの（以下「民俗文化財」という。）

四　貝づか、古墳、都城跡、城跡、旧宅その他の遺跡で我が国にとつて歴史上又は学術上価値の高いもの、庭園、橋梁、峡谷、海浜、山岳その他の名勝地で我が国にとつて芸術上又は観賞上価値の高いもの並びに動物（生息地、繁殖地及び渡来地を含む。）、植物（自生地を含む。）及び地質鉱物（特異な自然の現象の生じている土地を含む。）で我が国にとつて学術上価値の高いもの（以下「記念物」という。）

五　地域における人々の生活又は生業及び当該地域の風土により形成された景観地で我が国民の生活又は生業の理解のため欠くことのできないもの（以下「文化的景観」という。）

六　周囲の環境と一体をなして歴史的風致を形成している伝統的な建造物群で価値の高いもの（以下「伝統的建造物群」という。）

2　この法律の規定（第27条から第29

条まで、第37条、第55条第１項第４号、第153条第１項第１号、第165条、第171条及び附則第３条の規定を除く。）中「重要文化財」には、国宝を含むものとする。

3　この法律の規定（第109条、第110条、第112条、第122条、第131条第１項第４号、第153条第１項第７号及び第８号、第165条並びに第171条の規定を除く。）中「史跡名勝天然記念物」には、特別史跡名勝天然記念物を含むものとする。

第２章　略

第３章　有形文化財

第１節　重要文化財

第１款　指定

（指定）

第27条　文部科学大臣は、有形文化財のうち重要なものを重要文化財に指定することができる。

2　文部科学大臣は、重要文化財のうち世界文化の見地から価値の高いもので、たぐいない国民の宝たるものを国宝に指定することができる。

（告示、通知及び指定書の交付）

第28条　前条の規定による指定は、その旨を官報で告示するとともに、当該国宝又は重要文化財の所有者に通知してする。

2　前条の規定による指定は、前項の規定による官報の告示があつた日からその効力を生ずる。但し、当該国宝又は重要文化財の所有者に対しては、同項の規定による通知が当該所有者に到達した時からその効力を生ずる。

3　前条の規定による指定をしたときは、文部科学大臣は、当該国宝又は重要文化財の所有者に指定書を交付しなければならない。

4　指定書に記載すべき事項その他指定書に関し必要な事項は、文部科学省令で定める。

5　第３項の規定により国宝の指定書の交付を受けたときは、所有者は、30日以内に国宝に指定された重要文化財の指定書を文部科学大臣に返付しなければならない。

（解除）

第29条　国宝又は重要文化財が国宝又は重要文化財としての価値を失つた場合その他特殊の事由があるときは、文部科学大臣は、国宝又は重要文化財の指定を解除することができる。

2　前項の規定による指定の解除は、その旨を官報で告示するとともに、当該国宝又は重要文化財の所有者に通知してする。

3　第１項の規定による指定の解除には、前条第２項の規定を準用する。

4　第２項の通知を受けたときは、所有者は、30日以内に指定書を文部科学大臣に返付しなければならない。

5　第１項の規定により国宝の指定を解除した場合において当該有形文化財につき重要文化財の指定を解除しないときは、文部科学大臣は、直ちに重要文化財の指定書を所有者に交付しなければならない。

以下略

滋賀大学　彦根商工会議所寄附講義
国際文化システム特殊講義「世界遺産学」
2019年度～2022年度　授業タイトル・講師リスト

2019年度

	授業タイトル	講　師
第１回	世界遺産の意義と世界遺産概念の変容、我が国における世界遺産の役割	松浦晃一郎 （ユネスコ第８代事務局長・元駐フランス共和国特命全権大使） 青柳　正規 （前文化庁長官・多摩美術大学理事長・東京大学名誉教授）
第２回	世界遺産の基礎知識、特に普遍的価値について	佐滝　剛弘 （京都光華女子大学教授）
第３回	世界遺産の登録までの道筋	佐滝　剛弘
第４回	文化遺産の概要と富士山の例	青柳　周一 （滋賀大学教授）
第５回	自然遺産の概要と実例	中村　正久 （滋賀大学特別招聘教授）
第６回	文化遺産の保護を目的とするイコモスの役割	河野　俊行 （イコモス会長・九州大学教授）
第７回	日本の世界遺産（概要と登録運動の歩み）及び「無形文化遺産・世界の記憶」	佐滝　剛弘
第８回	観光資源としての世界遺産	佐滝　剛弘
第９回	彦根城の世界遺産としての価値と地域への影響	佐滝　剛弘
第10回&11回	フィールドワーク （彦根城・城下町の現地視察と解説）	
第12回	世界遺産の課題 （保護・保存と活用の両立の軋轢、過度な観光地化による弊害、開発や戦乱による遺産価値の消失など）	佐滝　剛弘
第13回	現代都市と世界遺産	白井　宏昌（滋賀県立大学教授）
第14回	世界遺産は地域に何をもたらしたか ～石見銀山を例に～	大國　晴夫（島根県大田市元教育長）
第15回	世界遺産を通して見る人類の課題 ～まとめとして～	佐滝　剛弘

※講師の肩書きは講義の時点で滋賀大学キャンパス教育支援システム（SUCCESS）に公表したもの。

2021年度

	授業タイトル	講　師
第１回	世界遺産の功罪	青柳　正規 （前文化庁長官・多摩美術大学理事長・東京大学名誉教授）
第２回	世界文化遺産の現状について	山田　泰造 （文化庁文化資源活用課文化遺産国際協力室長）
第３回	世界無形文化遺産の設立経緯とその意義	松浦晃一郎 （ユネスコ第８代事務局長・元駐フランス共和国特命全権大使）
第４回	プロパティからヘリテージへ ―遺産を見る世界の眼	佐藤　禎一 （元ユネスコ代表部特命全権大使）
第５回	世界遺産を目指す彦根城の価値	鈴木　達也 （滋賀県文化スポーツ部文化財保護課／彦根城世界遺産登録推進室）
第６回	彦根城の世界遺産登録と持続可能な彦根のまちづくり	小林　隆 （彦根城世界遺産登録推進室）
第７回	琵琶湖と世界の湖沼の多様な価値	中村　正久 （滋賀大学特別招聘教授）
第８回	一つの視点からみる世界遺産の諸相 ―水と社会	河野　俊行 （前イコモス会長、九州大学理事）
第９回	首里城―復元の課題と展望	田名　真之 （沖縄県立博物館・美術館長）
第10回	過疎・価値観の多様化そしてコロナ禍―滋賀県の祭礼・芸能の現状について考える―	中島　誠一 （元長浜市長浜城歴史博物館館長・元長浜市曳山博物館館長）
第11回	世界遺産（文化遺産）姫路城の保存の実例	福田　剛史 （姫路市教育委員会文化財課　文化庁文化財二課、建造物登録担当）
第12回	世界遺産の価値を知る―首里の玉陵と京都の鹿苑寺	高橋　康夫 （京都大学名誉教授・一般財団法人建築研究協会理事長）
第13回	危機にある世界文化遺産、さて、日本の文化遺産は？	西山　要一 （奈良大学名誉教授）
第14回	世界遺産登録前後の石見銀山	小林　准士 （島根大学学術研究院人文社会学系教授）
第15回	文化遺産としての富士山とその現状	青柳　周一 （滋賀大学経済学部教授）
	まとめ	位田　隆一（滋賀大学長） 真鍋　晶子（滋賀大学経済学部教授） 青柳　周一

※講師の肩書きは講義の時点で滋賀大学キャンパス教育支援システム（SUCCESS）に公表したもの。

2022年度

	授業タイトル	講　師
第１回	世界遺産を目指す彦根城の価値	鈴木　達也 （滋賀県文化スポーツ部文化財保護課彦根城世界遺産登録推進室）
第２回	世界遺産条約の今後の課題 ―50年の歴史を踏まえて―	松浦晃一郎 （ユネスコ第８代事務局長・元駐フランス日本国特命全権大使）
第３回	新型コロナ・ウィルスと世界遺産	青柳　正規 （元文化庁長官・多摩美術大学理事長・東大名誉教授）
第４回	文化財を守る国際的な活動	佐藤　禎一 （元ユネスコ代表部特命全権大使・元文部事務次官）
第５回	成熟した世界遺産の在り方を目指して	鈴木　地平 （文化庁文化資源活用課文化遺産国際協力室文化財調査官）
第６回	オーセンティシティ（真実性）とは何か	河野　俊行 （前イコモス会長、九州大学理事）
第７回	無形文化遺産と持続可能な開発	岩本　渉 （㈱国立文化財機構アジア太平洋無形文化遺産研究センター所長）
第８回	首里城―復元の取り組み状況	田名　真之 （沖縄県立博物館・美術館長）
第９回	長崎と天草地方の潜伏キリシタン関連遺産の現状と課題―世界遺産登録５年後の取り組みと展望	安高　啓明 （熊本大学大学院人文社会科学研究部准教授）
第10回	世界遺産の熊野三山と参詣道	山本　殖生 （元新宮市教育委員会文化財担当（学芸員）国際熊野学会代表委員）
第11回	平泉町の遺跡と世界遺産	八重樫忠郎 （岩手大学平泉文化研究センター客員教授）
第12回	世界遺産をまもる―気候変動・開発・戦争―危機にさらされている世界遺産と身近な文化財の環境から考える	西山　要一 （奈良大学名誉教授）
第13回	イタリアの世界遺産の特徴と遺産の概念： サン・ピエトロ聖堂とシチリアのノートを中心に	岡北　一孝 （岡山県立大学デザイン学部建築学科准教授）
第14回	世界の湖沼環境問題と世界遺産	中村　正久 （㈶国際湖沼環境委員会副理事長）
第15回	朝鮮通信使を迎えた彦根とその記録	野田　浩子 （立命館大学授業担当講師）

※講師の肩書きは講義の時点で滋賀大学キャンパス教育支援システム（SUCCESS）に公表したもの。

あとがき

本書は滋賀大学が2021年度に開講した彦根商工会議所寄附講義・国際文化システム特殊講義「世界遺産学」から生まれた。キャンパスが彦根城と隣接する滋賀大学は、彦根城の世界遺産登録に向けての機運を高める彦根商工会議所から委託を受け、大学として学問で支援する一端を担えればと、2019年度より４年４回開講予定で本講義を提供している。国内外の世界遺産の現状や課題とその意義を学ぶなかで、地域の文化遺産としての彦根城への関心と理解を深め、まちづくりや文化政策に興味を持つと同時に、世界の今後について考え、国内外の文化・自然遺産の保存と活用に貢献する人材を育成することを目指している。

2019年度は位田隆一学長、田中英明経済学部長、真鍋晶子学長補佐・経済学部教授を中心に、青柳周一経済学部教授、金子孝吉経済学部教授とともに企画・運営を行った（肩書は当時のもの。以下同様）。滋賀大学には世界遺産を研究対象にする教員がいないため、佐滝剛弘京都光華女子大学教授（現城西国際大学教授）をコーディネーターに、学内外の講師によるリレー講義を組み合わせた。コロナ禍前であったため以下の企画を実施することができた。松浦晃一郎元ユネスコ事務局長と青柳正規元文化庁長官を講師に招いた初日の講義前にオープニングセレモニーを開き、小出英樹商工会議所会頭、大久保貴彦根市長、三日月大造滋賀県知事（代理）によるスピーチや井伊亮子さん他の室内楽演奏を多くの方々が体験、報道もされて本講義が周知された。講義の終盤近くに、世界遺産の価値やまちづくりを現場で考えるフィールドワーク「彦根城・城下町の現地視察」を行い、またフィールドワークを指導する学生を養成するプロジェクト科目「彦根遺産ガイドプロジェクト」を開講。地域連携教育推進室（中野桂室長）の柴田雅美特任准教授を中心に、彦根市文化財課彦根城登録推進室の職員で、自作マップで彦根の街歩きガイドを行う鈴木達也氏と観光ボランティアガイド協会の指導を受けた学生ガイドが作った9コースを巡った。本講義を一般市民が参加する公開授業にしたことともに、開かれた大学としての個性を示す企画となった。さらに、商工会議所の支援により成績優秀者５名がタイの世界遺産で学びを深めるツアーも挙行。これは国際センター寅野滋講師が企画･実践するタイ･エコスタディツアーをアレンジしたもので、佐滝教授も現地指導にあたった。

講義が初動した2019年、パリのノートルダム大聖堂と沖縄の首里城という２つの世界遺産の火災焼失という悲劇が起きた。そこで2020年は文化、遺産の破壊と修復、保全さらに継承をテーマに予定したが、コロナ禍で中止。オンライン講義が定着し、対面授業でのコロナ対策も徹底した2021年は、15名の講師が毎回１時間半をフルに使うリレー講義を位田、青柳、真鍋で企画・運営、2020年に予定したテーマに加え、コロナ禍が世界遺産や文化財に及ぼす影響も視座に加えた。その中で、貴重な講義を世界遺産学に関する多彩な側面に光を当てる本として残したいと、本書の作成となった。コロナ禍で欠席する学生のために、第２回授業から録画したことが幸いし、講師陣は録音おこしに加筆修正。そのため本書には講義を聞くような文体が貫かれ、高度な学問的内容がわかりやすく解き明かされていく。講義の生の空気が伝わって欲しいと、書物としては違和感がある部分もあえてそのままにした。また、各講義内での流れの必要上、異なる章で繰り返されている内容もある。表記も講師の判断に任せ、統一していない。

第一線で活躍する著者に提供された資料や画像は、他では見られない貴重なものばかりである。本書を通読すれば、世界遺産に関する知識が身に付き、その現状を広く深く学べ、新たな知見を得られると自負している。

ユネスコで生命倫理に関し指導的立場にあった位田学長、また青柳教授の研究を通した人間関係から一流の講師陣を得られた。激務のなか全授業に積極的に関わった位田学長、粘り強く細心の心配りで編集を徹底した青柳教授との共同作業で、本書は完成を見た。

最後に本書の出版にあたり、おうみ学術出版会、サンライズ出版、特に起案から編集・校正に至るまで、深く付き合って下さった岩根順子社長に対し、感謝の念にたえない。

2022年７月24日

滋賀大学教授　真　鍋　晶　子

索　引

あ 行

か 行

さ 行

た 行

な 行

は 行

ま　行

や　行

ら　行

執筆者紹介（略歴・主要業績）—論文掲載順　（＊編者）

＊位田隆一（いだ りゅういち）

1948年生まれ。1972年京都大学法学部卒。岡山大学助教授、京都大学教授、同志社大学特別客員教授を経て、2016—2022年滋賀大学長、2022年より国立大学協会専務理事。仏国ナンシー大学及びパリ第2大学留学。ユネスコ国際生命倫理委員会委員長、文部科学省研究振興局科学官、日本ユネスコ国内委員会委員、日本学術会議会員を歴任。著作に『生命倫理と医療倫理』（金芳堂、2020年）他。

山田泰造（やまだ たいぞう）

1975年生まれ。1999年、東京大学法学部卒。文化庁新文化芸術創造活動推進室長、文化庁文化資源活用課文化遺産国際協力室長等を経て、現在文部科学省初等中等教育局特別支援教育課長。

松浦晃一郎（まつうら こういちろう）

1937年生まれ。1959年、東京大学法学部を経て外務省入省。経済協力局長、北米局長、外務審議官、駐仏大使を経て、1999年～2009年までユネスコ事務局長。2011年立命館大学より学術博士号取得。現在はアフリカ協会会長、株式会社パソナグループ顧問等。著作に『私の履歴書—アジアから初のユネスコ事務局長』（日経BP社、2021年）等。

佐藤禎一（さとう ていいち）

1941年生まれ。1964年、京都大学法学部卒業。2009年、博士（政策研究大学院大学、政策研究）。文部事務次官、ユネスコ日本政府代表部特命全権大使、東京国立博物館長等を経て、現在は桜美林大学特別招聘教授。著作に『文化と国際法』（玉川大学出版部、2010年）等。

鈴木達也（すずき たつや）

1986年生まれ。2009年、静岡大学教育学部卒業。現在、彦根市職員。2020年から滋賀県文化財保護課へ派遣。彦根城世界遺産登録推進室主任主事、彦根城世界遺産登録のための推薦書の執筆を担当。仕事の傍ら、彦根城下町の地域遺産を紹介するまち歩きマップ作成などの地域活動に取り組む。

小林　隆（こばやし たかし）

1966年生まれ。1995年、神戸大学大学院文化学研究科（博士課程）単位取得退学。2021年、三重大学（地域イノベーション学研究科）から博士（学術）を授与される。現在、彦根市歴史まちづくり部副参事（彦根城世界遺産登録推進室長を兼ねる）。著作に彦根市史編集委員会編『新修彦根市史』第３巻　通史編　近代（彦根市、2009年、共著）、『地方史から未来を拓く』（清文堂出版、2022年刊行予定）等。

中村正久（なかむら まさひさ）

1945年生まれ。1977年、アメリカ合衆国イリノイ大学環境工学科 Ph.D. 取得。現在、滋賀大学環境研究総合センター特別招聘教授、及び（公財）国際湖沼環境委員会（ILEC）副理事長。著作に『琵琶湖と法』（共著、信山社、1999年）、『世界の湖　増補改訂版』（共著、人文書院、2001年、2006年）等。

河野俊行（こうの としゆき）

1958年生まれ。1986年京都大学法学研究科博士後期課程単位取得退学。九州大学理事副学長・主幹教授。著作に、Kono, Efficiency in Private International Law, Brill (2014); Kono (ed.), The Impacts of Uniform Laws on the Protection of Cultural Heritage and the Preservation of Cultural Heritage in the 21st Century, Nijhoff (2010年)；「国際法と文化遺産—博物館と被害・被災の視点から」（『博物館研究55巻８号』（日本博物館協会　2019年）等。

田名真之（だなまさゆき）

1950年生まれ。神戸大学文学部史学科卒業。現在、沖縄県立博物館・美術館館長。著作に『沖縄県の歴史』（共著、山川出版社　2010年）、『大学的　沖縄ガイド　こだわりの歩き方』（共著、昭和堂2016年）、「近世琉球の位置づけ―日中の眼差しと琉球の自己認識―」（『歴史学研究』949号、青木書店、2016年）、「時評　首里城火災について」（『歴史学研究』1001号、2020年）等。

中島誠一（なかしませいいち）

1950年生まれ。1977年、佛教大学大学院文学研究科日本史専攻修了。長浜市立長浜城歴史博物館、長浜市曳山博物館館長を経て現在、成安造形大学、滋賀文教短期大学講師。著作に『神々の酒肴湖国の神饌』（共著、思閣出版、1989年）、『川道のオコナイ―湖北に春を呼ぶ一俵鏡餅―』（サンライズ出版、2011年）等。

福田剛史（ふくたたけし）

1982年生まれ。2007年、三重大学大学院工学研究科博士前期課程修了。姫路市、文化庁への割愛を経て、現在、姫路市教育委員会文化財課技術主任。

西山要一（にしやまよういち）

1949年生まれ。1971年、龍谷大学文学部史学科卒業。奈良大学文学部教授を経て、現在　同大学名誉教授。著作に『世界遺産を学ぶ人のために』（世界思想社　2001年）、『The Journal of City History and Culture』（韓国ソウル市歴史博物館　2010年）、『文化財学報31』（「被災文化財を保存し未来に伝えること」奈良大学文化財学科　2013年）、『古代～中世の「鍮石」「真鍮」の研究』（「紺紙金字経の科学分析」科学研究費補助報告　2022年）等。

小林准士（こばやしじゅんじ）

1969年生まれ。1997年、京都大学大学院文学研究科博士課程満期退学。島根大学法文学部講師、准教授を経て、現在、島根大学法文学部教授。著作に『日本近世の宗教秩序―浄土真宗の宗旨をめぐる紛争―』（塙書房、2022年）等。

*青柳周一（あおやぎしゅういち）

1970年生まれ。1999年、東北大学大学院文学研究科博士課程（国史専攻）修了。現在、滋賀大学経済学部教授。著作に『富嶽旅百景―観光地域史の試み』（角川書店、2002年）、「近世における寺社の名所化と存立構造―地域の交流関係の展開と維持―」（『日本史研究』547号、2008年）等。

*真鍋晶子（まなべあきこ）

1960年生まれ。京都大学大学院文学研究科英語学英米文学専攻博士前期課程修了・カリフォルニア州立大学（英文学専攻）大学院修士課程修了。現在、滋賀大学経済学部教授。著作に、『ヘミングウェイとパウンドのヴェネツィア』（彩流社、2015年、共著）、*Yeats and Asia: Overviews and Case Studies*（コーク大学出版、2020年、共著）、"“Are you that flighty?” “I am that flighty.” : *The Cat and the Moon* and *Kyogen* Revisited,"（*International Yeats Studies:* Vol.5, 2021年）、*The Oxford Handbook of W.B. Yeats*、オックスフォード大学出版局、2022年、共著）等。

図版提供者、協力者（50音別、敬称略）

本書掲載写真は著者から提供されたものが中心であるが、図版提供を受けたものについては提供者名を付した。

石見銀山世界センター
牛窓雅之
エルヴェ・ベルナール（在フランス）
大牟田市役所
沖縄総合事務局
沖縄県立博物館・美術館
沖縄県埋蔵文化財センター
国会図書館
滋賀県
静岡県富士山世界遺産センター
静岡県立美術館
静岡新聞社
島根県
すみだ北斎美術館
DNPアートコミュニケーション
那覇市歴史博物館
pixta
彦根市
彦根市立図書館
姫路市立城郭研究所
富士山本宮浅間神社
文化庁
名著出版
吉浪壽晃

世界遺産学への誘い

2022年９月10日　第１刷発行

編　者　位田　隆一　　真鍋　晶子
　　　　青柳　周一

発行者　竹村　彰通

発行所　おうみ学術出版会
〒522-8522
滋賀県彦根市馬場一丁目１－１
滋賀大学経済学部内

発　売　サンライズ出版
〒522-0004
滋賀県彦根市鳥居本町655－１

装丁：オプティムグラフィックス

印刷・製本　シナノパブリッシングプレス

Printed in Japan　ISBN978-4-88325-768-3

おうみ学術出版会について

おうみは、湖上、山野、いずこから眺めても、天と地と人の調和という、人類永遠の課題を意識させてやまない。おうみならではの学術の成果を、この地の大学と出版社の連携によって世におくり続けようと、平成二十七年（二〇一五）暮れ、「おうみ学術出版会」が発足した。滋賀大学、滋賀県立大学、サンライズ出版株式会社が合意し、企画、編集から広報にいたるまで、ほとんどの過程で三者が緊密に協働する方式をとる。しかも、連携の輪が他の大学や博物館にも広がりゆくことを期している。

当会が考える学術出版とは、次なる学術の発展をも支えうる書物の出版である。そのためには何よりもまず、多くの人が読める文体の書をめざしたい。もちろん、内容の水準を保ちつつ読みやすさを工夫するのは容易ではない。しかし、その条件が満たされてこそ、垣根を越えた対話が深まり、創造が生まれ、学術の積み重ねが可能となる。専門分野に閉じこもりがちな従来の学術出版とは異なり、あらたな領域を拓く若い才能も支援したい。

当会の象徴として、この地と大陸のあいだの古くからの往来に想いを馳せ、おうみの漢字表記「淡海」の頭字を選んだ。字体は、約三千年前の青銅器銘文の中から、古体をとどめる「水」「炎」の二字を集字したものである。水は琵琶湖を、横の二つの火はおうみの多彩な歴史と文化を表すと、我田引水の解釈をつけた。ちなみに、「淡」の字に付けられた古注は「無味」である。「心を無味に遊ばせよ」と荘子がうながすように、そこに何かを見いだせるのが人間の精神であろう。

おうみ学術出版会の本

江戸時代 近江の商いと暮らし
湖国の歴史資料を読む

青柳周一、東幸代、岩﨑奈緒子、母利美和 編著
定価：本体3,000円＋税　四六判　318頁

2015年12月、滋賀大学と滋賀県立大学により設立された「おうみ学術出版会」の刊行書籍第１弾。第一章「近江の商人」と第二章「地域の暮らし」の二部構成で、全12編の論考を収録。近江の地に生きた人びとの多様な暮らしぶりを掘り起こす。

長浜曳山祭の過去と現在
祭礼と芸能継承のダイナミズム

市川秀之・武田俊輔 編
定価：本体3400円＋税　四六判　294頁

長浜曳山祭（滋賀県長浜市）の祭礼と芸能の継承過程を、人と組織、地域社会の視点から分析した論文集。周辺農村に支えられてきた都市的祭礼が変容を遂げた戦後を中心に、時代環境にあわせて変化しつづける姿を描出。

遊びの復権
子どもが育つ環境づくり

奥田援史・炭谷将史 著

定価：本体3000円＋税　四六判・218頁

子ども遊びとはいかなるものでなければならないのかが、今問われています。子どもの成長にとって意味のある、本来的な意味での遊びを取り戻す必要があります。（本文より）——保育・教育現場での事例をもとに、“遊び”の復権を提唱。

滋賀の暮らしと食
昭和30年代の生活に関する調査より

滋賀の食事文化研究会 編

定価：本体4000円＋税　四六判・368頁

食品スーパーはなく、ほぼ地産地消が実践されていた昭和30年代の暮らしと食に焦点をあて、滋賀県内８地域で聞き取り調査。多様な湖魚・山菜・果実・獣肉などの調達、穀類・野菜類の栽培・加工・保存のようすを記録。